Maria Wallisfurth
Lautlose Welt

SERIE PIPER

Zu diesem Buch

Maria Wallisfurth wurde als hörendes Kind taubstummer Eltern geboren. Um ihr Leben »jenseits der Stille« im Spannungsverhältnis zweier Welten besser bewältigen zu können und um die eigene Lebenssituation vom Ausgangspunkt her zu erklären, ließ sie sich von ihrer Mutter deren Leben »erzählen« – mit ihrer unartikulierten Stimme, mit Hilfe von Gesten und Mimik. Das Leben des taubstummen Mädchens Maria Giefer, das 1897 in einem Dorf in der Eifel geboren wurde: die karge Kindheit auf dem elterlichen Hof, die Schuljahre in der Taubstummen-Anstalt in Aachen, eine Lehre als Näherin, ihre Arbeit als Hausgehilfin in einem Professorenhaushalt, der Alltag im Ersten Weltkrieg und in der Zeit der Inflation. Dann lernt Maria im Taubstummenverein Wilhelm kennen. Sie bekommen eine gesunde Tochter, werden in der Zeit des Nationalsozialismus gegen ihren Willen sterilisiert. – Dieser bewegende Lebensbericht schildert nicht nur den äußeren Verlauf eines besonderen Lebensschicksals; es gelingt ihm mit großer Authentizität und Einfühlsamkeit, in die ganz eigene Assoziations- und Gedankenwelt der Taubgeborenen einzuführen. Und er beschreibt ein auch glückliches Leben und eine große Liebe.

Maria Wallisfurth, geboren 1927 in Aachen als Kind gehörloser Eltern, für die sie schon früh die Rolle der Dolmetscherin übernimmt. Ausbildung an der Hochschule für Bühnenkunst in Bonn, Schauspielerin. Mutter von zwei Kindern. Zuletzt über zwei Jahrzehnte tätig am Stadttheater Aachen als Souffleuse, Inspizientin und Schauspielerin.

Maria Wallisfurth

Lautlose Welt

Das Leben meiner gehörlosen Mutter

Piper München Zürich

Dieses Buch erschien zuerst 1979 im Verlag Herder, Freiburg im Breisgau, unter dem Titel »Sie hat es mir erzählt«.

Dem Andenken meiner lieben Eltern

Durchgesehene Taschenbuchausgabe
1. Auflage Oktober 1997
3. Auflage Februar 2000

Umschlag: Büro Hamburg
Simone Leitenberger, Susanne Schmitt, Annette Hartwig
Foto Umschlagvorderseite: Maria Wallisfurth
(Maria Giefer, ca. 1911)
Foto Umschlagrückseite: Ludwig Körfer, Aachen
Gesamtherstellung: Clausen & Bosse, Leck
Printed in Germany ISBN 3-492-22541-1

Vorwort

Die Gesellschaft hat den Menschen ohne Gehör und ohne Sprache immer eine besondere Rolle zugewiesen. Primitive ebenso wie die Hochkulturen sahen taubstumme Menschen als von den Göttern Verdammte an, als Wesen, auf denen der Fluch unsichtbarer Mächte und Dämonen lag. Sie wurden getötet, manchmal auch als Zauberwesen verehrt. Das Phänomen der Taubstummheit forderte im antiken Griechenland zu philosophischen Diskussionen heraus, die den Ursprung und die Einheit von Sprache und Denken betrafen. Platon erkannte bei den Taubstummen eine gewisse Intelligenz an, weil sie sich mit Gebärden mitzuteilen vermochten. Aristoteles ging davon aus, daß Menschen ohne Gehör nicht bildungsfähig sind, da das Ohr die »Pforte des Geistes« sei. Die Kirchenväter des christlichen Mittelalters sahen im Taubstummen die Ausgeburt der Hölle, dessen Erziehung zum Sprechen unmöglich sei und ein vermessenes Unterfangen gegen den göttlichen Plan. Der Kirchenlehrer Augustinus sagte: »Von Geburt an Taubstumme können niemals Glauben empfangen, denn der Glaube kommt aus der Predigt, aus dem, was man hört.« Die erste Taubstummenschule in Deutschland wurde 1778 in Leipzig von Samuel Heinike, einem jüdischen Bürger, gegründet.

Im Gegensatz zur Schulzeit meiner Eltern, als es noch keine Schulpflicht für taubstumme Kinder gab – in Preußen trat sie erst 1911 in Kraft –, gibt es heute ein breites Bildungsangebot für Hörgeschädigte. Schon kleine Kinder werden in Sonderkindergärten durch frühkindliche Spracherziehung gefördert. Nach dem Besuch der »Schule für Hörgeschädigte« gibt es weiterführende Schulen, die den Gehörlosen gehobene Schulabschlüsse vermitteln. An fachpädagogisch ausgerichteten Berufsschulen wird das fachliche Wissen für anspruchsvolle Berufe in Handwerk, Handel und Industrie vermittelt. Dem hochbegabten Gehörlosen steht auch der Weg ins Hochschulstudium offen. Zur Zeit wird eine Gebärdensprache entwickelt, die sogenannte »Deutsche Gebärdensprache« (DGS), mit der die Gehörlosen eine eigene, genormte Sprache besitzen sollen. Es gibt eine Auseinandersetzung darüber, ob die Gebärdensprache anstelle der Lautsprache die »natürlichere« Verständigung für Gehörlose sei. Der Film »Jenseits der Stille« von Caroline Link ist so überraschend erfolgreich, daß er viel Sympathie für die Gebärdensprache, deren Eleganz vom hörenden Publikum bewundert wurde, bewirkt hat.

Meine Eltern wurden ohne Gehör geboren, sie waren taubstumm. Die Sprache ihrer Mitwelt konnten sie nicht hören, ihre Muttersprache nicht auf natürliche Weise erlernen. Ohne die Hilfe von Taubstummenlehrern wären sie ihr Leben lang stumm geblieben und ohne die Möglichkeit, sich mit Sprache zu verständigen. Mit mir unterhielten sich meine Eltern in ihrer künstlich und mechanisch erlernten Lautsprache, die ich mühelos verstand. Sie lasen mir von den Lippenbewegungen ab, was ich ihnen – ohne Ton – sagte und was ich mit Gebärden unterstützte. Unsere elementaren, begleitenden und verdeutlichenden Gebärden waren für meine Eltern eine unverzichtbare Hilfe.

Ich wuchs unter Taubstummen auf, denn nicht nur meine Eltern waren Taubgeborene, auch ihre Geschwister und deren Ehepartner, sie und die dazugekommenen taubstummen Freunde umfaßten meine Welt. Für die normale Umwelt war ich »das Kind von den Stummen«. Die Taubstummheit meiner Familie bedeutete für mich eine schreckliche Stigmatisierung, das Wort »taubstumm« empfand ich als Qual. Der heutige Begriff »gehörlos« ist eine viel weniger belastende, eine humanere Bezeichnung für diese schwere Behinderung. In meinem Buch benutze ich ausschließlich das Wort »taubstumm«, weil es historisch gesehen nur so stimmt.

Aachen, im Juni 1997 Maria Wallisfurth

1

In der Nähe der jungen Ahr, in Freilingen bei Blankenheim, wurde Maria Giefer am 4. August 1897 geboren. Freilingen gehörte zum Kreis Schleiden, dem »Armenhaus Preußens«. Das Eifeldorf liegt auf Bergeshöhe mit weitem Blick ringsum über große Waldeinsamkeiten und stille Täler bis zu den Bergketten, aus denen steil die erloschenen Vulkane herausragen. Die hohe Acht, die Nürburg, der Aremberg, der Michelsberg.

Marias Geburtshaus ist ein mächtiges Steinhaus. Es wurde aus dem Material der gegenübergelegenen Freilinger Burg errichtet, einem stattlichen Bau mit zwei Ecktürmen und von Wassergräben umgeben, die um 1830 abgebrochen wurde.

Die Eltern der kleinen Maria bewahrten in ihrer Schlafkammer eine schwarze Truhe mit Eisenbeschlägen. In Blockbuchstaben steht darauf geschrieben: HUBERT GIEFER FREILINGEN KR. SCHLEIDEN REG. AACHEN RHEINLAND PREUSSEN – STEINBÜCHEL & BRO. INSURANCE LAND LOAN STEAMSHIP LINE AGENTS WICHITA KANSAS.

1893, als an der Mosel der Wein des Jahrhunderts wuchs, die Eifel aber durch Trockenheit und Mißernte ein Hungerjahr erlebte, fuhr Hubert Giefer aus dem armseligen Freilingen nach Amerika, um ein reicher Farmer zu werden.

Drei Jahre arbeitete er auf den unendlichen Weizenfeldern von Kansas und Michigan. Drei Sommer lang sah er bis zu allen Horizonten nur die gelben Halme. Aus den großen Städten strömten zur Erntezeit Hunderttausende von Wanderarbeitern zu den Farmen, um – Mähmaschine neben Mähmaschine – den vom Süden zum Norden hin dreitausend Kilometer langen Weizenteppich einzubringen. Hubert Giefer verdiente und sparte viel Geld. Fortschritt und Tempo lernte er im neuen Land kennen. Er sah, wo seine Zukunft lag. Aber er konnte sein Mädchen Elisabeth aus der Eifel nicht vergessen. Er kam zurück, um es nach Amerika zu holen.

Doch Elisabeths Eltern ließen ihre Tochter nicht in ein fremdes Land ziehen. So weit vom Dorf fort – und gar noch irgendwo hinter einem riesigen Ozean! So mußte sich Hubert entscheiden: für Elisabeth oder für Amerika. Hubert blieb auf dem Hof seiner Mutter. Elisabeth, seine Frau, gebar ihm bald nacheinander zwei Mädchen. Maria und Gertrud. Sein Traum von der eigenen Weizenfarm in Amerika war nicht tot. Er schlief nur.

Freilingen: Das war hart für ihn. Hier war die Zeit stehengeblieben. Mehrere Jahrhunderte lang lebten die Menschen in Freilingen und dem höhergelegenen Lommersdorf als Bergleute, Köhler oder Fuhrleute und hatten ihr Auskommen. Das hochwertige Lommersdorfer Eisenerz wurde mit Karren zu den Stahlwerken nach Ahrhütte, Stahlhütte oder nach Antweiler gebracht, wo es zu Stabeisen verarbeitet wurde für die Waffenschmieden von Brabant und Lüttich.

In den Wäldern besorgten die Köhler die Holzkohle für die Schmelzöfen. Immerzu rauchten ihre Meiler.

Die Leute in den beiden Dörfern betrieben nur wenig Landwirtschaft neben ihrer Arbeit, und als 1880 die Grube und die Hütten schlossen, nisteten sich Armut und Not ein. Hubert Giefer sah die schmalen Äcker, sah die kleinen Gärten und rundherum Wald, Sumpf und Heide. Mußte er schon in Freilingen bleiben, dann wollte er wenigstens heraus aus der Armut! Er rechnete, er plante. Er handelte auch. Bald sagten die Leute: »Wenn der Hubert Giefer aufsteht, hat er schon Geld verdient.«

2

Die Eltern Hubert und Elisabeth arbeiten von der Frühe bis in die Nacht. Die Felder müssen bestellt und die Tiere gepflegt werden. Wie gut, daß Großmutter im Haus ist. Wenn die kleine Maria, das älteste Gieferkind, sie eine Weile nicht gesehen hat, macht sie sich auf die Suche. Sie kennt jeden Winkel im Haus. In der Mitte abgeteilt, gehört die Haustüre gegen Westen Tante

Barbara, der Schwester von Hubert Giefer, die mit ihrem Mann Ernst etwas Landwirtschaft, das einzige Kolonialwarengeschäft und die Freilinger Post betreibt. Huberts Eingang liegt an der Ostseite. Der Hausgang, der an der Stubentüre vorbeiführt, endet in der Diele. Hier ist der große Herd mit Rauchfang, in der Mauer der Backofen und die Türe zum gewölbten Keller. Über die Holzstiege steigt Maria zu der Kammer hinauf, die zur Dorfstraße liegt. In dem Bett der Eltern liegt die kleine Schwester Gertrud und schläft. Das Zimmer nebenan ist unbewohnt. Säcke mit Korn und Mehl stehen zwischen alten Möbeln und Kram. Großmutter ist nicht da und auch nicht in den Kammern, die ihre Fenster zu der Wiese mit den Apfel- und Pflaumenbäumen hin öffnen. Hier schlafen die Großmutter und Maria zusammen in einem hohen Bett. Auf den Bettpfosten sitzen dicke Holzkugeln. Der Holzwurm hat viele Löcher hineingebohrt. Die Bettsäcke füllt weiches Haferstroh. Maria sieht an der hohen Türe hinauf, die zum Speicher führt. Ein langer Holzriegel sperrt sie zu. Im Pferdestall ist Großmutter nicht und auch nicht in der Futterkammer. Die Türe zum Kuhstall mit den dicken, runden Pflastersteinen hat ein oberes Teil, das man öffnen kann wie ein Fenster.

Im Hühnerstall ist es dämmrig, das winzige Fenster von Spinnen zugesponnen. Nichts regt sich. Quer zum Wohnhaus schließt sich die Scheune an. In dem großen Scheunentor ist noch ein Türchen. Maria muß die Beine hochheben, wenn sie durchsteigen will. Sie setzt sich lieber vor die offene Haustüre auf die Steinstufen. Ihr gerade geschnittenes Kleidchen, das bis zu den hohen Schnürschuhen reicht, hat sie hochgezogen. Sie klopft mit den Absätzen auf die Pflastersteine, die in einem breiten Streifen vor dem Haus angelegt sind. Maria sitzt im Schatten, geschützt vor der prallen Hitze und Helligkeit des Hochsommers. Schläfrig liegt der Schäferhund vor dem Schweinestall. Schwalben segeln über dem Hof und dem Misthaufen in der Mitte. Im offenen Geräteschuppen sitzen Hühner auf der Wagendeichsel, auf Pflug und Egge oder in einer ausgescharrten Kuhle im festgetretenen Boden. Über Ställen und Schuppen duftet das Heu. Es ist friedlich. Die Menschen aus dem Dorf sind draußen bei der Ernte. Niemand geht über die Dorfstraße, die im Halbrund am Gieferhof vorbeiführt.

Großmutter kommt. Der Hund bewegt den Schwanz und blinzelt. Ohne Eile gehen Hühner aus dem Wege. Das kleine Mädchen steht schnell auf, um mit ausgebreiteten Armen auf sie zuzulaufen. Seine Haare hängen wirr um ein fröhliches Gesicht. Helle Augen hat es. Es ist schmutzig an Gesicht und Händen. Als es jetzt mit seinem Köpfchen heftig in Großmutters Schürze drängt, kommen aus seiner Kehle schwere, dumpfe Laute. Großmutter ist wieder da! Großmutter ist etwas Sanftes, Warmes, ist etwas Gutes, wie frisches, duftendes Brot, wie süße Milch aus dem Eimer, wie das weiche Fell vom großen Hund und wie Geborgenheit im Stall, wenn die Tiere zu Hause sind, ist wie der köstliche Geruch in der Dielenküche, wenn man hungrig ist. Großmutter ist das Angenehme, das Nest, das Zuhause.

Erst haben sie gestutzt, sich gewundert, dann sind sie aufmerksamer geworden: die Großmutter, die Eltern, die Nachbarn und die Kinder, die mit Maria spielen. Grübelnd haben sie das Kind beobachtet. Nun sagen es sich die Leute in Freilingen: »Welch ein Unglück! Das erste Kind vom Hubert Giefer kann nicht hören und nicht sprechen! Es ist taubstumm!«

Die bösen Ahnungen sind Gewißheit geworden. Der nächste Arzt wohnt in Blankenheim. Er kostet Geld. Niemand hat Zeit. Das Kind ist ja auch nicht krank. Man muß es nehmen, wie es ist.

Die kleine Maria weiß von ihrem Unglück gar nichts. Morgens liegt sie in dem großen Bett, und die Großmutter lacht sie an, holt sie heraus und zieht sie an. Unten in der Stube gibt es dann Brot, manchmal mit Rahm, Klatschkäse oder gar Butter, und eine Tasse Milch.

Beim Kartoffelschälen sitzt sie neben Großmutter auf der Bank vor dem Haus in der Morgensonne und gibt ihr die braunen Kartoffeln aus dem Korb, die geschälten läßt sie in den Wassereimer plumpsen. Wenn Großmutter den Mund bewegt, schaut Maria herum. Dann sind Leute gekommen, die auch den Mund bewegen. Das tun sie oft sehr lange. Auch wenn Männer oder Frauen über die Straße gehen, bewegt Großmutter den Mund.

Schön ist es, wenn die Kinder sie bei der Hand nehmen und mit ihr loszotteln. Man kann herrlich zusammen herumspringen und muß nur hinschauen, was die anderen machen; klettern, schmeißen, Häuschen bauen aus Steinen, Blättern und Sträuchern, einen Stock holen, wenn die beiden Kühe auf die Weide gebracht werden, und versuchen, mit einem Reiserbesen den Schmutz auf den Misthaufen zu fegen.

Bringt Mutter abends nach dem Melken im Eimer die Milch ins Haus, zeigt man mit den Händchen, daß man trinken will. Dann gibt die Mutter dem kleinen Mädchen die Kelle voll süßer Milch – und das schmeckt so frisch warm besonders gut.

Man muß immer schauen. Wenn die Großmutter mit der Hand winkt und den Finger zum offenen Mund führt, als wolle sie ihn hineinstecken, dann nickt Maria mit dem Kopf ja oder nein. Meist läuft sie selber zur Großmutter. Wenn sie dann ganz stark im Hals drückt, dann schaut die Großmutter sie an. Maria weiß nichts davon, daß sie Töne macht. Sie zeigt mit dem Finger zu ihrem Mund. Großmutter schneidet dann eine große Scheibe Brot ab und gibt sie ihr.

Maria beobachtet alles ringsum. Ihre Erfahrungen fügen sich zu Bildern und Bewegungen. Sie merkt sich, was immer wieder gemacht wird. Sie weiß, was man nicht darf. Dem Vater läuft man nicht vor die Füße, die Hühner darf man nicht jagen und nicht dauernd der lieben Mutter nachlaufen. Manchmal nimmt Mutter die kleine Maria auf den Arm und drückt das Köpfchen an ihr Gesicht. Das hat Maria sehr gern – und auf dem Arm der Mutter möchte sie auch bleiben. Aber die Mutter muß arbeiten.

3

Der Sommer ist eine gute Zeit.

Mutter hat Maria an die Hand genommen, in der anderen hält sie ein geknotetes Kopftuch, darin sind Brotschnitten, dazu trägt sie noch die Kanne mit Kaffee und die Sichel.

Mutter hat ein langes Kleid an, das bis an die Knöchel reicht, eine große Schürze, schwarze Wollstrümpfe und kräftige Schnürschuhe. Die dunklen Haare sind mit einem weißen Tuch verdeckt, das hinten am Kopf zu einem Knoten gebunden ist.

Vater geht nebenher, die Sense über der Schulter. Am umgebundenen Lederriemen hängt ein hohles Kuhhorn. In diesem Köcher steckt der Wetzstein. Einen uralten Strohhut hat der Vater auf die rotblonden Haare gestülpt. Der breite Rand wirft seinen Schatten auf das Gesicht.

Es gehen Frauen und Männer mit Sensen, Sicheln und Kopftuchbeutelchen zur Dorfstraße hinaus und verteilen sich auf ihre Felder. Fuhrwerke sind unterwegs. Die Straße führt hinunter ins Tal. Am Grindelbach beugt Vater sich nieder und füllt den Köcher mit Wasser. Die drei gehen zur Anhöhe hinauf, wo das Wegkreuz »am Zollstock« steht und der Blick frei und weit ist. Über einen ausgefahrenen Weg, der abzweigt, kommen sie an das Feld, wo Vater heute arbeiten will. Mutter setzt sich auf den Grabenrand, Maria daneben, Vater streicht die Schneide der Sense scharf. Es ist eben erst Mittag gewesen. Kamille, in großen Büschen, duftet. Die Hitze knistert im Korn. Vater beginnt das Feld mit weitem Sensenschwung zu mähen.

Mutter ist aufgestanden und zeigt Maria mit der Hand an, sitzenzubleiben. Das Kind nickt. Es blickt der Mutter nach, die die Sichel genommen hat und damit in raschen Bewegungen die gemähten Halme sorgfältig zusammenfaßt und herausrollt. Sie zieht eine Handvoll Halme aus den losen Garben und schlingt sie als Band unter der Garbe durch. Schnell hat sie die beiden Enden zusammengedreht und eingesteckt.

Maria weiß schon, was jetzt kommt: Mutter baut ein schattiges Häuschen. Sie nimmt sechs Garben, stellt sie schräg gegeneinander und winkt dem kleinen Mädchen. Dabei zeigt sie auf den Brotbeutel und macht die Gebärde des Tragens. Maria nickt. Mit beiden Händen faßt sie das Tuch mit den Broten, trägt es vor sich her und legt es ab, um die Kanne zu holen.

Mutter birgt die Sachen im Innern der Hocke. In den Schatten legt sie zwei Garben. Sie beugt den Kopf auf ihre gefalteten Hände. Maria begreift: schlafen. Mutter geht an ihre schwere

Arbeit in der Sonne, immer gebückt. Vater ist fast am anderen Ende des Feldes. Die frischen Stoppeln stehen kerzengerade. Viele kleine Steine liegen dazwischen. Die Garben bleiben auf Halmenbändern lose liegen, alle in der gleichen Richtung. Erst am Abend, wenn das Stück gemäht ist, werden Vater und Mutter sie zusammenbinden.

Maria fühlt sich wohl. Sie hockt auf den Garben, und eine Granne kitzelt ihr Gesicht. Sie reißt die Ähre ab und reibt sie zwischen beiden Handflächen. Die Schalen lösen sich, und Maria bläst sie fort. Die Körner schmecken gut. Käfer krabbeln. Heuschrecken springen mit langen, eckigen Beinen. Ein Schwarm von erdfarbenen Hühnern fliegt dicht vorbei. Maria kriecht in das Garbenhäuschen, damit auch die wandernde Sonne sie nicht finden kann. Sie zieht das Kleid bis zu den hohen Schuhen hinunter. So können die harten Stoppeln und die Disteln nicht an die Beine kommen. Es riecht nach Brot, nach Kaffee und dem herben Stroh. Marias Augen fallen zu. Die Hände rutschen im Schlaf zur Seite und öffnen sich. Braune Körnchen liegen noch darauf.

Als das kleine Mädchen aufwacht, ist von dem wogenden Kornfeld nichts mehr zu sehen. Die Eltern binden die Garben. Tief steht schon die Sonne und macht lange Schatten. Das Kind ißt, was die Eltern übriggelassen haben, und wartet, bis alle Garben aufgestellt sind. Dazu stellen sie eine Garbe in die Mitte und vier Garben rundum dagegen. Das ist dann ein Kasten, sagen die Freilinger. Bei Wind stellen sie neun Garben zu einem Kasten auf, die haben mehr Halt. Auf dem Heimweg sitzt Maria auf Vaters Schultern. Mutter trägt die Sense. Von überallher kommen die Leute heim. Hinter schwankenden Erntewagen stehen lange Staubfahnen. Unten am Grindelbach tränken Kinder die Kühe, die sie von der Weide heimtreiben.

Maria spürt ein winziges Beben und Zittern in Vaters Hals, um den sie die Hände gelegt hat. Dann weiß sie: Jetzt bewegt Vater den Mund. Manchmal fühlt sie ihn auch lachen. Dann bewegt es sich in Vaters Rücken. Maria schaut und fühlt und ist glücklich.

4

Obwohl Maria nach einigen Jahren ganz schön gewachsen ist, kann sie im Winter den Schnee durch die Stubenfenster nur auf dem Scheunendach sehen. Sie müßte schon den Stuhl an eines der beiden Fenster schieben, die hoch in der dicken Mauer sind, um auf die verschneite Straße zu gucken. Die Sonne scheint, und in der Stube ist es hell. Großmutter stapft zur Tür herein, noch Schnee an den Schuhen, der im Nu zu kleinen Pfützen wird. Aus ihrer derben Schürze läßt sie Eichen- und Tannenscheite in den Korb hinter dem großen Eisenofen fallen. Maria fühlt, wie der Fußboden mit der Bank und dem Tisch bebt. Mit einem Haken macht Großmutter die Ofentüre auf und wirft in die rote Glut Holz hinein. Maria schaut zu, wie die Flammen hochzüngeln. Ihre Schwester Gertrud spielt mit dem kleinen Bruder Willi, der auf dem Fußboden kriecht und das Fell vom Hund zaust. Im Weidenkorb auf der langen Bank liegt der kleinste Bruder. Er versucht immer wieder, den Kopf zu heben. Er heißt Nikolaus.

Maria holt von der Fensterbank die Puppe. Die hat sie aus einem Lappen selbst gemacht. Mitten in den Lappen legte sie die kleine Faust, schlug den Stoff darum und ein Band um das Armgelenk und zog die Faust wieder heraus. Ein anderes Tuch stopfte sie in den Beutel hinein, zog das Band fest zu, und so entstand ein Puppenkopf. Mit Nadel und Zwirn nähte Maria Augen, Nase und Mund hinein. Das Gebaumel der Lappenenden sind Arme und Beine. Sie legt ihre Puppe zum Brüderchen in den Korb.

Großmutter bringt Kartoffeln, Topfbohnen und etwas Speck. Schnell springt Maria zur Tür, um sie zu schließen. Die Kälte soll draußenbleiben. Maria öffnet das größte der Ofentürchen, damit Großmutter die Schüsseln zum Warmhalten in das Ofenkämmerchen stellen kann. Mit einem Male riecht es appetitlich in der Stube, und Maria beeilt sich, allerlei Krimskram vom Tisch abzuräumen. Großmutter wischt ihn ab, und Maria geht mit ihr in die Diele zum Geschirrbord, unter dem die Wassereimer stehen. Großmutter reicht ihr die Teller und legt das Besteck darauf. Maria deckt den Tisch.

Sie hat plötzlich großen Hunger. Im Hof sieht sie nach den Eltern. Der Weg zur Scheune ist freigeschaufelt, der Misthaufen unter Schnee verschwunden, bis auf den Dung von gestern und heute morgen. Das Scheunentor ist weit offen, und auf der Tenne stehen sich mit Abstand Vater und Mutter gegenüber und dreschen. In zwei Reihen liegen ausgebreitete Roggengarben, die Ähren in der Mitte einander zugekehrt. Immer wieder heben die Eltern den glatten Stiel des Dreschflegels – die Rute – und lassen das lose Flegholz – den Klöppel – auf die Ähren niederfallen, gleichmäßig im Zweiertakt. Vater hat die Dreschflegel auf dem Schneidbock selbst gemacht. Die Gesichter der Eltern sind von der Arbeit rot. Als sie, ohne die Arbeit zu unterbrechen, kurz zu Maria hinübersehen, zeigt das Kind mit dem Finger auf seinen geöffneten Mund: Essen! Mutter nickt mit dem Kopf. Die Eltern wenden die Garben und dreschen weiter, bis die Ähren taub und leer sind. Dann schütteln sie das Roggenstroh gründlich, damit alle Körner herausfallen können, und bringen es in die Scheunenecke. Sie brauchen es, um das kürzere Weizen-, Gerste- und Haferstroh zu binden.

Mutter streckt sich. Der Rücken schmerzt. Vater fegt die Körner mit der Spreu zusammen auf einen Haufen. Staub wirbelt auf. Die Hühner laufen ihm zwischen die Beine und picken eifrig. Mutter kommt in den Schnee heraus, zieht das Kopftuch mit einer müden Bewegung herunter und schlägt es aus. Auch der Vater schüttelt seinen Rock aus. Sie gehen beide mit Maria ins Haus. Alle setzen sich an den großen Tisch und schlagen das Kreuzzeichen. Willi sitzt auf Mutters Schoß. Die Eltern und Großmutter bewegen lange und sehr schnell die Lippen, wobei Maria ihnen aufmerksam zuschaut, dann segnen sie sich wieder und beginnen zu essen. Vater verlangt Ruhe und Ordnung am Tisch, die Kinder wissen das ganz genau. Sie sitzen ruhig, zappeln nicht herum, reden nicht. Maria stützt die Füße auf den Hund, der unterm Tisch liegt, mit dem Kopf auf den Vorderpfoten. Nach dem Dankgebet hilft Maria der Großmutter beim Spülen und kümmert sich um Gertrud, die einen Stuhl an das

Knopfholz geschoben hat, um zwischen Hosen, Jacken, Tüchern, Schürzen und Röcken, die nach Stall und Scheune riechen, ihre Mütze zu finden. Mutter wickelt den kleinen Nikolaus in frische Tücher und füttert ihn. Lieb sieht sie dabei aus. Maria schaut sie gerne an. Aber Mutter geht wieder hinaus an ihre Arbeit. Maria holt den mächten Reiserbesen und fegt Strohteile, Stallschmutz und Holzstücke aus der Stube zum Hof hinaus. Sie schlägt ein Wolltuch um und lehnt sich draußen an einen der halbrunden Prellsteine, die die Scheuneneinfahrt vor rammenden Fuhrwerken schützen. Nachbarkinder schauen mit zu, wie in der Scheune Vaters neue Maschine, eine Wannmühle, arbeitet.

Vater schaufelt auf das oberste von drei Sieben das gedroschene Korn, mit Kaff, Streu, Ähren und allem Schmutz. An der Achse, die Mutter mit der Kurbel dreht, sind vier Schaufeln. Sie machen soviel Wind, daß alles in weitem Bogen zur Seite weht, was nicht so schwer ist wie das Korn. Dabei werden die Siebe geschüttelt. Weil sie schräg nach vorn abfallen, wandern die Körner immer sauberer die Siebe hinunter.

Maria läuft zur Mutter und will drehen helfen. Aber Vater schickt sie mit ernstem Gesicht zurück. Schnell springt Maria zu ihrem Stein. Vater darf man nicht böse machen.

Marias Vetter nimmt sie bei der Hand. Beide laufen um das Haus herum zu Tante Barbara in die große Stube. Auf der Bank am Kachelofen sitzt die Katze und leckt sich das Fell. Maria fühlt sich bei Tante Barbara immer wohl. Es ist freundlicher und gemütlicher als daheim. Die Tante hat für Maria stets etwas Gutes: Rosinen, gedörrtes Obst, manchmal ein Ei oder eine Weißbrotschnitte mit Butter.

Die Tante geht auf den Gang hinaus, wo zum Verkauf das Faß mit Rübenkraut steht. Im Faß daneben sind Salzheringe. Die durchsickernde Brühe hat schon die Farben vom bunten Steinfußboden angefressen. Maria sieht, daß der Postbote gekommen ist. Er kommt jeden zweiten Tag ins Dorf und hat einen weiten Fußweg hinter sich, von Ahrhütte herauf über Lommersdorf. Er sagt der Tante Bescheid, wenn für ihr Geschäft Waren in Blankenheim-Wald angekommen sind. Der Fuhrmann Dreimüller aus Lommersdorf holt sie dann mit Pferd und Wagen ab. Maria sieht, wie der Postbote aus dem umgehängten Beutel Briefe herausholt und sie Tante Barbara gibt. Er lacht Maria an, bewegt die Lippen und geht. Tante Barbara hat ihm noch andere Briefe mitgegeben. Die Briefe vom Postboten bringt die Tante in das Zimmer, wo die vielen Sachen zum Verkaufen sind, und legt sie auf das Posttischchen neben die Stempel. Im Laden hängen blanke Kuhketten von den Wänden, Stricke und Zügel. In einem Sack ist Salz. Kupferkessel glänzen, Eimer sind ineinandergestapelt. Kannen mit Petroleum stehen in der Ecke. Petroleumlampen mit blitzenden Spiegeln gibt es, Stallaternen, gestreiften Schürzenstoff, dicke Unterwäsche und gelbes Leinen. In Schachteln liegen Röllchen mit Garn, Kärtchen mit Zwirn, Nadeln, Briefpapier und Nägel. Auf den Fensterbänken sind die Zuckerhüte aufgebaut. Die Eier, die in Weidenkörben liegen, haben Bauersfrauen mitgebracht, um damit ihre Einkäufe zu bezahlen. Mit Geld bezahlt niemand. Einmal in der Woche kommt ein Fuhrmann aus der Stadt und holt die Eier ab. Dafür bekommt Tante Barbara Geld. Auf dem Verkaufstisch steht die Waage mit zwei blanken Messingtellern. Was die Tante wiegen will, das legt sie auf die eine Seite der Waage auf den Teller, auf die andere Seite stellt sie Messinggewichte, große oder kleine. Das Zünglein an dem verschnörkelten Eisenbogen in der Mitte tanzt hin und her, und Tante muß von der Ware etwas wegnehmen oder noch etwas dazufügen, bis das Zünglein kerzengerade steht. Maria hat mit beiden Händen den Tischrand umfaßt, den Kopf auf den Tisch gelegt und gespannt das Zünglein beim Wiegen beobachtet. Nun freut sie sich, als die Teller gleich stehen. Aber die Tante hört nur häßliche, unverständliche Laute. Einen Moment lang sieht das Kind die Augen der Tante traurig werden, dann greift Tante in einen Holzkasten und reicht Maria eine Handvoll Rosinen über den Tisch.

»Wie schrecklich!« denkt Tante Barbara, »und die kleine Gertrud kann auch nicht hören!«

5

Die Kinder bauen Schneemänner und bekommen frostige Hände. Es vergeht der Schnee, das Frühjahr bringt frisches Grün. Heu duftet im Sommer, und die Ernte ist harte Arbeit. Dann reifen Äpfel, Brombeeren und Haselnüsse. Und schließlich fällt wieder Schnee. Die Arbeit der Menschen richtet sich nach der Jahreszeit und nach dem Wetter. Alles hat seine feste Ordnung. Alle Menschen müssen arbeiten, damit sie zu essen haben, und die Erde und das Vieh sind für die Menschen da.

Wenn am Abend die Straße gefegt wird, die Schuhe gesäubert und mit Tran eingefettet in einer Reihe stehen, dann weiß Maria, daß Großmutter und Mutter am anderen Morgen ein gutes Kleid und ein dunkles Fransenkopftuch tragen werden. Vater zieht ein sauberes Hemd, eine ordentliche Hose und Jacke an. In Gruppen und in Reihen gehen die Freilinger den Weg nach Lommersdorf hinauf in die weiße Pfarrkirche mit ihrem romanischen Kirchturm. Sie tragen dicke Gebetbücher. Am Nachmittag, wenn sie wieder diesen Weg gehen, haben sie Rosenkränze um die Hand gewickelt.

Rund um Maria läuft das Leben in gewohntem Rhythmus ab. Sie ahnt nicht, daß jedes Ding einen Namen hat. Sie weiß nicht, daß ihr Dorf Freilingen heißt und sie in Lommersdorf in die Kirche geht. Sie sieht Bilder und denkt in Bildern. Sie beobachtet alle Bewegungen, sieht Farben und hat eine Nase, auf deren Geruchssinn sie sich verlassen kann. Zu allem in ihrer kleinen Welt hat sie Vertrauen. Überall ist Geborgenheit.

Maria ist im Unterdorf in der Nähe der Kapelle zu Hause, über die die früheste Nachricht in das Mittelalter zurückreicht. Der Kapelle gegenüber liegt der stattliche, altertümliche Gilleshof, einer der größten Höfe von Freilingen. An der aufsteigenden Dorfstraße stehen dicht nacheinander die kleinen Bauernhäuser, nur durch die niedrigen, dunklen Ställe und offenen Höfe voneinander getrennt, die den Misthaufen umrahmen. Jauche und Abwässer laufen die Rinnen hinunter. Manche Häuser sind so alt, daß ihre Türen und Fenster ganz schief im

Fachwerk stehen. Große Flächen von gelbem Lehm und geflochtenen Zweigen sehen unter dem Putz heraus. Die bemoosten Dächer sind eingesunken. Die Fenster in den Häusern aus der Franzosenzeit haben nur ein Maß von 50 mal 50 Zentimeter, um die damalige Fenstersteuer einzusparen. Auf halber Höhe des Dorfes ist die Schule, ein Steinhaus mit großen Fenstern. Die Lehrersfrau hat in ihrer Wohnung, die über dem einzigen Klassenzimmer liegt, selbstgenähte Gardinen aufgehängt. Maria staunt, niemand sonst hat Gardinen oder Vorhänge an den Fenstern. Zum Oberdorf kommt Maria nur dann, wenn sie mit den Eltern auf einem Wagen mitgenommen wird zu den Feldern, die auf Reetz zu liegen, einem Ort hinter Wald und Heide.

Auf dem über tausend Jahre alten Kirchhof in Lommersdorf liegt zwischen uralten Steinkreuzen Marias taubstumme Schwester Gertrud begraben. Maria kann sich bald kaum mehr an sie erinnern. Unkraut wächst über dem kleinen Grab, wie bei den meisten Gräbern. Wer hat schon Zeit, sich um sie zu kümmern? Hinter hohen Kirchhofsbäumen liegt das steinerne Pfarrhaus, und Hubert und Elisabeth Giefer gehen zum Herrn Pastor und sprechen über ihr taubstummes Kind Maria. Es ist jetzt sieben Jahre alt. Wie froh ist Elisabeth, daß ihr Mann Maria auf eine Schule schicken will. Sein Wille allein gilt, denn selbst im Amtsdeutsch heißt es »Vater-Gewalthaber«, die Mutter hat keine Rechte. Hubert muß sein taubstummes Kind nicht auf eine Schule schicken, kein Gesetz zwingt ihn dazu. Er würde Geld einsparen und Hilfe haben, wenn er Maria auf dem Gieferhof behielte. Der Pastor verspricht den Eltern, Erkundigungen einzuholen.

Für Mutter und Großmutter ist Marias Arbeit nützlich. Maria hilft dem fünfjährigen Willi in die knielange Hose und knöpft ihm den Latz hinten zu. Dem dreijährigen Klöß zieht sie sein Kleidchen über. Für Hosen ist er noch nicht groß genug. Sie füttert ihr Schwesterchen Christina, das bald zwei Jahre alt wird. Maria trägt es auf dem Arm, und wenn jemand von den Nachbarn kommt, geht sie auf ihn zu, stubst ihn und zeigt das Schwesterchen. Der Nachbar oder die Nachbarin lachen, nikken mit dem Kopf, streicheln das Kindchen oder schlagen die

Hände zusammen und bewegen den Mund. Maria freut sich sehr darüber. Christina ist ein friedliches Kind mit kastanienbraunen Ringelhaaren. Sie kann, wie Maria, nicht hören. Die Brüder aber toben wie alle anderen Jungen im Dorf, balgen, schreien, rufen, rennen und jagen und füllen das Haus und den Hof mit Leben.

Maria hat gelernt, den Menschen auf den Mund zu sehen. Großmutter macht immer die gleiche Mundbewegung, wenn sie auf den Vater zeigt, auch die Mutter macht es so. Für viele Personen und Dinge machen sie es, für alles eine bestimmte Mundbewegung, die sich immer wiederholt. Maria ist aufmerksam, allmählich begreift sie Zusammenhänge und merkt sich alles genau. In ihren Bildergedanken beginnt sie, die Dinge und Personen mit den Mundstellungen der Großen zu verbinden. Wenn sie an den Vater oder die Mutter denkt, sieht sie auch die Bewegung des Mundes vor sich, die die andern ihr gegenüber dazu gebrauchen.

Wenn die Großmutter Maria anschaut und den Mund für das Wort »Mutter« formt, dann weiß Maria, was sie meint, läuft geschwind, sucht die Mutter, zupft sie am Kleid und zeigt mit dem Finger, daß sie zur Großmutter kommen soll. Immer wieder versucht sie, die Formen der Lippen nachzubilden. Längst hat sie erfahren, daß man hinten im Hals drücken und dabei den Atem ausstoßen muß. Wenn es im Kopf fein schwingt, dann schauen die Leute in ihrer Nähe auf ihr Gesicht. Auch die, die weiter fort sind, so weit, daß man sie nicht anstoßen kann, bemerken sie; man muß nur ein wenig mehr im Hals drücken.

Immer öfter und deutlicher ruft sie »Vater« oder »Mutter«. Es klingt unverständlich für Fremde. Das »r« kann sie nicht aussprechen, weil sie es am Mund der andern nicht sehen kann. Das »er« sagt sie wie »ä«, aber ihre Eltern und Großmutter und auch Tante Barbara verstehen diese beiden Worte, und mit den Händen kann Maria zeigen und mit dem Kopf »ja« oder »nein« winken.

6

Im Winter gibt es Tage, an denen die Mutter nachmittags in der Stube bleibt und dicke Wollstrümpfe strickt.

Großmutter hat das schwere Wolltuch umgehängt und ist zu ihrer Tochter Barbara ums Haus gegangen.

Willi und Klöß fahren auf dem Wiesenhang gegenüber mit dem Schlitten, den Vater ihnen gebaut hat. Christina schläft auf der Bank. Maria kniet daneben und hat ihr Kleid unter die Knie gezogen, weil das Holz hart ist. Sie hat vier Nadeln in der Hand. Aber die vier Nadeln sind tückisch und wollen immer anders. Das Stricken ist gar nicht so einfach. Vor Anstrengung guckt Marias Zunge zwischen den Lippen hervor. Der dicke, schwarze Wollfaden will sich nicht durchziehen lassen. Aber ärgern läßt sie sich nicht, dazu ist sie viel zu fröhlich. Mutter hat ihr immer wieder gezeigt, wie man Masche um Masche strickt. Alle kleinen Mädchen lernen stricken, und eines Tages, wenn sie fleißig übt, wird sie es auch so schnell können wie Mutter und Großmutter. Großmutter macht sogar beim Stricken die Augen zu, als ob sie schlafe. Mutter steht auf und wirft dicke Holzstücke in den Ofen. Sie sieht Maria auf die Finger, dann nickt sie freundlich, nimmt ihr die Strickarbeit aus der Hand und legt sie beiseite. Maria schaut erwartungsvoll auf. Ob Mutter jetzt auf den Schrank zeigt? Ja! Maria klettert flink auf die Lehne der Bank und holt vom Schrank oben, wohin Klöß und Willi nicht hinaufreichen können, ein Pappkästchen. Beim Rekken macht sie vor Anstrengung einen röchelnden Ton. Eilig kniet sie sich wieder hin und packt das Schächtelchen aus: ein Bleistift und zusammengefaltete Papierbogen. Voll Freude glättet Maria das Papier. Mutter dreht ihren Stuhl herum, so daß Maria ihr gerade ins Gesicht schauen und den Mund gut beobachten kann. Maria spürt, daß die Mundbewegungen der Menschen für sie ein großes Geheimnis sind.

Sauber stehen auf dem Papier zwei Wörter: »Vater« und »Mutter«. Die zu schreiben hat Mutter sie schon an anderen Wintertagen gelehrt. Mutter bewegt jetzt langsam den Mund,

und das Mädchen versucht, die Lippen genauso zu formen, wie Mutter es tut. Noch einmal und noch einmal. Immer wieder. Dann schreibt Mutter auf das Papier das Wort »Maria«. »Maia« sagt das Kind mit mißtönender Stimme, von der es selber nichts hört. Mutter horcht. Das »i« ist kein sauberes »i«. Mutter zeigt unter jeden Buchstaben und jedesmal auf ihren Mund. Maria versteht den Zusammenhang, aber beim »r« schüttelt sie den Kopf. Nein, sie kann nicht begreifen, was Mutter meint, und wenn die es noch so oft mit Zeigen versucht. Das »r« bleibt unerfaßbar. »Maia« sagt das Mädchen. Mutter nickt zufrieden mit dem Kopf.

Was ist das, »Maia«? Da zeigt Mutter auf sie, tippt dem Kind auf die Brust und formt mit den Lippen langsam und deutlich wieder: »Maria.« Das Kind überlegt, zeigt mit dem Finger auf sich selbst, schaut an sich hinunter. Das, was es da sieht, wenn es sich anschaut, das ist »Maia«? Plötzlich geht ein Leuchten über sein Gesicht. Heftig klopft es sich mit dem ausgestreckten Finger an die Brust und formt mit dem Munde und drückt im Halse und sagt grob und zu laut das Wort »Maia«. Es hat seinen Namen begriffen. Maria reicht aufgeregt der Mutter den Bleistift und schaut noch einmal ganz genau zu, wie Mutter das Wort schreibt. Maria versucht, es nachzuschreiben. Mit viel Ausdauer geht es ein ums andere Mal besser. Seltsam ist das, daß die Zeichen auf dem Papier so viel bedeuten. Das Wort Mutter hat am Anfang die gleiche Form wie das Wort Maria. Und beide Male muß man den Mund gleich formen, mit zusammengedrückten Lippen.

Maria ahnt: Jedes Ding, das sie sieht, hat einen Namen, den sie so aufschreiben und mit dem Mund benennen kann.

»Vatä«, »Muttä«, »Maia« – Frau Elisabeth atmet einmal ganz tief. Das Kind spricht. Als wolle ein Tier anfangen zu sprechen, so klingt es in der Stube, laut, schrill und schwer. Es sind keine gewohnten Töne. Wer soll das je verstehen? Mutter schaut zu Christina hinüber, aber das Kind schläft und wird nicht wach durch die grellen Laute. – Nie wird es mit Lärm zu stören sein.

Es tut Frau Elisabeth weh. Sie unterdrückt die plötzliche, heftige Angst. Maria hat sie fragend angesehen. Da streichelt sie dem kleinen Mädchen über die Haare. Eine liebevolle, innige Bewegung, Mutter schaut plötzlich auf. Mutter weiß immer vorher, daß in den nächsten Momenten jemand hereinkommt. Die Tür fliegt auf, und mit dem kalten Luftzug stürzen die beiden Brüder in die Stube. Dick sehen sie in ihrer Verpackung aus: alte Jacken und lange Hosen. Sie bewegen sich darin plump. Ihre Gesichter sind frisch und beide Nasen schmutzig. Sie ziehen sie hoch oder wischen sie am Ärmel ab. Maria rafft schnell ihre Schätze zusammen. Der schöne Nachmittag ist zu Ende. Sie ist glücklich. Sie hat ein neues Wort gelernt – und sie weiß, was sie sagen muß, wenn sie sich selber meint: Maia!

Es wird dunkel in der Stube. Mutter legt den Strickstrumpf in den Schrank. Sie zündet die an der Wand hängende Petroleumlampe an, die die Decke schwärzt. Das Vieh muß gefüttert werden, melken muß sie noch. Mutter ist froh, daß die Großmutter kommt.

Maria läuft ihr aufgeregt entgegen. Sie zeigt auf sich selbst und sagt »Maia«. Da staunt die Großmutter sehr und zeigt mit ihrem Gesicht deutlich, wie sie sich freut und das Mädchen lobt. Auch als der Vater kommt, sagt das Kind sein neues Wort. Jeder muß es hören, daß sie »Maia« sagen kann und sich selbst damit meint.

Nach dem Abendbrot laufen die Geschwister hinter den Erwachsenen her in die warmen Ställe. Sie haben sich an leckeren Kartoffeln mit Rahm satt gegessen. In den Ställen hängen die Sturmlaternen und ihr Schimmer, der in den Hof hinausfällt, wird von dichtem Schneefall geschluckt.

Wenn alle Kinder in den kalten Kammern in ihren Betten liegen, zieht Frau Elisabeth ihre blaue Leinenschürze aus und spannt sie vor das eine Stubenfenster, Großmutter hing ihre Schürze schon vor das andere. Alle Frauen machen es am Abend so. Die Eingangstür bleibt unverschlossen, im Sommer wie im Winter. Es gibt in Freilingen nichts, vor dem man sich fürchten müßte. Niemand verschließt sein Haus, weil Frieden ist im Dorf und Land.

7

Es ist Fastnachtssonntag.

Maria schaut in der Kammer verwundert zu, wie Vater Großmutters Rock und Bluse anzieht. Er bindet sich ein Kopftuch um, und sein Gesicht versteckt er hinter einem schwarzen Tuch, in das er für Augen und Mund drei Löcher herausgeschnitten hat. Vater ist nicht wiederzuerkennen.

Maria läuft hinter ihm her in die Stube hinunter. Großmutter lacht, als der Vater wie eine ganz dicke Frau verkleidet herumtanzt. Den ganzen Morgen, den Mittag über und jetzt am Nachmittag gucken immer wieder seltsam vermummte Gestalten ins Haus herein, jagen die Kinder und springen herum, bis Mutter ihnen in Schmalz gebackene Küchlein gibt. Erst dann ziehen sie wieder ab.

Vater geht hinaus in die Kälte, und allerlei Verkleidete laufen hinter ihm her, von Haus zu Haus, durchs ganze Dorf.

Maria ist mit Mutter und Christina allein. Was wird Mutter tun? Wird sie sich auch so komisch anziehen und springen und lustig sein? Jetzt geht sie zur Haustüre und schiebt den Riegel vor. Sie wirft den Ofen voll Holz, setzt sich zwischen die hohen Stubenfenster und beginnt zu stricken. Niemand von draußen kann sie sehen. Es ist dämmrig vom trüben Winterlicht. Maria schaut ihre Mutter an, die traurig aussieht und allein. Sie drückt sich an sie und spielt mit Mutters Haar. Sie will ganz nahe bei ihr sein.

Mutter läßt sie gewähren. Da zupft Maria die Haarnadeln aus dem aufgesteckten Knoten, und als die alle auf dem Tisch liegen, fällt der große, lange Zopf herunter. Die Mutter rührt sich nicht und strickt weiter. Das Mädchen löst den Zopf auseinander, daß Mutters Haare lose über der Stuhllehne herunterhängen. Von der Fensterbank holt es den Kamm. Es fehlen schon einige Zähne darin. Aber das tut nichts. Man kann damit so schön kämmen. Wie lieb Mutter doch ist, daß sie sich das gefallen läßt. Ihr Haar ist dicht und reicht jetzt, wo sie sitzt, bis auf den Boden.

Maria stellt sich auf die Zehenspitzen und beginnt am Scheitel. Sie läßt den Kamm durch das Haar gleiten und bückt sich bis zu den Haarspitzen hinunter. Das ist schön! Mutter hat andere Haare als Maria, viel schwerer, fester und dunkler.

Es wird finster in der Stube, und manchmal ist es dem Kinde, als rüttle draußen jemand an der Tür. Das kann es am Fußboden spüren. Aber Mutter will wohl nicht aufmachen. Maria läßt immer von neuem den Kamm das Haar hinuntergleiten, ganz sanft und vorsichtig. Ob Mutter sich wohl freut? Das Kind guckt um den Stuhl herum auf Mutters Gesicht. Es ist schön und ganz traurig. Weint Mutter? Maria kämmt leise und zart weiter. Warum ist Mutter traurig, wenn alle – Vater auch – so lustig sind?

Mutter legt das Strickzeug hin, flicht ihren Zopf und steckt ihn auf. Sie beachtet das kleine Mädchen gar nicht. Hat sie es nicht gemerkt, daß ihre Älteste sie gekämmt hat?

Mutter fegt mit der Hand die losen Haare von der Schulter, dann geht sie zur Küche hinaus an ihre Arbeit.

8

Der Mai beginnt kühl.

Auf dem Kalender, der in der Stube hängt, stehen die Zahlen 8.5.1905. Maria wacht auf, weil sie am Arm geschüttelt wird. Mutter steht vor ihrem Bett mit einem Licht in der Hand und winkt zum Aufstehen. Fröstelnd kriecht das Mädchen aus dem warmen Strohbett. Im Hemdchen, auf nackten Füßen, steigt es hinter der Mutter die ausgetretene Stiege hinab, huscht über den kalten Steinflur in die Stube. Großmutter hat schon Feuer gemacht. Eine Schüssel mit warmem Waschwasser steht bereit. Mutter hilft ihrem Töchterchen beim Waschen. Vater nickt dem Kind freundlich zu und zieht seine schweren Nagelschuhe an. Langsam graut bleich und dunstig der Morgen vor den Fenstern. Mutter reicht Maria ein neues Leinenhemd. Das liegt kalt und schwer auf der Haut. Zum erstenmal zieht Maria eine Hose an, mit Spitzen an den langen Beinen und Knöpfen zum

Zuknöpfen. Die Mädchen und Frauen im Dorf haben keine Hosen an, auch nicht im Winter. Die langen Wollstrümpfe, die Maria anzieht, hat Mutter ihr gestrickt. Sie werden an Bändern ihres Leibchens befestigt. Der Schuster arbeitete die hohen Schnürschuhe nach Maß. Lang ist der warme Unterrock, und das neue Kleid mit den Puffärmeln aus dunkelblauem Tuch reicht bis an die Schuhe.

Mutter kämmt das Kind und bindet die Haare mit einer Schleife. Maria läßt alles staunend geschehen. In den vergangenen Wochen ist die Mutter mit ihr zur Schneiderin und zum Schuster nach Lommersdorf gegangen, zum Anprobieren. Weshalb wird sie wohl so schön gemacht?

Im Butterfaß hat Mutter aus weißem Rahm frische Butter geschlagen. Nun schmiert sie lange Brotschnitten so dick mit Butter, wie sie sonst nur der Vater bekommt. Dazu gibt es gar ein Ei und heiße Milch. In ein sauberes Handtuch packt Mutter die Butterbrote und legt sie mit einigen gekochten Eiern, Wurst, Speck, einem ganzen Brot und trockenen Pflaumen in den ovalen Reisekorb mit den beiden Deckeln, die nach oben zum Henkel hin aufklappen.

Mutter hat ihr bestes Kleid angezogen. Es hat kugelige Knöpfe, und der breite Kragen ist mit schwarzen Perlen bestickt. Am Stehbörtchen sitzt eine kleine Brosche.

Nach dem Frühstück holt der Vater Marias neuen Mantel vom Haken. Einen Mantel hat sie noch nie getragen. Auch Mutter und Großmutter besitzen keine Mäntel. Die Mutter schlägt das weite Umhangtuch um. Die kleine Maria bekommt noch ein neues Kopftuch.

Vater schaut durch das Fenster in den grauen Morgen hinaus, dann zieht er seinen Rock an und geht mit dem Reisekorb auf den Hof. Die Großmutter weint und putzt ihre Nase. Sie macht auf die Stirn des Mädchens ein Kreuzzeichen. Maria legt die Arme um den Hals der alten Frau und gibt ihr einen Kuß. »Maia« sagt sie und deutet mit der Hand an, daß sie wiederkommen wird. Großmutter nickt weinend.

Auf dem Hof wartet angespannt vor dem Kastenwagen Vaters Pferd. Tante Barbara winkt aus dem Fenster. Sie reicht ein zusammengebundenes Tüchlein mit süßen Sachen heraus. Maria nimmt das Beutelchen an, und Tante Barbara schlägt staunend die Hände zusammen. Wie fein das Kind angezogen ist! Maria streicht mit der Hand über ihren Mantel, streckt dabei den Bauch hervor und macht vor Freude häßliche, laute Töne. Tante Barbara reicht dem Kind die Hand. Abschied – was ist das? Sie fährt fort mit Vater und Mutter. Wohin? Warum? Das kleine taubstumme Mädchen kann da nichts denken. Aber es empfindet Freude, daß etwas Besonderes geschieht und daß alle außergewöhnlich gut zu ihm sind. Mutter ist schon auf den Wagen gestiegen, mit dem Vater sonst Kartoffeln, Rüben, Sand, Steine und auch Mist fährt. Nun sind saubere Bretter als Wände eingesetzt, ein Brett zum Sitzen quergelegt, darüber die Pferdedecke. Der Vater hilft der Kleinen hoch, sitzt zuletzt auf, faßt die Leine und schlägt mit ihr leicht auf den Rücken des Pferdes. Der Wagen zieht an, Großmutter und Tante Barbara winken, und fröhlich winkt Maria zurück. Hinter dem Dorf läuft das Pferd im leichten Trab die Straße zum Grindelbach hinunter.

Der Tag wird heller. Der Tau auf den Wiesen glänzt. Nebelschwaden ziehen wie weite, weiße Tücher aus den Tälern. Die Schlehdornbüsche tragen dicke Knospen. Bald werden die weißen Blüten an nackten Zweigen sitzen, noch ehe die Blätter zu sprießen wagen. Am Bach ist das harte Schilf in die Höhe geschossen. Winterlich war der April. Der Frühling will noch nicht kommen.

Der Reisekorb, mit einer Kordel am Wagenrand angebunden, rutscht im leeren Wagen hin und her. Holpernd geht es über die Grindelbachbrücke, den Hang hinauf zur Höhe. Von dort schaut Maria sich noch einmal um. Hinter dem Berg mit dem Schlehdorn sieht sie die Turmspitze der Kapelle und die Dächer von Freilingen. Weißer Holzrauch steigt auf. Es ist kühl. Maria schüttelt sich. Der frische Wind bläst ins Gesicht und läßt die Augen tränen. Eine Decke hat die Mutter sich und ihrem Kind über die Knie gelegt. Von der Höhe geht zwischen Haselnußsträuchern der Hohlweg durch das »Hüngersdorfer Tal« hinab. Vater springt vom Wagen und zieht die Bremsen an.

Der Weg ist von Schneeschmelze und Aprilregen aufgeweicht und ausgewaschen. Der Korb beginnt zu hüpfen.

Im Ahrtal steht Nebel auf den Wiesen. Es riecht scharf nach feuchter Erde, nach Wasser und jungem Gras. Krähen sitzen plump und düster auf frischgepflügten Äckern und fliegen träge mit weitem Flügelschlag über den Wagen hin.

Die drei fahren ganz allein die gewundene Ahrstraße entlang nach Blankenheim. Hoch über dem Städtchen liegt die Burg in der ersten Morgensonne. Hinter manchem Fenster sieht Maria ein verschlafenes Gesicht. Der Wagen rumpelt über das Kopfsteinpflaster zum Stadttor hinaus. Bergauf kommen sie nach Blankenheimerdorf. In den Ställen werden die Tiere gefüttert. Eine halbe Stunde noch geht es über die Landstraße mit ihren spitzen Schottersteinen, die den eisenbespannten Holzrädern nichts ausmachen, dann sind sie am Bahnhof Blankenheim-Wald. Nur das Bahnhofsgebäude und ein Sägewerk liegen im Tannenwald. Es riecht gut nach aufgeschnittenem Holz. Ein Gleis führt nach Köln am Rhein; die anderen Schienen gehen über Gerolstein nach Trier an der Mosel. Maria staunt die silbernen Bänder an, die auf der Erde liegen und aus den Wäldern kommen, um in den Wäldern zu verschwinden.

Die Mutter ist sehr aufgeregt. Als der Zug kommt, ist Maria fassungslos. Schwarz, fauchend, mit großen Rädern donnert er heran. Maria spürt die Erde beben. Ängstlich greift sie nach Mutters Hand und weicht zurück. Mutter muß sie ziehen und ihr bedeuten, mitzukommen. Der Vater hebt sie in ein Zugabteil und winkt ihr zum Abschied zu. Sie ist mit Mutter allein. Sie setzen sich in die Mitte der Holzbank in Fahrtrichtung. Erst hat die Mutter den Korb zwischen sich und Maria gestellt. Als der Zug aber anruckt und Maria die Mutter mit großen Augen unsicher ansieht, hat Frau Elisabeth den Korb auf die Bank gegenüber gestellt, und Maria ist schnell hingerutscht, fest an ihre Seite.

Schneller und schneller fährt der Zug. Das Kind spürt den gleichmäßigen Takt und Rhythmus. Es ist ganz aufmerksam und fühlt und schaut und riecht. Weite Täler drehen sich an den Fenstern vorbei. Bäume wischen vorüber, ziehende Wolken und fliegende Vögel bleiben zurück, und wenn Maria gerade etwas anschauen will, ist es schon verschwunden. Es ist ihr eigentümlich zumute, aber nicht bange. Wenn sie Mutter fragend anschaut, bekommt sie ein zärtliches Lächeln zurück.

Dörfer tauchen auf und verschwinden, rote Halden der Bleigruben und aufgebrochene Berge. Ab und zu hält der Zug. Leute steigen ein. Sie packen ihre Brote aus Körben und Rucksäcken aus und essen. In Euskirchen steigen Mutter und Maria in einen anderen Zug. Als sie eine Weile gefahren sind, kommt der Schaffner. Er und Mutter bewegen lange den Mund. Dabei wird Mutter ganz aufgeregt und springt auf. Maria erschrickt. Als der Zug hält, steigen sie aus. Sie sind allein auf einem kleinen Bahnhof, und ihr Zug fährt fort, wird immer kleiner und ist verschwunden. Nur sein Rauch steht noch in der Luft. Mutter weist mit der Hand auf die Schienen, hinter dem Zug her, schüttelt verneinend den Kopf, deutet dann auf sich und Maria und zeigt in die entgegengesetzte Richtung. Maria begreift: Mutter hat den falschen Zug genommen. Sie hatte in der Aufregung über die große Reise beim Umsteigen in Euskirchen den Zug nach Köln bestiegen. Nun müssen sie warten, bis ein Zug sie wieder zurück auf den Bahnhof Euskirchen bringt. Dort steigen sie in den richtigen Zug, nachdem Mutter sich immer wieder erkundigt hat, ob er auch wirklich nach Düren fährt. Maria schaut hinaus in die flache Landschaft. Eine so weite Ebene hat sie noch nie gesehen. Bauern pflügen nur mit Pferden, nicht mit Kühen wie daheim. Die Felder sind viel größer als in Freilingen, und manchmal sieht sie Höfe mit mächtigen Türmen, Toren und hohen Mauern rundum.

In Düren sitzen sie im Wartesaal, essen ihre Brote, und Mutter unterhält sich mit fremden Leuten. Noch einmal steigen sie in einen Zug, der sie endlich ans Ziel bringt. Maria sieht staunend, daß sie in ein großes Häusermeer hineinfährt. Mutter ist unruhig aufgestanden, bindet ihr Kopftuch neu und ordnet Marias Mantel. Unter dem riesigen, gewölbten Dach eines neuen Bahnhofes, an dem letzte Bauarbeiten gemacht werden, steigen sie aus, gehen Treppen hinab, und am Ende eines langen Ganges gibt Mutter dem Beamten an der Sperre den Schein ab, den der Bahnhofsvorsteher in Blankenheim-Wald am frühen Morgen sorgfältig ausgeschrieben hatte. Nun stehen sie draußen auf dem Bahnhofsvorplatz und frösteln im müden Licht des Nachmittags, obwohl ihnen die Luft weicher und milder erscheint als daheim. Die Glieder sind steif vom ungewohnt langen Sitzen. Mutter hat den Korb auf den Boden gestellt. Ein wenig verloren stehen sie beide in der fremden Stadt Aachen.

9

Maria hält Mutters Hand fest. Häuser und Bäume umstehen den weiten Bahnhofsvorplatz, an dessen Ende ein Kriegerdenkmal steht. Pferdedroschken warten. In alle Richtungen führen Straßen, und ein Haus steht neben dem anderen. Menschen kommen und gehen. Eine grüne Bahn fährt auf Schienen ab.

Mutter winkt einem Jungen. Sie bewegen beide den Mund, dann zeigt er in eine Richtung. Maria schaut im Gehen nach allen Seiten. Die Straßen sind ganz aus Stein, Wagen rollen vorbei, mit Pferden vorgespannt. Die Mutter bleibt mit dem Kind auf dem Bürgersteig. Sie gehen am Marschiertor vorbei, einem mächtigen Wachtturm mit steiler Dachhaube. Kinder spielen unter seinem Torbogen. Den ansteigenden Boxgraben hinauf, kommen sie über die Eisenbahnbrücke »An der Schanz« zur Taubstummenanstalt. In dem Ziegelhaus spricht Mutter mit einem Herrn, der einen weißen Spitzbart hat. Maria gibt ihm die Hand, nachdem Mutter sie mit der Gebärde des Handreichens dazu angehalten hat. Maria sieht in dem hohen Zimmer ein erhöhtes Pult mit einzelnen kleinen Pulten und Stühlen im Halbkreis davor, eine schwarze Tafel, einen Schrank und Bilder. Mutter rührt sie an und zeigt ihr, indem sie langsam vorspricht, daß sie sprechen soll: »Vater, Mutter, Maria.« Maria spricht laut nach. Der Herr freut sich und gibt ihr ein Stück Kreide. Er zeigt, daß sie auf die schwarze Wandtafel schreiben soll. Mutter nickt aufmunternd. Maria sieht die Kreide an. Zögernd geht sie zur Tafel und schreibt in großen Buchstaben: Maria Giefer, Hubert Giefer, Vater, Mutter, Großmutter. Die Mutter lächelt zufrieden, und der Herr ist erstaunt. Er geht zum Schrank und bringt dem Kind eine neue Schiefertafel. Dann begleitet er Mutter und Maria auf den Flur hinaus, verschwindet kurz hinter einer der vielen Türen und kommt mit einem größeren Mädchen zurück. Der Herr bewegt dem Mädchen gegenüber ganz langsam den Mund und zeigt auf Mutter und Maria. Aufmerksam schaut das fremde Mädchen auf seinen Mund und nickt dann verstehend mit dem Kopf und bewegt die Lippen.

Plötzlich hat Maria etwas begriffen, was sie seltsam anrührt. Das fremde Mädchen ist wie sie selbst. Nicht wie die Kinder in Freilingen und nicht wie alle Leute, die sie kennt. Da ist etwas Verwandtes, Gleiches. Als das Mädchen Mutters Korb in die eine Hand nimmt und mit der anderen Maria fassen will, ist sie gerne dazu bereit.

So gehen sie unter der Eisenbahnbrücke die Vaalser Straße hoch zur Jakobskirche. Die Kleinbahn kommt die Jakobstraße herunter. Sie warten, bis sie vorbei ist, um die Straße zu überqueren. Maria fühlt, wie die Erde bebt. Sie gehen ein Stück Straße hinunter und die Stromgasse wieder hinauf. Im Haus Nr. 17 steigen sie viele Treppen. Das Mädchen klopft an eine Tür, eine rundliche Frau öffnet ihnen freundlich. So sauber wie die Frau mit der weißen gestärkten Schürze ist auch die Wohnung. An den Fenstern hängen duftige Gardinen und Vorhänge. In einer Ecke steht ein breites Bett mit spitzenbesetzten Kissen und Plumeau. Das umgeschlagene Bettuch ist ganz weiß und glatt. Maria wünscht sich, in diesem wunderbaren Bett zu liegen. Durch einen geöffneten Vorhang kann man in die kleine Küche sehen. Da glänzt die Nickelstange am Kohleherd wie Silber und die Herdplatte wie ein Spiegel. Der Fußboden ist mit braunem Lack gestrichen und so sauber, als werde er nie betreten.

Die Mutter öffnet ihren Korb und legt der Frau Speck, Eier, Brot und Butter auf den Tisch. Dann trinken sie zusammen Kaffee.

Die Tür öffnet sich, und ein Mann mit einem dicken, fröhlichen Mädchen kommt herein. Er begrüßt die Mutter und Maria und zeigt mit Gesten, daß das dicke Mädchen den Besuchern die Hand reichen soll. Wieder erkennt Maria, daß auch dieses Kind ist wie sie selbst. Das neuhinzugekommene Mädchen zieht Maria in die Küche. In einer Nische unter dem Fenster sind drei Fächer mit Spielsachen. Maria läßt sich alles zeigen. Das Kind deutet mit den Händen an: Das gehört mir, und das gehört dem großen Mädchen. Mutter schaut still zu. Nach dem Abendessen steigen die kleine Frau, Mutter und die drei Kinder zu einem Dachzimmer hinauf. Die Frau hat eine Kerze angezündet und leuchtet über drei sauber bezogene Betten. Sie winkt zur guten Nacht und geht. Maria hat sich im Bett eng an die Mutter gekuschelt, die mit dem Arm ihr Kind umfangen hält. Da liegt es drin wie in einem guten Nest. Durch das geöffnete Dachfenster leuchtet ein Stern. Maria schaut ihn an, bis ihr die Lider zufallen und sie einem Lebensabschnitt entgegenschläft, der ihr eine neue Heimat und eine neue Welt bringen wird.

10

Maria weiß nicht mehr, wieviel Zeit vergangen ist, seit sie das erste Mal in Aachen erwachte und Mutter vermißte. Plötzlich war sie so allein gewesen! So schrecklich verlassen! Sie hatte viel geweint. Das ist lange her.

Jetzt ist Sommer – und jeder Morgen ist schön. Frau Bunden kommt die Kinder wecken. Die Schnürstiefelchen sind geputzt, und über das Kleid bindet Frau Bunden jedem Kind eine frische, gestärkte Schürze um. »Mama«, sagt Maria zu Frau Bunden. Auch die anderen Mädchen sagen »Mama«. Das sieht Maria ihnen vom Munde ab.

Nach dem Frühstück stehen die drei vor der Wohnungstür und warten. Mama taucht zwei Finger in das Weihwasserkesselchen, das neben der Tür hängt und zeichnet jedem ein Kreuz auf die Stirn. Stolz trägt Maria an hölzernen Griffen die Leinenschultasche, auf der bunte Blumen gestickt sind. Zwei Schnüre hängen heraus. Daran baumeln ein Schwämmchen und ein Tafellappen.

Unten, auf der Stromgasse, winken die Kinder noch einmal zum Fenster hinauf. Sie geben sich die Hände und drängeln sich aneinander, als sie den Mühlenberg hinaufgehen, denn der bucklige Bürgersteig ist eng. Jeden Morgen, wenn sie die Jakobskirche erreicht haben, bleibt das große Mädchen stehen und klemmt seine Mappe zwischen die Knie, um die Hände freizubekommen. Es zeigt auf die viereckige Turmuhr. Der lange Zeiger ist fast ganz oben. Die kleinen Mädchen schauen auf den Mund des größeren. »Sieben Uhr«, sagen lautlos die Lippen. Dabei hält das Kind sieben Finger in die Höhe. Maria begreift nicht; aber sie legt jeden Morgen den Kopf in den Nakken, um zu dem hohen Turm hinaufzuschauen. Der Morgen ist warm, doch in der Kirche empfängt sie Kühle und der Geruch von altem Holz, Weihrauch und Kerzen. Sie gehen durch das gotische Kirchenschiff bis zu dem Platz der Kinder der Taubstummenanstalt Aachen. Marias Lehrer und der Herr Direktor, der ihr die Tafel schenkte, sind schon da.

Jeden Morgen sieht Maria die immer gleichen Bewegungen des Priesters und der Meßdiener. Sie hat die Hände gefaltet, sie kniet, steht auf, klopft an die Brust, bekreuzigt sich, senkt den Kopf – es ist alles das, was der Lehrer macht und was die Schüler nachmachen.

Nach der Messe, vor dem Kirchenportal, beginnen die Kinder mit heftigen Gesten und übertriebenen Mienen zu plaudern. »Plaudern« nennen sie ihre Unterhaltung. Sie stoßen sich an und zeigen mit den Fingern. Ihre ungeformten Stimmen kreischen unangenehm über den Platz. Immer bleiben Leute stehen und schauen neugierig oder mitleidig zu.

Maria sieht auf ihrem Schulweg ein Pferdefuhrwerk, mit Milchkannen beladen. Aus den Haustüren kommen Frauen mit Kännchen und Töpfen. Weiße Milch fließt in das Hohlmaß, wird gemessen und in bereitgehaltene Gefäße gegossen. Maria muß an den dämmerigen Stall denken, an die Kühe daheim. Sie sieht Mutter gebückt auf dem Melkschemel sitzen, den Eimer zwischen den Knien, und Strich um Strich schießt die Milch in feinem Strahl aus dem warmen Euter hinein. Der schmutzige Schwanz der Kuh schlägt Mutter ins Gesicht. Das weiße Kopftuch ist fleckig, die Schuhe voll Stallmist. Der Saum des Rockes wischt beim Sitzen über die nasse Spreu. Die Milch muß durch ein ausgekochtes Leinentuch in eine saubere Kanne gegossen werden; die Kannen muß Mutter jeden Tag heiß spülen. Melken, Füttern, zur Weide fahren, Stall säubern, im Heu arbeiten, um Futter für das Vieh im Winter zu haben ... was für eine endlose Arbeit, um nur allein die Milch zu bekommen!

Und hier holen die Frauen am Milchwagen die Milch, geben Geldstücke dafür und können mit der Milch fortgehen! So einfach ist das.

Mit zwölf Kindern sitzt Maria in ihrer Klasse im Halbrund. Jedes Kind kann das Gesicht des anderen sehen, weil nur so jedes vom anderen lernen kann.

Die taubstummen Kinder sind wie kleine Tiere in die Schule gekommen. Manche hatten wilde Gesichter mit bösen Augen. Sie begriffen nicht, was um sie her geschah. Ihre Eltern waren rat- und hilflos gewesen und wußten nichts mit dem unbändigen Kind anzufangen. Deshalb kannten diese Kinder keine Ordnung und kein Sicheinfügen.

Andere waren voller Furcht und wollten nur in Ruhe gelassen werden. Wieder andere saßen mit teilnahmslosem, stumpfem Blick da, sahen ausdruckslos in den Tag, als sei ihr geistiges Leben tot.

Es waren aber auch kleine Mädchen und Knaben dabei, deren immer wache Blicke hin und her liefen, denen nichts entging, keine Regung und Bewegung ringsum. Sie waren neugierig, unruhig, laut und gierig, manchmal mißtrauisch lauernd. Dazwischen saßen Kinder wie Maria, fröhlich, aufmerksam, willig und voller Erwartung, aber auch zweifelnd, abwartend, ungläubig und scheu.

Kaum eines der Kinder konnte einige Worte, als sie hierherkamen. Die meisten mußten sich des Schwingens in ihrem Kehlkopf erst bewußt werden. Sie mußten begreifen, daß die Umwelt auf dieses Schwingen reagiert, daß die Schwingung, die sie fühlen, eine Bedeutung hat. Es hat schon viele Tränen gegeben. Manche Kinder wollten immerzu weglaufen. Aber der Herr Lehrer Wennekamp hat Geduld, viel, viel, viel Geduld. Ruhiger sind die Kinder in ihrem Wesen geworden und haben selbst gelernt, die Vokale »a«, »o« und »u« zu sprechen und die Lippen entsprechend zu formen. Immer wieder haben sie Stimmübungen gemacht und gelernt, diese Vokale vom Mund des Lehrers abzulesen und sie zu schreiben. Dann lernten sie die Verschlußlaute »p«, »t« und »k«, die ohne Stimme gesprochen werden müssen.

Sie haben Stück für Stück ihre Sprechmuskeln ertastet. Der Lehrer hat mit einem Hölzchen die Zungenstellung berichtigt. Zuletzt lernten sie den engen Laut »f«. Maria hatte sehr gut achtgegeben, hatte den Unterlippenrand an die oberen Schneidezähne gelegt und den Atem hinausgestoßen, so wie sie es beim Lehrer an seinen Lippen erfühlte. Aber er war nicht zufrieden gewesen, bis sie endlich begriffen hatte, daß es dabei weder im Halse noch im Kopf schwingen darf. Nichts darf sie dabei mit dem Kehlkopf machen, nur ganz allein die Atemluft muß sich bewegen. Als es endlich gut war, durfte sie die Tafel voller »f« schreiben.

Heute ist ein kleines Pult leergeblieben. Nun läuft das eine und das andere Kind zum Lehrer Wennekamp, tippt mit der Hand auf seinen Arm, zeigt auf das leere Pult und wischt mit der Hand über die Stirn: Josef ist krank. Die Kinder zeigen sich gegenseitig die Gebärde, zeigen auf das leere Kinderpult und nicken dann begreifend mit den Köpfen. Das Wort »krank« kann noch keines der Kinder sprechen – und sie wissen auch nicht, was das ist. Aber wenn ein Pult leer bleibt, heißt das, daß man eine Gebärde für »kranksein« macht: das feuchte Tuch auf einer fieberheißen Stirn.

Der Herr Lehrer Wennekamp hat ganz fest auf sein Pult geschlagen, mit dem Zeigestock auf den Fußboden gestoßen und bei den Kindern, die durch die Erschütterung des Fußbodens nicht aufmerksam wurden, noch einmal mit der flachen Hand auf deren Pult geschlagen. Alle müssen ihn ansehen. Die Augen reißt er überweit auf und zeigt mit dem Finger auf seinen Mund. Alle müssen herschauen. Huscht ein Augenpaar wieder anderswohin – klatsch!, schlägt er auf das kleine Pult des Unaufmerksamen. Alle Augen hält der Lehrer mit seinem bezwingenden Blick fest.

Sie haben das Kreuzzeichen gemacht, dem Lehrer einzeln die

Aufgaben auf ihrer Tafel gezeigt und sie ausgewischt. Nun deutet der Lehrer auf den verschlossenen Schrank, hebt die Schultern hoch, breitet die Arme aus und drückt mit dieser Gebärde und seinem Mienenspiel Nichtwissen und Frage aus. Dann geht er vorsichtig auf den Schrank zu, macht ihn ganz, ganz langsam auf und schnell wieder zu. Die Kinder schauen gespannt. Wieder macht der Lehrer neugierig die Schranktür auf, schlägt erstaunt die Hände zusammen und holt dann behutsam eine Tasche hervor. Er deutet den Kindern an, daß er nicht weiß, was in der Tasche ist.

Einige beginnen unruhig auf ihren Stühlen hin und her zu rutschen, andere reißen ihre Münder vor Spannung auf, und zwei rennen gleich auf die Tasche zu und wollen sie öffnen. Aber der Lehrer schickt sie sofort auf ihre Plätze zurück. Langsam läßt er dann seine Hand in die spaltbreit geöffnete Tasche gleiten. Dabei tut er bange. Plötzlich zieht er mit dem Ausdruck des Schmerzes die Hand zurück und sagt überdeutlich: »Au!« Er bläst auf seine Finger, reibt sie, als ob sie schmerzten –, aber dann steckt er doch wieder langsam die Hand in die Tasche. Wieder schreit er »Au!«, zieht die Hand heftig zurück und fängt das Ganze von vorne an.

Gebannt schauen die Kinder zu. Nun läßt der Lehrer jedes einzeln kommen, führt des Kindes Hand vorsichtig in die Tasche, zieht sie schnell heraus und zeigt dem Kind dabei seinen Mund, der ein »Au« formt. Die Kinder begreifen und machen selbst so einen Schmerzenslaut. Maria lacht, weil es doch gar nicht weh tut am Finger, weil es so lustig ist.

Langsam öffnet Lehrer Wennekamp die Tasche und zieht ängstlich gespannt einen kleinen Stoffaffen heraus, ein Tier mit roten Pfoten und einem langen Schwanz. Die Kinder staunen, stoßen ein großes Geschrei aus, springen von den Stühlen, umringen den Lehrer und wollen das Tier unbedingt haben. Einige beginnen wie Tiere mit Händen und Füßen auf dem Boden herumzulaufen. Im Nu ist ein Durcheinander in der Klasse. Ein Junge klopft immer wieder auf des Lehrers Arm, zeigt dann auf sich und den Affen und nickt dabei langsam mit dem Kopf. Ein Mädchen will den Lehrer unbedingt mit hinauszerren zur Tür und ihm auch so einen Affen zeigen. Es kann nicht sagen, wo es ihn gesehen hat.

Es dauert eine ganze Weile, bis der Lehrer die Kinder wieder an ihren Plätzen hat und der Affe ruhig auf des Lehrers Pult sitzen kann. Dann malt der Lehrer auf die Tafel einen großen Affen. Wieder springen die Kinder auf, geben viele unartikulierte Laute von sich und rennen zum Lehrer, zeigen zum Stoffaffen und auf das Affenbild. Ja, sie haben verstanden, es soll das gleiche Tier sein. Ein Mädchen holt den Affen vom Pult, hält ihn hoch neben den gezeichneten Affen und lacht laut und schrill dabei.

Wieder braucht der Lehrer viel Geduld, bis alle Kinder ruhig auf den Plätzen sitzen. Immer wieder läuft doch eines nach vorn, will zeigen oder den Affen haben.

Herr Wennekamp schreibt neben das Affenbild auf die Tafel groß und deutlich »Aff«. Dann zeigt er auf die beiden Tiere und auf seinen Mund und formt das Wort »Aff«. Herr Wennekamp stellt seinen Stuhl vor sein Pult, setzt sich und nimmt jedes Kind einzeln vor, klemmt es zwischen seine Beine, faßt die Hände des Kindes fest, richtet das Gesichtchen auf sein eigenes Gesicht, schaut es mit zwingenden Augen an und sagt: »Aff–Aff–Aff.« Er spricht ganz laut und hält die eine Hand des Kindes an seinen Kehlkopf, damit es fühlen kann, wie der Ton schwingt. Die andere Hand des Kindes hält der Lehrer dicht an seinen Mund, damit es den heftigen Atem spürt, den das »ff« macht. Schnell legt er dann die Kinderhände an des Kindes eigenen Kehlkopf und Mund, damit es vergleichen kann. Immer wieder geht es so hin und her. Maria hat schnell begriffen. Manches andere Kind findet nicht heraus, wie es beim »ff« die Lippen oder die Zähne halten muß. Manche machen einen Laut dabei, wo doch das »ff« nur mit dem ausgestoßenen Atem zwischen Oberzähne und Unterlippe, die aufeinanderliegen, gepreßt werden soll. Für viele Kinder ist es mühsam, den Mund vom offenen »A« zum »ff« umzuformen. »Aff« spricht der Lehrer laut und stößt dabei mit dem Fuß auf den Boden, damit das Kind empfindet, mit welcher Kraft diese beiden »ff« gesprochen werden müssen: nicht weich und nicht langsam, eher heftig und schnell.

Der Buchstabe »e« für das Wort »Affe« ist noch lange nicht an der Reihe! Es ist für taubstumme Kinder schwer, ihn aussprechen zu lernen. Hat der Lehrer mit jedem Kind geübt und schließlich noch einmal überprüft, ob sie das neue Wort nun können, ist es manchem Kind schon wieder verloren gegangen. Ganz neu muß es suchen und finden. Unendlich viel Geduld muß Herr Wennekamp haben. Während er das Kind zwischen seinen Knien nicht mit den Augen loslassen will, kommen andere Kinder mit ihren Tafeln und stören ihn. Er muß das geschriebene »Aff« ansehen, rasch verbessern, oder er muß sie mit einem freudigen Gesicht loben.

Lehrer Wennekamp spricht alles, was er den Kinder sagt, laut, als könnten sie es hören.

Er holt eine Zigarette aus einer Schachtel und zündet sie an. Als er dicke Rauchwolken in die Luft pafft, springen die Kinder nach dem Rauch, wollen ihn einfangen, klettern auf die Knie des Lehrers und schreien und lachen. Da geht er an die Wandtafel und malt dem Affen eine qualmende Zigarette kurz vor sein Mäulchen. Die Kinder sind ganz ausgelassen. Der Lehrer schreibt, und auf der Tafel steht: »Aff pafft«.

Herr Wennekamp hat mit seinen Augen, mit dem Stockklopfen und heftigem Handaufschlagen auf die Pulte wieder Ruhe hergestellt. »Aff« sagt er und zeigt auf den Affen; »pafft«, und er macht mit der Hand die Gebärde des Zigarettenrauchens. »Aff pafft.« Wieder nimmt er jedes Kind einzeln zwischen seine Knie, nachdem er ihnen die beiden Wörter auf die abgewischten Tafeln geschrieben hat.

Maria schaut aufmerksam auf die Lippen des Lehrers, als sie so nahe bei ihm ist. Heftig läßt sie die Lippen auseinanderspringen bei dem Verschlußlaut »p«. Sie weiß aus früheren Übungen, daß es dabei im Kehlkopf ruhig bleiben muß. Nur beim »a« darf sie im Halse drücken. Beim »ff« muß sie heftig den Atem zwischen der vorgeschobenen, oberen Zahnreihe hinauspressen und gleich darauf den schnellen Verschlußlaut »t« bilden, den sie tagelang gelernt haben. Beim »t« legt Maria die Zunge an den Gaumen hinter die Oberzähne und läßt sie mit einem heftigen, kurzen Atemstoß abspringen. An so vieles muß sie gleichzeitig denken! Sie muß aufpassen! Hin und her gehen ihre kleinen Hände, von des Lehrers Händen geführt: hin an die Lippen des Lehrers – an ihre Lippen, schnell an den Kehlkopf des Lehrers – an ihren eigenen. Fühlen, sehen, spüren, denken, behalten. Heftig stößt der Lehrer den Fuß auf den Boden: »Aff pafft, Aff pafft.« Und Maria sagt: »Aff pafft, Aff pafft«; immer wieder, so wie der Lehrer vorspricht, wiederholt sie die beiden Worte, von denen sie nichts hört. Ihr ganzer Körper geht im Rhythmus mit. Laut, zu laut, dumpf und schwer klingt ihr »a«. Aber der Lehrer ist zufrieden mit ihr, streicht dem Kind über den Kopf, nickt lobend, und Maria lacht ihn an, laut, nickt auch und hat strahlende Augen. Der Lehrer muß sie wegstupsen, damit sie auf ihren Platz zurückkehrt und das nächste Kind an die Reihe kommen kann. Bei einem Jungen muß Herr Wennekamp einen kleinen Spiegel holen und ihm bei den Sprechübungen unter die Nase halten. Siehe da! Der Spiegel beschlägt vom Atem. Der Lehrer schüttelt unzufrieden den Kopf. Wenn er selber spricht und sich den Spiegel unter die Nase hält, bleibt er blank wie zuvor. Wieder muß der Junge mit dem Spiegelchen unter der Nase sprechen, und wieder beschlägt es, und der Lehrer ist betrübt. Der Junge wundert sich sehr. Es dauert lange, bis er begreift und versteht, daß bei seinem Sprechen keine Luft aus der Nase kommen darf, nur aus dem Mund. Nun muß er darauf auch noch aufpassen! Redlich müht er sich. Als endlich der Spiegel klar bleibt, macht er einen schrillen Freudenschrei, breitet die Arme weit aus und strahlt den Lehrer an. Gleich will er es noch mal versuchen. Aber beim ersten »Aff« schon ist der Hauch wieder auf dem Spiegel. In trauriger Verwunderung geht sein Köpfchen hin und her. Tröstend streicht ihm der Lehrer darüber.

Bei einigen Kindern holt Herr Wennekamp die schöne Pfauenfeder zu Hilfe. Er hält sie vor seine Lippen und spricht »ff« und »Aff pafft«, und die Pfauenfeder zittert und bebt. Beim Vergleich vor ihrem Mund sehen die Kinder, daß sie beim Sprechen ihrem Atem mehr Kraft geben müssen, um die Feder ebenso stark in Bewegung zu bringen.

Maria sitzt vor ihrer Tafel und schreibt langsam Buchstaben

für Buchstaben. Der Lehrer geht von Pult zu Pult, beugt sich über jedes Kind, sieht nach und hilft. Eines der Kinder beginnt zu träumen, ein Mädchen stupst die Nachbarin und zeigt mit den Händen umher. Zwei Jungen kriechen sogar unter der Bank herum, wieder ein anderer will seinen Kopf auf die Arme legen und dösen. Der Lehrer muß die Kinder immer wieder in Spannung und Anspannung halten.

Daß Griffel quietschen und kratzen, daß Tafeln poltern beim Umwenden, daß die kleinen Kehlen unkontrolliert stöhnen, röcheln und gurgeln, das hören die Kinder nicht – und deshalb wissen sie es nicht. Erst nach und nach werden sie erfahren: durch die anderen Menschen, die den Kopf wenden, die aufschauen, sich die Ohren zuhalten oder ein Gesicht ziehen, aus dem man sehen kann, daß irgend etwas für sie sehr unangenehm ist.

In der Pause sind auf dem Schulhof die Mädchen von den Knaben getrennt. Die Kleinen spielen zwischen den alten Bäumen »Nachlaufen«, die Größeren unterhalten sich in Gruppen mit schnellen, groben Gebärden. Die Lehrer wünschen, daß die Kinder auch im Spiel ihre Lippensprache gebrauchen, aber die Gebärden sind den Kindern bequem und hilfreich. Ihre Armut im Sichmitteilen empfinden sie untereinander nicht.

Nach der Pause holt Lehrer Wennekamp den Ständer mit dem großen Artikulationsspiegel. Jedes Kind muß wieder einzeln zu ihm kommen. Der Lehrer sitzt vor dem Spiegel und hält das Kind so vor sich, daß es darin gleichzeitig seinen und den eigenen Mund sehen kann. »Aff pafft«, sagt der Lehrer, stößt dabei zweimal heftig mit dem Fuß auf, und die Kinder sprechen nach und vergleichen die Mundformungen. Aber ach, da haben einige schon vergessen, – von eben bis jetzt haben sie vergessen! Wie war das mit dem Atem, den Zähnen und der Zunge, mit den Lippen und den Schwingungen im Kehlkopf und mit der Kraft, mit der man die Luft ausstoßen muß? Das »a« hat sich entfärbt, es ist kein volles »a« mehr, eher ein »e« oder ein »ö«, ein komischer, unbestimmbarer Laut. Das Kind selbst hat keine Kontrolle. Nur der Lehrer kann finden helfen und sagen, wann es richtig ist. Dann muß es festhalten, was es dabei fühlt und was dabei geschieht – und muß immer und immer wieder üben, damit sich das mühsam Erlernte festsetzt und nicht wieder verliert.

Wie die Luft die Orgelpfeifen zum Schwingen bringt und damit tönen läßt, so lernen die taubstummen Kinder, bewußt mit ihrem Atem zu arbeiten. Wie Virtuosen, wie Künstler müssen sie eines Tages die Stellung der Zunge, der Lippen, der Zähne in unendlich vielen Variationen beherrschen können. Herr Lehrer Wennekamp weiß es am besten: die Sprache seiner taubstummen Kinder ist ein Kunstwerk, ein empfindliches Werkzeug ihres Ausdrucks, immer in Gefahr, wieder verloren zu gehen.

Maria ist froh, nach den anstrengenden Schulstunden die Schultasche unter die Bank zu schieben und hinauszueilen. Draußen warten auf sie die Pflegeschwestern: die vierzehnjährige Juliane und die lustige zwölfjährige Adelheid. Zusammen gehen sie nach Hause zu Papa und Mama Bunden. Das Ehepaar kümmert sich seit vielen Jahren um taubstumme Kinder. So kann Mama Bunden ein bißchen Geld verdienen. Papa Bunden ist Schreiner. Die Kinder haben es gut bei ihnen. Das Mittagessen steht schon auf dem Tisch. Papa legt sich nach dem Essen auf das Sofa und schläft. Die Mädchen helfen Mama beim Abwaschen des Geschirrs und räumen auf. Sie versuchen, nirgendwo anzustoßen, nicht fest aufzutreten und sich lautlos zu unterhalten, damit Papa nicht wach wird. Außer Samstag und Mittwoch müssen sie auch nachmittags von zwei bis vier Uhr in die Schule gehen. Bevor sie sich auf den Weg machen, zeigt Mama auf ihren schlafenden Mann, zwinkert vergnügt mit den Augen und macht mit Daumen und Zeigefinger die Gebärde des Geldzählens.

Papa Bundens Schnurrbart zittert gerade noch beim Schnarchen, da fährt er in die Höhe. Drei Pflegetöchter stürzen sich laut auf ihn, zwicken und kitzeln ihn und kraulen seine Haare. »Papa! Papa!« rufen die Mädchen lachend und zeigen mit den Fingern ebenso, wie Mama es gemacht hat. Papa Bunden setzt sich zerzaust aufrecht und holt mit großer Geste seine Geldbörse aus der Hosentasche. Drei Hände strecken sich ihm entgegen, und in jede legt er einen kupfernen Pfennig. Von Mama bekommen die Mädchen ihr Kreuzzeichen. Draußen laufen sie zum Ros-Kapellchen, an das sich ein kleines Haus aus groben Steinen und schiefen Fenstern schmiegt. Über die ausgetretene Schwelle drängeln sie in ein winziges Geschäft. Für ihre Pfennige gibt es eine Handvoll Klümpchen, zum Vernaschen auf dem Schulweg. Nach der Nachmittagsschule ziehen die Kinder sofort ihre Schulkleider aus und ihre einfachen Spielkleider an und machen unter Mamas Aufsicht ihre Schularbeiten. Erst dann kommt endlich die Zeit zum Spielen.

11

Die Zeit vergeht wie im Fluge. Manchmal zieht ein ferner Geruch von reifem Korn über die Stadt. Die großen Ferien sind da!

Vater steht an einem Nachmittag in Bundens Wohnung. Ganz überraschend. Einen Augenblick lang sieht Maria ihn verwundert an, dann eilt sie auf ihn zu, um ihn zu begrüßen. Sie ist stolz, daß die Pflegeeltern und die Mädchen sehen, wie stark und frei Vater ist. Wenn er erzählt, dann lachen Mama und Papa so viel, daß der Mama die Tränen über die Wangen laufen.

Maria ist immer nahe beim Vater. Ankuscheln freilich, das tut sie bei ihm nicht – und sie kann sich auch nicht vorstellen, daß man den Vater zwicken oder kitzeln könnte wie mittags den Papa Bunden. Warum er wohl da ist? Ob sie jetzt mitfahren soll? Und die Schule? Sie klopft auf Vaters Arm, damit er sie ansieht. Sie zeigt auf sich, dann auf den Vater und auf die Tür und dann in die Ferne. Da dreht Mama sie zu sich herum, um ihr Antwort zu geben: Sie wird mit dem Vater fortfahren und zurückkommen. Glücklich schaut Maria den Vater an. In seinen Kleidern hängt der Geruch einer anderen Welt. Da riecht es nach Stall und Korn, nach Kuh und Pferd – und mit einem Male hat sie ganz schreckliches Heimweh. Die große Reise beginnen sie am nächsten Tage, ganz früh. Vieles, was draußen am Zug vorbeieilt, erkennt Maria wieder. Vater spricht auf der langen Fahrt kein Wort mit ihr. Sie würde sich sehr freuen, wenn er es versuchen würde. Daheim schließt Mutter ihre Tochter in die

Arme, und Großmutter streichelt dem Mädchen über den Kopf. Maria würde so gerne alles erzählen, was sie gesehen und erlebt hat, wenn sie es nur könnte! Aber die Großen staunen so schon genug über das, was sie inzwischen gelernt hat.

Am ersten Abend im Dorf ist alles noch ein wenig ungewohnt und fremd. Sie war zu lange fort – und in der Stadt lebt man so anders. Maria steht am hellen Sommerabend in der Haustür, lehnt sich an den steinernen Rahmen und blickt auf den Hof. Sie trägt noch ihr hübsches Kleidchen, eine helle Schürze und blanke Schnürstiefelchen. Die Kinderschar, die zusammengekommen ist, steht schweigend um sie herum. Wenn Maria über den Hof geht, dann laufen sie alle hinterher. Am nächsten Tag zieht sie alte Sachen an, und es ist, als sei sie nie fortgewesen. Jeder kennt sie und ist freundlich zu ihr.

Die Ferienzeit ist zu schnell vorüber, und Maria muß wieder in die Schule. Bald ist die Zeit der kürzeren Tage. Morgens steht Nebel vor der Haustür, und aus milchigem Grau wachsen den drei Mädchen aus der Stromgasse auf ihrem Schulweg die Häuser, die Bäume, die Kirche entgegen. Mäntel müssen sie anziehen und Mützen. In den Klassenzimmern werden die großen schwarzeisernen Öfen geheizt.

Maria lernt die stimmhaften Verschlußlaute, das »b«, das »d« und das »g«. Wörter bildet sie damit, und je mehr Laute sie lernt, um so mehr muß sie behalten. Mußte sie beim »p«, das plötzlich und kräftig aus den Lippen springt, den Hals von jeder Schwingung freihalten, so muß sie beim »b« lernen und behalten, daß es gleich wie das »p« von den Lippen geformt wird, aber weicher und diesmal mit einem Druck im Hals. Der Herr Lehrer Wennekamp hält manchmal sein Ohr vor Marias Mund und die Hand noch hinter sein Ohr. Da hinein soll sie sprechen. Warum sie das tun soll, weiß sie nicht. Sie kennt die Bedeutung der Ohren nicht, aber sie lernt, daß Sprechen und Ohren für den Lehrer zusammenhängen. Sie lernt, daß die Zufriedenheit oder die Unzufriedenheit des Lehrers über ihr Sprechen mit seinen Ohren verbunden ist. Seine Öffnung im Ohr muß ein geheimnisvoller Weg sein. Da soll es hineingehen, der Lehrer zeigt es, aber Maria kann nicht sehen, wie was hineingelangt. Sie stellt sich vor, daß das Ohr des Lehrers fühlt. Ihre Ohren fühlen nur, wenn sie mit dem Finger hineinfaßt.

Maria lernt die große Kunst, von den Lippen abzulesen. Sie soll ja nicht nur sich selbst verständlich machen können, sie soll auch andere Menschen verstehen lernen. Eines Tages soll sie sich richtig über alles unterhalten können.

Den Lehrer kann sie gut verstehen, er formt jeden Laut deutlich und langsam, aber die fremden Menschen draußen auf der Straße, oder Mama, wenn sie mit dem Papa spricht, sie alle bewegen beim Sprechen kaum ihren Mund. Alles geht so schnell, wie soll sie das je verstehen?

An einem Abend sitzen Maria, Adelheid und Juliane in Mamas Stube und arbeiten beim Licht der Petroleumlampe an ihren Hausaufgaben. Gleich wird Papa von der Arbeit kommen, dann gibt es bald Abendessen. Mama ist eben weggegangen. In den Straßen unten brennen die Gaslaternen, aber hier oben ist vor den Fenstern dunkle Nacht. Vom Kohlenherd kommt angenehme Wärme. Es riecht nach Petroleum und etwas nach Ruß. Die Flamme im Glaszylinder brennt still. Nur manchmal zuckt sie plötzlich auf. Dann steigt leichter Rauch durch den Zylinder und färbt das Glas am oberen Rand dunkel ein.

Juliane, das große Mädchen, holt die Dochtschere aus der Küche, nimmt das Glas aus dem Messingkranz, der wie mit lauter kleinen Metallzungen den Zylinder hält, und dreht den Docht etwas weiter heraus. Sie schneidet ein Stückchen ab, damit die Lampe nicht zu qualmen und zu stinken beginnt. Als der schützende Zylinder wieder über das gelbe Flämmchen gestülpt ist, brennt es ruhig und hell. Der Lichtschein der Lampe reicht nicht weit. In den Ecken der Stube bleibt es dunkel.

Die Tür fliegt auf. Sie spüren es alle drei am Luftzug. Sie fühlen, daß etwas auf den Boden fällt, rollt, kullert. Erschreckt springen die Kinder auf. Maria weiß nicht, was geschieht. Sie sieht, wie Adelheid und Juliane jetzt lachen und sich freuen. Sie kriechen auf dem Boden herum, heben auf, sammeln. Maria steht ganz still. Hat jemand die Tür aufgerissen? Was hereingeworfen? Wer hat das getan? Was suchen die Kinder? Sie winken Maria, sie solle auch runter auf den Boden und aufheben. Juliane macht die Wohnungstür zu, holt die Lampe vom Tisch und stellt sie auf den Fußboden. Maria bückt sich und entdeckt rote Äpfel, Printen und viele Nüsse. Sie hebt auf, was sie findet, und legt es auf den Tisch. In ihrem Gesicht steht fassungsloses Verwundern.

Juliane, die das Unverständnis bei Maria sieht, deutet nun eifrig mit den Händen über ihrem Kopf einen hohen Hut an, zeigt mit Gebärden einen langen Bart und einen Stock, der oben gebogen ist. »Nikolaus«, sagt sie dabei. Maria versucht von den Lippen abzulesen und formt lautlos nach. Aber sie kann Juliane nicht verstehen. Als Mama zurückkommt, wird sie von den Mädchen umringt. Alles wird ihr gezeigt, was der Nikolaus ins Zimmer geworfen hat. Die Kinder teilen die leckeren Dinge unter sich auf. Bei aller Freude über die Überraschung und die Geschenke ist Maria doch nachdenklich und traurig, weil sie vieles nicht verstehen kann. Sinnend steht sie da mit ihren Nüssen, Äpfeln und Printen im Arm und sieht die dicke Adelheid vergnügt eine Printe nach der anderen aufessen. –

Über Nacht ist Schnee gefallen, aber schon am Mittag ist von ihm nur ein schmutziger Matsch übriggeblieben. Vater ist wieder da, um sie in den Weihnachtsferien nach Hause zu holen.

In Freilingen liegt der Schnee hoch. Maria wird am Weihnachtsmorgen von ihren Brüdern Willi und Klöß geweckt. Es ist noch dunkel vor den Fenstern. Willi hält in der Hand Großmutters Nachtkerze, und Klöß zieht Maria aus dem Bett. Barfuß eilen sie alle drei die Holztreppe hinunter und über den kalten Steinboden des Flures in die Stube, aus der Lichtschein dringt. Schön warm ist es hier drinnen, und Großmutter winkt Maria und zeigt auf vier Teller mit Hefebrezeln, süßen Stricken und Haselnüssen. Für jedes Kind einen Teller mit leckeren Dingen? Für sie, für Willi, Klöß und die kleine Christina? Die Großmutter nimmt sie bei der Hand und geht mit ihr vor das dunkle Fenster. Sie zeigt zum Himmel hinauf und macht mit den Armen die Bewegungen des Fliegens, dann zeigt sie wieder auf die gefüllten Teller. Maria sieht die Großmutter aufmerksam an, schaut dann in die Dunkelheit hinaus und denkt an einen Vogel. Ganz viele Falten hat sie auf der Stirn, so grübelt sie nach. Ein Vogel? In der Nacht? Und die süßen Sachen auf dem Teller? Wie sie die Großmutter anschaut, zweifelnd, fragend, bittend –, da kommt der alten Frau ein Gedanke. Sie geht an den Schrank, holt ihr Gebetbuch heraus und blättert, bis sie ein buntes Bild findet und es Maria zeigt. Maria kennt das Bild: eine lichte Gestalt in langem weißen Kleid und goldenen Haaren und auf dem Rücken Flügel, so groß, wie kein Vogel sie hat, und so silbern wie Sterne am klaren Nachthimmel. Wieder zeigt Großmutter auf die Teller und zum Fenster hinaus. Der Großmutter muß man glauben, allen großen Leuten muß man glauben. Dieses schöne Wesen, das Maria von den Bildern und Figuren in der Kirche und Kapelle her kennt, hat sie in Wirklichkeit nie gesehen. Und Großmutter sagt, daß die Süßigkeiten von ihm sind? Maria lächelt ein wenig, schaut zum dunklen Himmel hinauf und denkt in Bildern: Engel, die über den Schnee fliegen, über den Hof und dann? Wer hat sie gesehen? Woher haben sie die süßen Sachen? Warum sind sie gekommen in der kalten Nacht?

Mutter kommt aus dem Stall mit hochgestecktem Rock. Sie bestaunt die Herrlichkeiten, und fort ist sie wieder bei der Arbeit. Am Tag sieht man den Schnee liegen. Bis fast an die hohen Fenster reicht er. Vater muß einen Pfad freischaufeln, von der Haustür zum Stall und zur Straße hin und dann noch mitten über die Straße, so weit sie an seinem Hof vorbeiführt.

Maria und ihre Brüder werden von den beiden Kindern der Tante Barbara und von ihrer Freundin Traudchen abgeholt. Traudchen ist so alt wie Maria und wohnt in einem sehr kleinen Haus. Traudchen ist herzlich und lieb zu Maria und hat auch Geduld, ihr etwas zu erklären. Aus ihrer schwarzen Schürzentasche unter dem großen Wolltuch holt sie eine Handvoll Rosinen für die taubstumme Freundin. Maria stupst Traudchen aufgeregt am Arm. Sie muß etwas sagen: Maria macht die Bewegung des Fliegens und deutet auf die Rosinen. Traudchen begreift: Ja! Ja! nickt sie, und Maria zeigt auf sich und schwingt wieder die Arme. Ja, auch sie hat etwas gebracht bekommen von dem Engel.

Sie gehen, wie sie es jeden Morgen, bei jedem Wetter tun, den

Weg zur Kirche nach Lommersdorf. Heute, in die Weihnachtsmesse, müssen sie hintereinander gehen. Der Platz rund um den Brunnen vor der Kapelle ist freigeschaufelt. Das Wasser im Bekken ist an den Rändern festgefroren, und ein Rinnsal läuft an dicken Eiszapfen in die Viehtränke. Einige Kinder warten hier und schließen sich an. Alle sind in Umschlagtücher gehüllt, nur Maria trägt einen Mantel. Der Schneepfad nach Lommersdorf ist in der Christnacht von den Kirchgängern ausgetreten worden. Solange die Straße noch durch das Dorf an den Häusern vorbeigeht, führen kleine Gäßchen zu den Haustüren. Hoch ist der Schnee aufgeworfen, manchmal so hoch, daß die Kinder nicht darüber schauen können. Dann gucken nur die oberen Fenster der Schlafkammern herüber. Die Scheiben sind mit Eisblumen zugefroren. Lange Eiszapfen hängen von den Dächern. Auf der Anhöhe von Lommersdorf, am Kreuz vom Stichelchen, hat der Wind den Schnee besonders hoch aufgeweht. Sie gehen durch eine kleine Schneeschlucht, bis sie in den geschützten Heckenpfad kommen, wo hohe Schlehenbüsche den Weg zur Kirche säumen.

Im Gotteshaus fühlt Maria das Brausen der Orgel. Wenn sie dieses schubartige Vibrieren in der Holzbank spürt, bewegen die Menschen um sie herum alle gleichzeitig den Mund, langsamer und deutlicher als sie es sonst tun. Maria weiß nichts vom feierlichen Gesang der Weihnacht. Sie schaut die hölzernen Engel am Barockaltar besonders lange an, denkt, daß sie mit ihren Flügeln fliegen wie die Vögel. Vielleicht waren sie in der vergangenen Nacht nicht in diesem Raum, sondern sind zu den Kindern in die Dörfer geflogen.

Daheim kniet Maria auf dem Stuhl und hat auf der breiten Fensterbank ihre Haselnüsse aneinandergereiht. Mal sind die Nüsse Schulkinder, die im Halbrund sitzen, mal Pferde mit Wagen, und am Ende baut sie sie zu Stübchen und Möbeln in Rechtecken und Quadraten zusammen. Wenn jemand auf der Straße vorbeigeht, sieht sie hinter dem aufgeworfenen Schnee nur einen Kopf. Lustig ist das, wenn so ein Kopf ganz allein auf und nieder wippt beim Gehen. Einen Luftzug spürt Maria von der Tür her und gleich darauf Gepolter. Ihre Brüder stürmen herein. Mutter hat heftig mit der Hand auf den Tisch geschlagen, um Maria zu rufen, die sich auch gleich zu ihr umwendet. Maria soll das Schwesterchen auf den Schoß nehmen. Erst rettet Maria noch ihre Nüsse in die Schürzentasche. Willi und Klöß laufen hinter der Mutter her, sie werden wieder Hunger haben. Maria hält ihre kleine Schwester fürsorglich im Arm. Manchmal wiegt sie das Kind hin und her, wie sie es bei Mutter oder Großmutter gesehen hat.

Draußen wird es früh finster. Nach dem Abendessen bringt Mutter die kleine Christina ins Bett. Klöß und Willi ziehen ihre Jacken und Mützen an. So spät? Aber auch ihr gibt die Mutter den Mantel. Maria wundert sich sehr. »Tante Barbara«, sagt die Mutter und deutet zur Tür. Wenn Maria auch »Tante Barbara« noch nicht sprechen kann, die Mundstellung für den Namen der Tante kennt sie. Sie geht mit den jüngeren Brüdern hinaus. Eisige Kälte schlägt den Kindern entgegen. Klar ist die Nacht. Maria sieht, daß auch noch andere Kinder zu Tante Barbara unterwegs sind. Der Frost beißt ins Gesicht. Schnell durch Tante Barbaras Haustüre hinein. Da stehen sie in der großen Stube und staunen. Ein Tannenbaum! Die Tante zündet seine Kerzen an. Sie muß auf einen Stuhl steigen, um die ganz oben zu erreichen. Licht auf Licht leuchtet mit warmem Schein auf. Nun ist der Baum in seiner ganzen Pracht zu erkennen, mit bunten Bildchen, silbernen Papierstreifen und Plätzchen behängt. Eine Krippe ist aufgebaut. Ein Engel aus Wachs schwebt darüber. Das ist ein so wunderschönes und ungewohntes Bild für die Kinder, so feierlich, daß sie alle still sind. Im Dorf gibt es nur diesen einen Weihnachtsbaum.

Mehr und noch mehr Kinder kommen. Unter ihren Schuhen bilden sich kleine Wasserspuren vom geschmolzenen Schnee. Maria sieht auf den Lichterbaum und auf die Kinder, deren Augen den Kerzenschein widerspiegeln. Onkel Ernst, Tante Barbara und alle Kinder bewegen langsam, wie in der Kirche, den Mund.

Die Kinder singen. Maria spürt, daß sie auf eine unfaßbare Weise ausgeschlossen bleibt. Der Stall dort neben dem Baum, die Tiere, die Frau und der Mann, die vor einer Krippe knien, worin ein fast nacktes Kind liegt, beschäftigen ihre Gedanken. – In einem Stall legt man kein Kindlein in die Krippe. – Sie wartet, schaut in die goldenen Flämmchen, die manchmal ein wenig zucken und flackern, bis Tante Barbara mit einer Schüssel selbstgebackener Plätzchen herumgeht und jedes Kind davon zwei Stück nehmen darf. Die Kerzen sind heruntergebrannt, eine nach der anderen verlöscht, und die Kinder gehen hinaus, nachdem sie ihre Mützen aufgesetzt und die Wolltücher umgehängt haben. Der Mond zeigt ihnen den Weg.

Die Bilder dieses Abends trägt Maria als Erinnerung mit nach Aachen. Juliane und Adelheid kommen am gleichen Tag aus den Weihnachtsferien zurück, und Mama hat für ihre Lieblinge Geschenke. Maria bekommt eine Schürze, ein Taschentuch und ein Paar Strümpfe. Das schönste aber ist ein weißlackiertes Puppenbettchen mit Kugeln auf den Bettpfosten. Papa hat das Bettchen geschreinert. Was zu einem Bett gehört, ist dabei: ein Plumeau, ein Kissen, ein Paradekissen, eine richtige Matratze, prall gefüllt mit Federn, und weiße, spitzenbesetzte Bezüge. Im Bettchen schläft eine Stoffpuppe. Noch nie hat Maria ein richtiges Spielzeug besessen, ganz für sich allein!

Solange die Kinder aufbleiben, darf sie mit dem Püppchen spielen, bettet es, läßt es wieder aufstehen, zieht es aus und wieder an und ist glücklich.

12

Die Züge, die von Aachen nach Düsseldorf und Holland reisen, müssen an der Taubstummenanstalt vorbeifahren.

Auf halber Höhe der Schule liegt der Bahndamm. Nur der kleine Schulhof ist dazwischen. Wenn eine Lokomotive an den Fenstern vorüberfährt und viele Wagen hinter sich herzieht, dann spüren die Kinder, wie die Schule zittert. Sie schauen hinaus und sehen dem Zuge zu. Der Lehrer Wennekamp hat auf die Tafel eine Eisenbahn gezeichnet. Aus dem Schornstein bläst sie dicke Wolken, die ganze Tafel voll. Neben die Wolken schreibt der Lehrer: sch sch sch. Er winkelt seine Arme ein, als seien es die Schubstangen der Lokomotive, die die Räder treiben müssen und bewegt sie so. Im gleichen Rhythmus zeigt er mit herausgestülpten Lippen: »sch sch sch.«

Maria muß lernen, ohne Druck im Halse das »sch« herauszustoßen. Sie hält dabei den Handrücken dicht vor ihren Mund oder den Mund des Lehrers, um den Atem zu spüren. Erst wenn das »sch« stimmt, fährt ihre Eisenbahn richtig und der Lehrer kann sie loben.

Sehr viel schwerer aber ist es, das »s« sprechen zu lernen. Auch »ng«, »nk«, das »e« und das »i« machen besonders viel Mühe! Sie sehen sich alle so ähnlich an, wenn man auf die Lippen schaut. Wie soll man sie unterscheiden? Auch die Umlaute »ei« und »eu« sind so schwierig. Da gibt es auch Tränen.

Stunden, Tage, Wochen vergehen. Aufpassen! Ganz scharf aufpassen! Sich merken! Üben! Behalten! Wo ist die Zunge beim »s«? Wie ist der Atem dazu? Ist er warm oder kühler? Ist er scharf oder weich? Muß man dabei im Halse drücken, daß es schwingt? Und beim »ng«? Die Zunge! Hinter der unteren Zahnreihe. Die Lippen? Leicht geöffnet. Und der Atem? Nein, er darf nicht aus dem Mund kommen. Diesmal *muß* er durch die Nase gehen! Die Kinder prüfen das »ng«, indem sie den Zeigefinger unter die Nase legen, um mit ihm den Luftstrom zu fühlen. Im Halse müssen sie drücken, und es schwingt nicht nur dort, sondern auch in der Nase und in der Stirn. Ganz von allein werden die Augen schmal und klein beim Üben des »ng«. Später werden die Kinder – wie die erwachsenen Taubstummen auch –, wenn sie sich unterhalten, bei jedem »ng« blitzschnell die Augen schlitzen und einen Augenblick lang die Nase kräuseln. Nur so läßt sich dieser Buchstabe ablesen, weil die leicht geöffneten Lippen weiter nichts zeigen. Da die Kinder beim Üben des »ng« jedesmal die Finger unter die Nase legen, werden manche noch lange diese Geste ganz kurz im Gespräch machen, so oft das »ng« im Wort auftaucht, um es zu zeigen. Oft genügt es, für jedes »ng« den Zeigefinger nur kurz zu krümmen, blitzschnell im Wort. Das »r«, das so schön hinten im Halse rollt, hat Maria schnell begriffen, nachdem sie es beim Lehrer erfühlt hatte. Ihrem taubstummen Gesprächspartner kann sie es nur mit den Fingern andeuten. Auch das »r« ist nicht an den Lippen abzulesen. Darum gehen alle Finger einer Hand unter ihr Kinn und bewegen sich in einem kurzen, schnellen Spiel, als wollten sie auf den Tasten eines Klaviers eine rasche Tonfolge anschlagen; sie zeigen das Rollen des »r«.

So helfen sich die taubstummen Kinder mit vielen kleinen Bewegungen, mit Zeichen und Mimik. Manches davon ist so winzig und kurz, daß der Uneingeweihte es gar nicht beachtet: eine Wendung des Kopfes, ein bestimmter Gesichtsausdruck, ein Zucken der Augen, der Mundwinkel, der Braue, die können manches »sagen«: einen Buchstaben, ein Wort oder Gemütszustände, Dinge und Eigenschaften.

Alle merkwürdigen Bewegungen und Gebärden der Taubstummen, von denen manche als Grimassen wirken, sehen Hörende, ohne sie zu begreifen. Aber sie haben einen Sinn.

Maria sieht, daß der Lehrer mit ihrem »i« nicht zufrieden ist. Er hält sich die Ohren zu. Warum? Sie kann es nicht finden, was sie ändern soll. Nun, so wird sie es behalten, ihr »i«. Es ist ganz hoch und spitz und sehr laut. Wenn sie ihren Namen sagt »Maria«, setzt sie sorgfältig Laut auf Laut: ein tiefes »a«, ein rollendes »r«, ein helles »i« und wieder ein dunkles »a«. »Maria Giefer«, sie zeigt auf sich, und wer sich ein bißchen Mühe gibt oder sich an Marias Stimme gewöhnt hat, kann sie verstehen.

13

Am Sonntagmorgen, wenn das Wetter gut ist, geht Papa Bunden mit seinen drei Mädchen durch die Stadt spazieren. Die Kinder gehen voran und tragen gestärkte Schleifen im Haar. Im Vorfrühling ist die Sonne kaum zu spüren, aber die Knospen schwellen in den Zweigen der vielen Straßenbäume. In den Anlagen riecht die Erde verheißungsvoll. Amseln hüpfen über die eingefaßten Rasenflächen, die neues Grün bekommen.

Leute gehen oder sie fahren mit Kutschen zu den vielen Kirchen und zum Dom. Andere führen an einer Leine ihren Hund spazieren. Kleine Hunde tragen sogar ein buntes Deckchen auf dem Rücken. Kein Mensch in Freilingen würde so etwas mit einem Hund tun. Hin und wieder fährt die grüne Kleinbahn auf ihren blanken Schienen vorbei. Dann bebt die Erde, und Maria wünscht sich, auch einmal hinter den Glasfenstern zu sitzen und mitzufahren.

Für alle Menschen ist die Stadt am Sonntagmorgen voller Glockenläuten. Von den Türmen klingt es über die Dächer und durch die Straßen. Die drei Kinder aber wissen davon nichts.

Papa geht mit ihnen über Plätze und durch enge Gassen, deren Läden geschlossen sind, bleibt an Litfaßsäulen stehen, um die Anschläge zu lesen und die bunten Plakate zu studieren. Manchmal zieht er grüßend den Hut.

14

In den Osterferien holt der Vater sie wieder ab. Alles, was sie sprechen kann, sagt sie daheim gleich am ersten Tag und wiederholt es. Maria ist selig, daß sich alle so darüber freuen. Mutter hat eine Überraschung für sie. Ein neues Schwesterchen, drei Monate alt, das Maria in den Arm nehmen darf. Es hat ein frisches Gesichtchen, und auf dem Kopf flammen rotblonde Härchen. Die Mutter zeigt auf das neue Kindlein und sagt deutlich: »Elisabeth.« Dann zeigt sie wieder auf Maria und sagt »Maria«, dann wiederum auf das Kindchen: »Elisabeth.« Maria spricht langsam nach, während ihre Augen an Mutters Lippen hängen: »Elisabeth.« Nun zeigt die Mutter auf sich selbst und auf das Kind: »Elisabeth.« Maria begreift, und sie weiß nun Mutters Namen. Sie strahlt und nickt mit dem Kopf: »Du Elisabeth«, und sie zeigt auf die Mutter, dann streichelt sie mit einer Hand zärtlich über das Köpfchen des Kindes und sagt »Elisabeth«. 1906 steht auf dem Kalender, und fünf Kinder sind nun auf dem Gieferhof. Zwei Jungen, die hören können, zwei Mädchen, die taubstumm sind. Und das Neue? Es kann hören, die Mutter ist ganz sicher. Das Kind erschrickt bei Lärm, und das haben ihre anderen Mädchen nie getan.

Jedesmal fällt Maria der Abschied aus Freilingen nach den Ferien sehr schwer, aber wenn sie dann wieder in Aachen ist, ist alles gut. Im zweiten Schuljahr sitzen sie nur noch zu acht Kindern in ihrer Klasse im Halbkreis. Fünf Kinder mußten nach Essen geschickt werden, auf eine besondere Schule, denn sie lernten so schwer, daß sie die begabteren Kinder nur unnötig aufgehalten hätten. An jedem Tag muß Maria weiter ihre Stimmübungen machen, auch, wenn sie die Laute kann. Alles muß ihr so zu eigen werden, daß sie es nie mehr vergißt.

Die Kinder lernen aus Wörtern Sätze zusammenfügen. Ihre Augen wandern vom Mund des Lehrers auf die Tafel und wieder zurück, erfassen winzige Unterschiede und bringen sie in Zusammenhang. Maria kann nicht wie ein hörendes Kind auf die Tafel schauen und gleichzeitig aufnehmen, was der Lehrer dazu sagt. Maria muß flinke Augen haben, wenn sie lernen will. Das Wort an der Tafel – der Mund des Lehrers – das geht nur nacheinander und gehört doch zusammen. So lernt sie auch das Rechnen. Mitten im Erlernen von neuen Wörtern, Begriffen, Zahlen, geschieht es dann immer wieder, daß einem Kind ein Laut, den es schon »richtig« gefühlt und geformt hatte, verlorengeht. Plötzlich ist die stumme Erfahrung fort. Da muß der Lehrer ihm helfen, die Empfindungen dieses »verlorenen« Lautes wiederzufinden, muß ihm die Lippenbewegung und Zungenstellung neu zeigen, muß es wieder lehren, die Luft richtig und in der entsprechenden Menge zu verwenden – es ist ein mühsames Ringen um einen einzigen Laut.

Maria lernt, daß es einen Gott gibt. Er ist in den vielen Kirchen, ist im Himmel über den Wolken und überall. Maria und Josef sind im Himmel und in einem Stall wie bei Tante Barbara unter dem Weihnachtsbaum. Ein Kind haben sie, das ist Jesus, und der am Kreuze hängt, ist auch Jesus.

Überall begegnet Maria diesen heiligen Gestalten. Sie erfaßt allmählich, was die Bilder, die sie von Freilingen kennt und aus Mama Bundens Wohnung, was das Kreuz auf den Feldern und die Engel für eine Bedeutung haben. Sie lernt beten und daß dieser Gott im Himmel in ihr Herz sehen kann und alle ihre Gedanken kennt. Auch wenn finstere Nacht ist, kann Gott sie sehen. Er hat einen langen Bart, und die Engel umschweben ihn. Sein Feind ist der Teufel in der Hölle, wo immer Feuer ist.

In den Himmel kann sie kommen oder in die Hölle. Gott kann sie lohnen oder bestrafen. Sie fürchtet sich mehr vor diesem Gott als sie ihn liebt. Warum soll sie da oben hinauf in den Himmel oder tief in die Erde zur Hölle? In Freilingen möchte sie sein, bei Vater und Mutter und den Geschwistern, der Großmutter und Tante Barbara, beim Hund, bei den Kühen und bei den Hühnern.

Aber die Geschichte mit Maria und Josef und dem Kindlein, die gefällt ihr schon. Als sie wieder einmal in den Ferien daheim ist, sagt sie zu Mutter: »Mein Name Maria. – Bitte einen Bruder Josef.« Sie meint, daß das doch sehr schön zusammenpassen würde, Maria und Josef. Die Mutter lächelt und sagt: »Wie Gott will. Vielleicht.« Maria hat die Mutter verstanden, denn Lippenablesen, das kann sie inzwischen gut, wenn jemand langsam mit ihr spricht.

15

Als Maria zehn Jahre alt ist, kann sie die Zahl 1907 auf dem Kalender lesen und deuten.

In den Herbstferien dieses Jahres ist sie daheim, als Mutter oben in der Schlafkammer einen Sohn zur Welt bringt. Mutter ist so lieb, daß sie das Brüderchen wirklich Josef nennt. Aber sie erholt sich nicht von der Geburt. Sie kann nicht einmal das Neugeborene versorgen. Maria hilft der Großmutter, wo sie nur kann.

Sie spült, deckt den Tisch, bringt der kranken Mutter das Essen hinauf, füttert das Settchen, wie die kleine Elisabeth genannt wird, und zieht Christina aus und an. Sie streut den Hühnern Futter, schält Kartoffeln, wäscht die Windeln aus und hängt sie im Garten auf den Draht. Sie sucht die Eier aus den Nestern und fegt die Stube und den Flur sauber. Sie holt kleingemachtes Holz aus dem Schuppen. In der großen eisernen Pfanne röstet sie auf dem Herd das Korn. Immer wieder muß sie es rühren und wenden, damit es gleichmäßig braun wird. Aus dem gerösteten und gemahlenen Korn kocht sie Kaffee. Mit dem Kaffee bestreicht sie auch Brotlaibe, die Großmutter geknetet und geformt hat, ehe sie in den Backofen geschoben werden. Das fertige Brot sieht dadurch glänzend aus. Vorsichtig schöpft Maria den Rahm von der Milch, die in vielen Steinguttöpfen auf der Fensterbank steht, damit die Großmutter daraus mit dem Holzschläger Butter schlagen kann. Sie trägt Brote und Kaffee zum Vater auf das Feld, geht an manchen Tagen mit den Kühen »Weide fahren« und bringt sie zur Tränke und in den Stall. Unermüdlich ist sie auf den Beinen. Seit Mutter krank ist, spürt sie erst, wie sehr die fleißigen Hände überall fehlen.

Maria steht vor dem Spiegel in der Stube und versucht, ihr langes Haar zu kämmen. Seit sie in Freilingen ist, muß sie das allein tun, denn in Aachen kämmen sie Mama Bunden oder Juliane. Das Haar ist zottelig und durcheinander – man kann kaum mit dem Kamm hindurchfahren. Maria hat Sehnsucht nach der Mutter. Die Arme sinken ihr müde herunter. Mit einem Mal ist sie mutlos und einsam.

Da steigt sie die runde Stiege hinauf zur Kranken. Leise tritt sie an ihr Bett. Mutters Gesicht ist weiß. Maria steht da mit aufgelösten Haaren und den Kamm in der Hand.

Mutter öffnet die Augen und lächelt ihrem ältesten Kinde zu. Die Lippen verziehen sich kaum dabei. »Mutter, – du bitte kämmen!« sagt Maria.

Mutter nickt und nimmt den Kamm in die Hand, während Maria sich mit dem Rücken zur Mutter auf die Bettkante setzt. Durch das Fenster in der Kammertür sieht das Mädchen die Großmutter kommen. Großmutter öffnet die Türe, und ihr Gesicht wird ganz böse. Sie kommt auf Maria zu, reißt sie vom Bett hoch und nimmt der Mutter den Kamm fort. Mutter ist so schwach, daß sie alles geschehen läßt. Die Großmutter droht mit der Faust und schimpft so, daß Maria begreift: »Mutter krank – in Ruhe lassen!«

Maria ist sehr erschreckt. Noch nie hat die Großmutter mit ihr geschimpft. Hat sie etwas Böses getan? Der lieben Mutter etwas Böses getan? Sie schaut auf Mutter, die sie lieb und traurig ansieht und mit der Hand müde winkt.

Großmutter aber weist das Kind zur Kammertür hinaus. Da geht Maria hinunter und ist böse auf die Großmutter. Sie möchte bei der Mutter sein und wünscht voll Verlangen, daß sie bald gesund sein möge. Sie geht ohne Lust an ihre Arbeit. Aber fünf Kinder sind da, und sie ist die Große – und Mutter wird sicher denken: »Maria viel helfen!« Da muß sie fleißig sein.

Zur Mutter hinauf darf Maria nicht mehr. Das hat Großmutter verboten. Einige Tage später, in der Nacht, wird Maria heftig aus dem Schlaf geschüttelt. Erschreckt hochfahrend sieht sie den Vater im Zimmer stehen. Die Kerze in seiner Hand wirft unruhig flackernden Schein über Bett und Stuhl, über die verblichenen Wände und die Decke. Vater ist vollständig angezogen. Er trägt die guten Sonntagssachen. Maria ist hellwach und schaut aufmerksam auf den Mund des Vaters. Vater wiederholt nicht gerne. »Aufstehen! Sonntagskleid anziehen! Strümpfe, keine Schuhe!« Schnell steigt Maria aus dem Bett und tut, was der Vater befiehlt. Sie fragt nicht »Warum?« Nie würde sie den Vater fragen »Warum?« Vater schiebt das Kind vor sich her in die Schlafkammer der Eltern. Maria sieht neben dem Bett der Mutter auf dem Nachtschränkchen zwei brennende Kerzen und dazwischen das Kreuz.

Der Bruder ihrer Mutter steht mit gesenktem Kopf am Fußende des Bettes. Vater hat Maria gelehrt, »Oheim« zu ihm zu sagen. Großmutter kniet und betet den Rosenkranz.

Unwillkürlich faltet Maria die Hände. Vater steht hinter ihr, so daß sie ihn nicht sehen kann. Sie schaut immer nur auf Mutter. Am liebsten würde sie zu ihr hingehen. Sie fühlt, daß sie es nicht tun darf. Warum hat Vater sie geholt? Alle anderen Kinder schlafen. Und was ist mit Mutter? Tut ihr etwas so sehr weh? Warum kniet Großmutter und weint und betet?

Maria ist es kalt. Sie beginnt zu zittern – und sie fürchtet sich. Sie sieht, wie Vater zur Mutter geht und seine Hände um die ihren legt. Vater schließt ihr die Augen und faltet ihre Hände, daß die Finger ineinander liegen, und streichelt mit der Hand über ihr Gesicht. Dann tritt er zurück. Mutter liegt ganz still. Sie atmet nicht mehr. Irgend etwas, was sehr weh tut, greift Maria ans Herz. Sie möchte fragen: »Was ist mit Mutter?« Aber sie bleibt ganz still. Sie wagt es gar nicht, zu fragen. Frau Elisabeth ist nur 34 Jahre alt geworden.

Später wird Maria an ihrem Grab stehen neben der Lommersdorfer Kirche. Da ist Mutters Name auf dem Kreuz, und alle sagen, daß Mutter da unter der Erde sei. Dann zeigen sie zum Himmel hinauf und meinen, daß sie auch da oben ist.

Dem kleinen Josef ist sie besonders zugetan. Sie füttert ihn und wäscht ihn und hütet ihn wo und wie sie nur kann. Sie ist wie eine kleine Mutter zu ihm.

16

In Aachen schenkt Mama Maria zum Tode der Mutter ein schwarzes Kleid. Juliane ist nicht mehr lange bei Bunden in der Stromgasse. Sie wird zu Ostern 1908 aus der Schule entlassen. Maria und Adelheid bekommen ein neues Pflegeschwesterchen. Maria schaut es gerne an, weil es ihr so fremdartig schön erscheint. Mit den dunklen Augen, der braunen Haut und den schwarzen Haaren sieht die Neue aus wie ein Zigeunerkind. Zigeuner sind oft in der Stadt zu sehen.

Mama sagt: »Anna Dilesio gekommen von weit, aus Italien.«

Die Kleine hat bunte Puppen mitgebracht, die man aufziehen kann. Sie bewegen langsam und steif die Beine, spazieren über den Tisch und drehen sich im Kreise.

Maria und Adelheid nehmen die neue Schwester an der Hand mit zur Schule. Was Maria alles lernen soll: Worte, die sie schreiben lernt, kann sie nicht einfach aussprechen wie sie dastehen, das wäre schon mühsam genug. Aber nein, da ist etwas ganz Wichtiges zu lernen, wenn sie will, daß hörende Menschen ihre Sprache auch verstehen. Der Lehrer schreibt an die Tafel: Vater, Bruder, Liebe. Daneben schreibt er: Apfel, Kissen, huscht. Unter das Wort Vater schreibt er zweimal aa, unter Bruder zwei uu und unter Liebe zwei ii. Die anderen Wörter bleiben so stehen wie zuvor. Nun muß Maria begreifen und sich einprägen, daß es

Worte gibt, deren Vokale langgezogen werden, doppelt so lang wie ein einfach ausgesprochener Vokal. An dem geschriebenen Wort »Liebe« kann sie es durch das eingeschobene »e« erkennen, wenn sie das e auch nicht aussprechen darf. Fortan schreibt Maria unter Wörter, deren Vokale wie bei »haben« langgezogen werden, den Vokal doppelt, also »aa« darunter. Noch etwas kommt dazu. Wenn ein Wort mehrere Silben hat, wird immer eine Silbe besonders stark betont. Woher soll Maria das wissen? Sie muß es aber können, um verstanden zu werden. Darum schreibt sie jedes mehrsilbige Wort mit einem Strichlein über der zu betonenden Silbe. Sie schreibt: Advēnt, Petrōleum, bīlliger. Das kann sie nicht erfahren, das muß sie dem Lehrer glauben und auswendig lernen. Seitenlang schreibt sie Wörter mit betonten Silben und Anmerkungen für gedehnte Vokale. Natürlich bekommt sie manche Worte nicht in den Griff. So sagt sie immerzu mōdern, wenn sie modērn meint. Dabei kommen ganz komische Sätze zustande, wenn sie spricht. Worüber Hörende niemals nachdenken, das müssen Taubstumme erst unendlich mühsam erlernen. Hörenden kleinen Kindern prägen sich ganz von selbst die Wörter ein, und sie plappern den richtigen Klang und Tonfall nach. Mit ihren Ohren wachsen sie in die Sprache hinein. Alles stimmt, wenn es klingt, wie man es hört.

Maria wundert sich in ihrer ernsten Lehrzeit, daß der Lehrer manchmal unzufrieden mit ihr ist, obwohl sie sich doch alle Mühe gibt. Sie spricht zu laut und zu hoch, sie strengt sich zu sehr an dabei. Sie schreit, wo sie nur sprechen soll, weil sie nicht weiß, wann es zuviel wird und wann es gerade genug ist. Auf die Mahnung des Lehrers hin sagt sie traurig: »Ich fühle nicht: Ich bin zu laut. Ich weiß nicht, was soll ich machen. Es tut mir leid.«

»Wir haben Geduld, wir beide«, sagt der Lehrer freundlich.

Mit der Zeit wird es auch besser.

Alle Leute, die langsam und deutlich sprechen und Wörter verwenden, die Maria gelernt hat, können sich mit ihr unterhalten. Doch der Mund des Sprechenden muß immer gut sichtbar sein. In der Dunkelheit hört jedes Gespräch auf. So wenden die taubstummen Kinder, wenn die Dämmerung kommt, ihre Gesichter den letzten Lichtquellen zu, damit sie sich verstehen können.

Bei ihrem Lehrer haben sie gelernt, daß man beim Sprechen so wenig wie möglich mit den Händen zeigen soll. Je mehr Wörter sie lernen, je besser sie damit umgehen können, umso weniger brauchen sie die Gebärden und den überzeichneten Gesichtsausdruck. Freilich, untereinander werden sie nie ohne dieses Ausdrucksmittel auskommen können.

Bald ist es so weit, daß Maria gar nicht mehr jeden einzelnen Laut und jede Lautverbindung ablesen muß, sondern das Wortbild als Ganzes erfaßt. Auch beim Lesen reiht sich nicht mehr nur Buchstabe an Buchstabe, sondern Wort an Wort zu Satz und Sinn.

Sie lernt Dinge, die sie nicht sehen, sondern nur erfühlen oder erdenken kann, benennen. Die unsichtbaren Eigenschaften wie »traurig« oder »barmherzig«, »geizig«, »geduldig«. Der Lehrer zeigt ein großes Bild: Da ist ein Reiter, der seinen Mantel teilt und die Hälfte einem Bettler reicht. Dazu sagt der Lehrer, was »barmherzig« sein heißt, was die Barmherzigen tun und daß die Menschen, die so sind, eben »barmherzig« genannt werden. In den Kindern bleibt die Vorstellung zurück, daß Helfen und Teilen »barmherzig sein« bedeutet.

Maria erkennt, daß die Namen für die Gefühle, die sie selber empfindet, viel einfacher und schneller auszudrücken vermögen, was sie bisher nur in Geste und Gebärde anzudeuten wußte, und daß die anderen Menschen diese Namen immer richtig verstehen. Sie begreift, daß es besser ist, wenn man zu benennen gelernt hat, was »die Reue« ist, »die Schuld«, »die Lust« und »das Leid«. Das sind Dinge, die man nicht mit den Augen sehen und nicht mit den Händen greifen kann und die doch so wichtig sind in jedes Menschen Leben. Daß die Hörenden diesen Worten noch zusätzlich mit der Melodie der Sprache, mit einer Tonfärbung starke Ausdruckskraft geben können um sich mitzuteilen – Maria kann es nicht wissen. Ihre Sprache bleibt monoton. Automatisch und impulsiv wird sie doch immer den Ausdruck ihres Gesichtes und Körpers zu Hilfe nehmen, um zu unterstreichen, was sie meint.

Wenn Maria mit Adelheid und dem kleinen »Italienmädchen« in der Stromgasse Nachlaufen oder Hüpfen spielt, dann sind oft hörende Kinder dabei. Manchmal starrt eines der Kinder sie stumm an, manchmal wird sie auch ausgelacht oder mit nachahmenden Gebärden häßlich verspottet. Da ist dann plötzlich all ihr Mut fort und alle Freude über das erlernte Sprechen. Wenn sie traurig zu Mama geht und klagt, sagt Frau Bunden:

»Nicht schlimm, Maria! Kinder sind dumm! Du kannst gut sprechen, sehr gut!«

Maria fragt: »Ich kann Kinder nicht verstehen. Nur sehr wenig. Kinder sprechen anders. Ich weiß nicht, warum ich nicht verstehen?«

Mama lächelt: »Kinder sprechen Platt, Aachener Platt.«

»Was ist das?« will Maria wissen.

»Du sprichst Hochdeutsch, sehr schön. Die Kinder sprechen Aachener Sprache. Die Kinder können auch Hochdeutsch. Die Aachener Sprache brauchst du nicht zu lernen. Es ist nicht nötig für dich. Hochdeutsch ist die Sprache, wie du sie schreibst.«

Maria hat ein bißchen davon begriffen. Aber sie wundert sich doch sehr. Sie selbst muß die Sprache so mühsam lernen – und die Kinder da draußen können außer dieser Sprache noch eine ganz andere. Maria denkt, daß sie sehr klug sein müssen. Sie weiß ja nicht, wie leicht die hörenden Kinder im Spiel die Mundart ihrer Umgebung aufnehmen.

17

Wenn Maria von der Stromgasse aus zur Stadtmitte will, biegt sie erst in die Rosstraße ein. Hier steht mitten in der Straße, wie eine Insel, das Roskapellchen. Es ist achteckig mit einem Kuppeldach, und durch sein Gittertor kann man auf die Madonna mit dem Kind sehen. Im fest angebauten Haus mit seinem winzigen Laden läßt Maria jede Woche einmal für Papa ein Fläschchen mit Schnaps füllen. Dreißig Pfennig kostet das.

Im Sommer, wenn es Mama zu heiß ist, das Feuer im Herd anzumachen, geht Maria mit einer Kanne, deren Boden schon mit Korn- oder Malzkaffeemehl bedeckt ist, in das Lädchen und läßt sich kochendes Wasser aufgießen. Das kostet zwei Pfennig. Mama hat keinen Spirituskocher.

Maria wundert sich, wenn sie durch die Rosstraße kommt, daß es so viele Kinder gibt. Die ganze Straße ist voll von ihnen. Auf den Fensterbänken und in den Haustüren sitzen Katzen. Draußen an den Fenstern der oberen Geschosse, von denen viele ein grünes Holzgitterchen mit Blumentöpfen haben, hängen Vogelkäfige, darin unaufhörlich die Vögelchen vom Boden auf die Stange und von der Stange wieder auf den Boden hüpfen. Alte Männer sitzen schon am Morgen auf Stühlen neben der Haustür oder hocken auf steinernen Treppen. Oft setzen sich die Frauen dazu, schälen Kartoffeln oder stopfen und nähen.

Es gibt Häuser in der Rosstraße, die sind so alt, daß die Haustüren und die Fenster ganz schief in den Angeln hängen. Die Rosstraße ist mit keiner anderen Straße ringsum zu vergleichen. Hier sind die Bewohner – mitten in der Stadt – in ihrer eigenen Welt, wie in einem Dorf. Eine Familie wohnt hier oft mehrere Generationen lang.

Hoch über den schiefen Dächern und der Kapelle dieser merkwürdigen Straße türmt sich auf dem Mühlenberg die prächtige Jakobskirche. Ihre dicken Mauern stammen aus den Steinen der abgerissenen Stadtmauer. Im Juli, wenn Marias Pfarrkirche Sankt Jakob ihr Namensfest feiert, hat auch »die Ros«, wie die Straße liebevoll genannt wird, ihr Fest. Vor der geschmückten Kapelle spannt sich von einer Straßenseite zur anderen hoch über den Köpfen dichtgedrängter Kinder ein Seil. Ein Puppenengel mit goldenen Haaren, mit glitzernder Krone und im weißen Kleid, aus dem die Flügel herausragen, gleitet steif über das Seil. Mit offenen Mündern starren auch Maria und ihre Pflegeschwestern nach oben, die Arme dem Engel entgegengestreckt. Mitten über der Straße dreht sich der Engel hin und her, und aus seinem Körbchen fliegen süße Klümpchen in alle Richtungen. Da greifen und haschen die Kinder und balgen sich, bis kein einziges Klümpchen mehr auf der Straße liegt und das Spiel von neuem beginnen kann.

Mama geht mit den Kindern durch die Ros, wenn sie zum Einkaufen in die Stadt will. Maria und Adelheid tragen den Einkaufskorb. Mama führt die kleine Anna Dilesio an der Hand.

Sie kommen am Stadttheater vorbei zum Elisenbrunnen. Maria war sehr verwundert, als sie das weiße Brunnenhaus zum erstenmal sah: eine runde, hohe Halle, offen, von dicken Säulen getragen, mit Säulengängen zu geschlossenen Pavillons. Viele Leute kommen von weither zur Badekur nach Aachen und trinken das heilsame Wasser, das an verschiedenen Stellen der Stadt heiß aus der Erde kommt.

Mama geht nie an dieser Heilquelle vorbei, ohne von dem schwefligen, dampfenden Wasser zu trinken. Die Kinder schütteln sich und wollen es ihr nicht nachmachen. Sie haben früher einmal gekostet. Maria hält sich die Nase zu: »Wasser stinkt!«

Auf dem Platz vor dem Elisenbrunnen stehen unter schattigen Lindenbäumen Tische und Stühle. Wer Geld und Zeit hat, kann sich hier bedienen lassen und dem Leben und Treiben zusehen. Auch die Kinder, die an der Trinkstelle auf Mama warten, schauen, was »auf dem Graben« geschieht. Kutschen, von rassigen Pferden gezogen, fahren vorbei. Dazwischen trotten schwere Gäule mit Fuhrwerken. Manche Wagen halten vor den prächtigen Geschäften, um aus- oder einzuladen. Bierfässer werden über den Bürgersteig in die Keller der Gaststätten hineingerollt. Jemand schiebt einen Schubkarren vor sich her. Der Straßenfeger kehrt die Roßäpfel und sonstigen Abfall zusammen. Junge Burschen mit Studentenmützen, Mädchen in weißen Schürzen gehen vorüber und Nonnen aus den vielen Spitälern und Klöstern der Stadt. Die Damen tragen ihren Sonnenschirm und Federhüte zu engen, langen Röcken. Manchmal fährt ein Automobil über den »Graben«. Mama geht mit den Mädchen die Hartmannstraße hinauf. Immer geht es hinauf oder hinunter in Aachen. Die Läden haben zum Schutz vor der Sonne die Markisen vorgezogen. Auf dem Münsterplatz sind am Vinzenzbrunnen Körbe und Stände aufgebaut, um Blumen, Blumentöpfe, Gemüse- und Blumenpflänzchen anzubieten.

Mama kauft nie einen Blumenstrauß. Dafür ist ihr das Geld zu schade.

Daheim pflegt sie Topfpflanzen: ein Fleißiges Lieschen, Begonien und Primeln, die haben ein längeres Leben.

Dicht am Blumenmarkt ragen die schwarzen Mauern des Münsterchores auf. Mama geht mit den Kindern über den Domhof durch eine kleine Tür in den Dom hinein und legt ermahnend den Finger auf den Mund, ehe sie sich aus dem Bekken mit dem Weihwasser segnet. In dem plötzlichen Dämmerlicht und der Kühle, die ihnen entgegenschlägt, gehen die Kinder scheu bis zum Oktogon. Mama wendet sich ihnen zu und deutet auf die Füße, damit sie vorsichtiger auftreten sollen. Daß hier drinnen tiefe Stille ist gegenüber der Welt da draußen, wie sollen die Taubstummen es wissen? Wohl empfinden sie die Feierlichkeit des wuchtigen, strengen Raumes.

Maria hat noch niemals eine solche Kirche gesehen wie das Aachener Münster. Das ist gar nicht eine Kirche, das sind ein paar Kirchen aneinandergebaut, und alle unterscheiden sich. Im achteckigen Mittelbau, der Pfalzkapelle, die Kaiser Karl bauen ließ, hängt von der hohen Kuppel eine schwere Kette herunter und hält den eisernen Leuchter des Kaisers Barbarossa. Maria denkt, daß er groß ist, wie ein gewaltiges Rad. Die Wände des Oktogons und die Kreuzgewölbe der Umgänge sind mit Mosaiken ausgelegt. Golden schimmert es herunter. Auf dem oberen Umgang steht zwischen kostbaren antiken Säulen der marmorne Thron des Kaisers Karl. Nach dem mächtigen Herrscher wurden in der Zeit eines halben Jahrtausends zweiunddreißig deutsche Könige auf diesem Thron gekrönt. An die Pfalzkapelle des Kaisers hat eine spätere Zeit einen herrlichen gotischen Chor angebaut. Maria sieht seine Wände durchbrochen von wunderschönen Fenstern. Von der Decke bis zum Chorgestühl herunter leuchten sie in allen Farben. Breite bunte Lichtstreifen fallen in den weiten Innenraum und überglänzen eine Madonna in ihrem Strahlenkranz, die hoch im Chor schwebt. Die Kinder schauen still.

An den Sonntagen zum Hochamt, den kirchlichen Festtagen und zu großen Konzerten singt der Aachener Domchor. Der

Gesang vereinigt sich mit der Schönheit des Raumes zu einem tiefen Erlebnis der Zuhörenden. Viele Menschen kommen ganz allein deswegen in den Dom. Aber Maria und ihren Pflegeschwestern wird Musik niemals begegnen.

Mama faltet die Hände, macht ein Kreuzzeichen und eine Kniebeuge. Die Kinder machen es auch so, und sie gehen durch eine der angebauten Kapellen hinaus.

Über den »Hof« sind es nur ein paar Schritte bis zum Körbergäßchen. Die Kinder steuern schon dahin, denn Mama hat gesagt, daß sie einen neuen Besen kaufen will. Ganz nahe stehen schöne alte Häuser einander gegenüber. In der Sonne leuchten die gelben und braunen Korbwaren vor den Korbmacherläden. Ineinandergesteckt, aufgetürmt und gestapelt sind Waschkörbe, Einkaufskörbe, Reisekörbe, Hunde- und Geflügelkörbe und Korbsessel. Bündel von Bürsten, Besen, Teppichklopfern und Staubwedeln baumeln an den Hausmauern. Da stehen Truhen, Koffer und Taschen aus Weidegeflecht. Das lustigste aber sind die Holzschuhe, die in langer Reihe warten, schnurgeradeaus; erst die großen und dann immer kleinere.

Der Besen, den Mama kauft, kommt in den Einkaufskorb, den Maria am Arm hat. Den Stiel trägt Mama selbst, und die Kinder lachen, als sie zeigt, daß sie ihn auch zum Ausklopfen ihrer Popos gebrauchen kann. Vom Körbergäßchen sanft aufsteigend ist es nicht weit bis zum Hühnermarkt. Das »Rote Haus« mit der Zwiebel auf dem Erkerturm und der hohe, strenge Granusturm von Kaiser Karls Pfalz schauen auf Geflügelstände herunter. Mama, die nie Geflügel kauft, beachtet sie nicht im Weitergehen. Nur Maria dreht sich noch einmal um: Gänse und Enten, Hühner, Hähne und Tauben, eingesperrt in Körben und Verschlägen, und tote Tiere, deren Köpfe reglos über den Rand eines Brettes herunterhängen.

Am Granusturm ist ein uraltes Haus angebaut, gleich daneben eine Gaststätte »Der Postwagen«. Wie ein Postwagen sieht sie auch aus. Schnitzereien zieren die Holzteile. An den kleinen Butzenscheibenfenstern hängen Läden, die nach oben und unten aufklappbar sind. Mama und die Kinder gehen am gewölbten Bauch des Postwagens vorbei zum Marktplatz hinauf. Vor dem gewaltigen gotischen Rathaus ist reges Treiben. Mama steuert gleich auf den ersten Gemüsestand zu, der unter einem buntgestreiften Sonnenschirm aufgebaut ist. Sie hat keinen Garten wie manche anderen Leute. Alles muß sie kaufen.

Hausfrauen und Dienstmädchen prüfen die Waren. Auch Maria weiß zu vergleichen und macht Mama auf dieses und jenes aufmerksam. Sie gehen von Stand zu Stand um Körbe, Kisten und Säcke, von kleinen Wägelchen zu Karren, die manchmal mit Markisen überspannt sind. In Mamas Körbchen wandern für fünf Pfennig Zwiebeln, für zwei Pfennig Suppengrün und schließlich ein Blumenkohl. Mama kann auch den leuchtenden Radieschen nicht widerstehen. Sechs Bündelchen kauft sie. Maria wird davon nichts essen: So etwas wächst in keinem Freilinger Garten. Sie will nicht einmal probieren, was den anderen so gut schmeckt. Auch die roten Tomaten, Apfelsinen und Bananen mag sie nicht, die es nur in feinen Obstläden zu kaufen gibt. So etwas Fremdes und Seltsames will sie nicht essen. Kann es aus der Erde stammen? Sie hat es nicht wachsen sehen. Wie gut, daß Mama niemals den seltsamen Spargel und den Chicorée kauft!

Auf dem Markt ist es bunt und voller Bewegung. Die Marktfrauen reden eifrig auf Mama ein. Maria beobachtet, daß sie oft über das lachen muß, was sie sagen. Manche Marktfrauen tragen einen gestreiften Umhang über den Schultern, der am Hals mit Bändern zu einer Krause gehalten wird. Auf ihrem Kopftuch sitzt noch ein gelber Strohhut wie ein kleiner umgestülpter Eimer.

Ehe Mama sich auf den Heimweg macht, erlaubt sie mit Kopfnicken den Kindern, zum Brunnen in der Mitte des Marktplatzes zu laufen. Der Brunnen hat ein großes rundes Becken. An der Eisenstange rundum sind Pferde der Fuhrwerke angebunden. Die Kinder klettern über die Stange einige Stufen hoch und beugen sich über den steinernen Brunnenrand, dessen Bekken das fallende Wasser aus einer höheren Erzschale auffängt. Glitzernd bricht sich das Sonnenlicht im Wasser. Sie halten ihre Hände hinein. Andere Kinder spielen mit Holzstückchen, die sie wie Schiffe schwimmen lassen. Sie tauchen die Hölzchen unter und lassen sie los, daß sie nach oben schießen und auf den kleinen Wellen tanzen. Wilde Knaben spritzen das Wasser aus dem Becken. Die Umstehenden schimpfen, und eine Marktfrau nimmt den Reiserbesen, die Kinder zu verjagen.

Oben auf dem Brunnen steht, unbewegt vom geschäftigen Treiben und kreischendem Spiel, Kaiser Karl in seiner Rüstung. Er trägt die Kaiserkrone auf dem Haupt und in den Händen Zepter und Reichsapfel. Der Kaiser Karl ist von Grünspan ganz grün geworden.

18

Maria sitzt neben dem Vater im Personenzug und fährt in die großen Herbstferien. Zweimal sind sie schon umgestiegen, und nun hält der Zug in Nettersheim. Ein schmales Mädchen steigt in das Abteil der beiden ein. Es reicht ihnen freundlich die Hand. Vater stellt den Korb des Mädchens oben auf das Gepäckbrett.

»Schön in Aachen?« fragt das Mädchen Maria.

»Ja – aber in Freilingen schöner!« und zum Vater sagt Maria: »Ich kenne Mädchen. Wohnt in Straße nach Lommersdorf, hinter Kapelle. Wie Name?« »Helene, arbeitet in Nettersheim im Haushalt und im Feld bei Bauern.« »Geld verdienen?«

»Ja«, sagt der Vater und wendet sich dem Mädchen zu. Sie sprechen und lachen miteinander und Maria beobachtet still. Sie hat den Vater lange nicht mehr so vergnügt gesehen. Sie sieht Helenes Hände, die rauh und rissig sind von schwerer Arbeit. Helenes Gesicht ist braungebrannt und hat an Nase und Augen kleine Falten.

Maria schaut hinaus, wie das Sommerland vorüberfliegt.

Blankenheim-Wald. Von hier aus gehen die drei zu Fuß weiter. Vater trägt Helenes Korb. Das Kind geht schweigend neben den lustig Schwatzenden her und denkt an die tote Mutter. Mutter – der Gedanke macht Maria traurig. Daheim gibt es keine liebe, gute Mutter mehr!

Zu Hause spürt sie ganz deutlich: Das Haus ist leer. Weil sie selbst Trost braucht, nimmt sie den kleinen Josef auf den Arm, küßt und streichelt ihn und sagt: »Du mein lieber Bruder Josef. Du mein lieber Bruder Josef.« Es klingt beinahe zärtlich mit ihrer ungewöhnlichen Stimme.

Gleich am ersten Sonntag kommt Helene zum Kaffeebesuch. Sie hat ihr Haar hübsch gekämmt. Ihr Kleid ist einfach und sauber. Die hellgrauen Augen sehen heute ernster aus.

Als Maria nach oben in die Kammer kommt findet sie ihre Tante, die Schwester ihrer toten Mutter, auf dem Bettrand sitzen und weinen.

»Warum du weinen?« fragt Maria erschrocken.

Die Tante wischt sich über die Augen: »Weil deine Mutter gestorben ist. Dein Vater will Helene heiraten.« Maria ist traurig wegen Mutter und darüber, daß die Tante weint. Aber sie denkt auch an Vater und die fünf kleinen Geschwister. Sie sieht Helene vor sich, gesund, flink, mit fleißigen Händen.

»Armer Vater muß Frau haben. Großmutter zuviel Arbeit allein!«

Der August ist heiß. Schon am frühen Morgen ist der Himmel blau, die Luft unbewegt, und nur wenige weiße Wolken ziehen über das Land. Willi und Klöß klemmen widerwillig ihre Tafeln unter den Arm und gehen mißmutig in die Schule. Sie bekommen erst im Oktober Ferien. Sie gehen nie gern in die Schule. Aber wenn sie zu Hause blieben, dann müßten sie tüchtig mithelfen, und Vater versteht bei der Arbeit überhaupt keinen Spaß. Maria hat zwei Schnitten Brot in die Schürzentasche gesteckt und schaut herum, wo Großmutter ist. Vater drischt in der offenen Scheune einige Garben Roggen aus. Am Nachmittag soll der Weizen gemäht werden. Weil das Weizenstroh zum Binden der Garben zu kurz ist, werden Roggenhalme benötigt.

Setta spielt im Hof mit alten Schuhen, die sie irgendwo gefunden hat. Sie ist noch gar nicht gekämmt, aber Maria hat nun keine Zeit mehr, denn Großmutter läßt die Tiere aus dem Stall, ein Kalb, ein Rind und zwei Kühe, von denen eine schwer und bedächtig geht. Maria holt schnell hinter der offenen Stalltür ihren Stock heraus, den sie sich aus vielen Weidenruten, die in Scheune und Ställen herumstehen, ausgesucht hat.

Die Kühe warten auf dem Hof. Eine hat direkt vor der Haustür ihren Fladen hinterlassen. Christina steht dabei und steckt den Finger in den Mund. Sie ist fünf Jahre alt, ein rundes Ding mit krausen Haaren und weichen Zügen. Ein ruhiges Kind – und sie will auch ruhig und sanft behandelt werden. Böse Gesichter kann sie nicht ertragen. Da weint sie gleich los.

Maria schlägt leicht auf die große Kuh. Langsam bequemt sich das Tier zu gehen. Christina reicht der größeren Schwester die Hand, und die taubstummen Mädchen ziehen mit der kleinen Herde an Fachwerkhäusern zum Dorf hinaus.

Ihr Blick geht über die vielen Hügel, die weit hinauswellen.

Von der Straße fällt eine Wiese steil ins Tal hinab und breitet sich bis zur einsamen Mühle unten am Mühlbach aus. Maria treibt das Vieh zur Mitte der Wiese hinunter, dort läßt sie es grasen.

Die Kinder müssen darauf achten, daß die Tiere nicht auf fremde Weiden überwechseln oder sich auf die Straße verirren. Dicke Steine im Gras zeigen die Grenze an. Alle Kinder im Dorf müssen »Weide fahren«, müssen jeden Tag Kühe hüten, oft weit hinaus ins Ödland voll Ginster und niederen Sträuchern. Es gibt keinen Stacheldraht und keine Hecken zum Abgrenzen.

Mutter Elisabeth hat die große Wiese mit in die Ehe gebracht. »Im Reech« heißt sie. Von hier aus können Maria und Christina die Dorfleute, die Tiere und die Wagen sehen, die oben über die Straße zu den Feldern hinausziehen. Es ist heiß – und nirgendwo in der Nähe steht ein Baum oder ein hoher Strauch, der Schatten spenden könnte. Gemächlich und ruhig rupfen die Tiere mit ihren blaßroten rauhen Zungen das Gras in gleichmäßigen Bewegungen ab. Schwärme von Fliegen sitzen an den Augen und den Nasenlöchern. Unaufhörlich peitschen die Schwänze hin und her, um die Quälgeister zu vertreiben. Maria und Christina haben keine Ahnung davon, daß die vielen Fliegen Töne machen, surren, daß die Mücken die in der Luft sind, summen, daß die Schwalben über ihnen zwitschern beim Fliegen und die Vögel verschieden singen, und daß in der Ferne das langezogene »Jü Haar Ju Holz« der Bauern zu hören ist, wenn sie auf den Feldern ihren Zugtieren Anweisungen geben. Sie hören nicht, wenn oben auf der stark abschüssigen Straße am »Stein« der Bauer hinter dem rumpelnden Wagen die Bremsen andrehen muß, daß sie quietschen.

Die Kinder liegen auf dem Bauch und lassen die Beine in der Luft baumeln. Christina hat ihr Gesicht ins Gras gesteckt und spürt dem Geruch und der Kühle nach. Sie kann noch gar nicht sprechen. Maria hat versucht, es ihr beizubringen, aber ohne Erfolg. Sie muß ihr immer mit Gebärden andeuten, was sie will. Langsam und überdeutlich spricht sie die Worte dabei mit. Die ersten Tage hier draußen auf der Weide hat sie Christina vorgesprochen: Kuh, Blume, Himmel – alle Dinge, die man sehen, anfassen oder auf die man zeigen kann. Christina hat nicht verstanden, was Maria will. Maria hat mit ihrem Finger auf den Mund des Schwesterchens getippt und auf ihren eigenen, dann auf die Kuh gezeigt und gesagt: »Kuh«. Aber die Kleine hat sie nur unverständig angesehen. Da dachte Maria, daß es viel zu schwer sei, »Kuh« zu sagen. Wie macht die Kuh? Der Lehrer hat es in der Schule gesagt – und wenn man die Kuh genau ansieht, wenn sie Hunger hat oder gemolken werden will, dann kann man glauben, daß sie »muh« macht.

»Du sagen: muh!« wendet sich Maria wieder an die kleine Schwester: »Muh, muh, muh!« Dabei deutet sie wieder auf die Kuh. Das Christinchen schaut Maria ängstlich an und beginnt zu weinen. Sie schluchzt, reibt sich die Augen, und die Tränen laufen.

Maria legt den Arm um die Schulter der Schwester und wischt ihr die Tränen mit der Schürze ab. Dabei wundert sie sich, daß das Schwesterchen so bange ist, wo sie doch gar nichts Böses wollte. Es soll doch nur sprechen lernen.

Eine Kuh grast in des Nachbarn Wiese. Maria läuft hin, die Weidenrute in der Hand, und treibt das Tier wieder zurück. Die beiden anderen Tiere weiden friedlich am Hang. Die schwerfällige Kuh hat sich müde auf die Wiese gelegt. Sie wendet den Kopf und schaut zu den Mädchen herüber. »Warum Kuh müde?« denkt Maria. »Kuh muß fressen. – Ich liegen lassen.« Maria winkt dem Christinchen: »Komm.« Es steht auf und geht hinter der großen Schwester her, fast bis zur Straße hinauf, wo auf der Nachbarwiese zwei mächtige Felsspitzen heraussstehen. Die kantigen Kalksteinfelsen sind hellgrau und haben schwarze Moosflecken. Der Regen hat Mulden ausgewaschen. In Ritzen und Spalten wachsen kleine Schlehdornsträucher. Die Kinder streichen mit den Händen über das feste Moos.

Maria hat einmal gesehen, wie die Leute aus dem Dorf hier ihren Flachs rösteten. Zwischen den Felsspitzen wurde ein Feuer angezündet und ein Rost von Stein zu Stein gelegt. Darauf mußte der frische Flachs so lange liegen, bis die Faser brüchig wurde. Vorher sind die Flachsbündel durch den Hechel gezogen worden, um die Samenkapseln abzureißen. Der Hechel ist ein großer, eiserner Kamm, dessen Zähne so lang sind wie Marias ganze Hand.

Maria und Christina klettern an einem der beiden Steine hinauf. Sie setzen sich nebeneinander, lassen ihre Beine herunterhängen und stützen die Hände auf. Von hier aus können sie die Wiese mit den Tieren gut beobachten, die friedlich auf Giefers Weide bleiben. Die schwere Kuh liegt immer noch im Gras. Sie kaut nicht. Maria wundert sich sehr darüber, weil es so ungewöhnlich ist, da sich die Kühe und das Kälbchen immer erst vollfressen und dann zum Wiederkäuen niederlegen.

Die Geschwister essen die Brotschnitten, die Maria mitgebracht hat. Auf der Straße ist es still. Sie sehen die Bauern auf den Hügeln ringsum bei der Arbeit. Manchmal streift ein Windhauch über den Hang. Der tut gut. Das Schwitzen in den langen Kleidern und den Wollstrümpfen ist weiter nicht schlimm. Das sind sie gewöhnt.

Christina rutscht vom Stein herunter und pflückt eine lila Glockenblume, die an allen Feldwegen wächst und die sie am Rande des Felsens entdeckt hat, und reicht sie Maria hoch.

Maria schaut die Blume an. Sie denkt an die Glocke, die offen im Turm der Kapelle hängt. Die Glocke schwingt hin und her, weil jemand am Seil zieht. Sie weiß, daß die Bauern sich dann auf den Heimweg machen. Mit zwei Fingern hält sie den feinen Stengel mit den schmalen Blättern vor ihr Gesicht und bewegt langsam die Blume, so daß der geneigte Blütenkelch wie eine kleine Glocke schwingt.

Die Leute hören alles, was sich bewegt? Wenn sich die Blume bewegt, werden sie das auch hören? Und hören – was ist das? Die Hörenden können etwas, das sich bewegt bemerken, ohne es zu sehen oder am Körper direkt zu fühlen? Ohne es zu spüren? Maria ist sehr nachdenklich.

Plötzlich springt sie auf, greift nach dem Weidenstock und rennt über den Weg zur Wiese hinunter. Christina eilt mit flinken Beinen hinterher. Das Kalb grast eifrig auf des Nachbarn Wiese. Maria schilt: »Fort! Fort! Du darf nicht! Fort!«

Das erschreckte Kälbchen macht hohe Sprünge und läuft über die fremde Wiese noch weiter geradeaus. Da macht Maria einen großen Bogen, bis sie vor das Tier kommt, und treibt es zurück auf Mutters Wiese. Christina ist immer hinterher gelaufen und hat drohend mit einem Zweig gefuchtelt. Verschwitzt legen sie sich mit roten Gesichtern ins Gras. Maria liegt auf der Seite, den Arm unter dem Kopf, und behält die Kühe im Auge. Die eine liegt immer noch, und Maria meint, daß sie unruhig sei. Macht sie nicht »muh«, wenn sie den Kopf hebt und das Maul öffnet, und wieder und wieder »muh«? Vielleicht ist sie krank! Sie hatte sich schon hingelegt, kaum daß sie zu fressen begann.

Maria steht auf und geht zu ihr hin. Die Kuh wendet ihr den Kopf zu und schaut sie an.

»Du aufstehen! Du fressen!« sagt sie zu dem Tier und will es mit dem Stock ein wenig treiben. Aber die Kuh steht nicht auf und Maria ist ratlos. Da sieht sie etwas Eigenartiges. Sie schaut noch einmal und noch mal, ob sie auch richtig gesehen hat. Hinten, wo der Schwanz anfängt, gucken die Füßchen von einem Kalb heraus, zwei kleine, winzige Pfoten, nur ein kurzes Stück.

Sie ist mit einem Male ganz aufgeregt. Die Kuh bekommt ein Kälbchen! Jetzt weiß Maria plötzlich, woher die kleinen Tiere kommen, die Katzen, die Fohlen, die Ferkelchen und die Kälbchen! Bis jetzt hat sie es nicht gewußt, daß sie von der Tiermutter geboren werden müssen. Maria bekommt Herzklopfen. Wenn nun das Kälbchen kommt, was soll sie machen? Ob es der Kuh weh tut? Weggehen kann sie doch auch nicht?! Die Bauersleute, die sie auf den Feldern sehen kann, sind viel zu weit weg, als daß sie sie rufen oder ihnen zuwinken könnte. Das hat Maria erfahren und fühlt es auch, daß ihre Stimme nicht weit trägt. Da läuft sie schnell zu Christina. Hastig winkt sie ihr aufzustehen und sagt: »Vater holen! Vater holen!« Dabei macht sie mit beiden Händen die gleiche Bewegung, die Vater macht, wenn er den Schnurrbart zwirbelt, und deutet mit der Hand, Christina solle den Schnurrbart holen, und zeigt auf die Kuh. Wie gut, daß Vater heute morgen in der Scheune ist! Christina sieht, wie aufgeregt und sorgenvoll Marias Gesicht ist. Die Kleine läuft die Wiese hoch, dem Dorf zu. Maria hofft, daß Christina sich verständlich machen kann und wirklich Hilfe kommt.

Sie geht zur Kuh zurück, kniet neben ihr nieder und streichelt ihr das Fell, während sie lieb und ruhig mit ihr spricht: »Du bekommst kleines Kalb. Du brav!« Sie ist entzückt über das Wunder. Ganz wach ist sie und sich ganz ihrer Aufgabe bewußt, zu hüten. Sie beobachtet die anderen Kühe, die ohne Gier und Hast beständig rupfen. Sie liebkost das am Boden liegende Tier, jagt die schrecklichen Fliegen weg und schaut immer wieder zum Dorfeingang hinauf.

Endlich sieht Maria den Vater kommen. Sie atmet erlöst auf. »Christina brav«, denkt Maria und ist stolz, daß der Vater sieht, wie gut sie achtgegeben hat. Vater weiß gleich, was los ist. Er kniet hinter dem Tier nieder und faßt die Beinchen des Kalbes über den gespaltenen Hufen an und beginnt zu ziehen.

Jedesmal, wenn die Kuh sich bewegt und drückt, um dem Kälbchen auf die Welt zu helfen, zieht der Vater fest an. Dann läßt er wieder locker und wartet. Erstaunt sieht Maria, wie das Köpfchen des Kalbes kommt. Es liegt ganz dicht auf den Vorderpfoten. Jetzt deutet Vater Maria an, sie solle auch nach Hause laufen und Großmutter rufen. Gerne würde Maria weiter zusehen. Sie ist aufgeregt. Sie hat auch Angst um die Kuh und das Kälbchen. So schnell ist sie noch nie gelaufen. Aber die Großmutter kommt ihr schon entgegen und weiß offenbar Bescheid, denn sie zeigt dem aufgeregten Mädchen, daß es nach Hause gehen soll, und eilt zur Wiese, wo das Kälbchen auf die Welt kommt.

Am Abend findet Maria im Stall das Neugeborene. Es liegt in der Ecke hinter einem aufgestellten Brett auf frischem Stroh und guckt mit großen verwunderten Augen. Als Maria näher tritt, kann es sogar schon aufstehen. Aber noch hat es seine Beinchen nicht ganz in der Gewalt und taumelt hin und her. Maria lehnt sich über das Brett und staunt, als hätte sie noch nie ein Kälbchen gesehen.

Die Ferien daheim in Freilingen sind herrlich! – Jedesmal hat Maria den Wunsch, immer hier bleiben zu dürfen. Es ist schön, die Zügel zu greifen und das neue Pferd, das Vater gekauft hat, mit der Kuh gemeinsam beim Kornaufladen zu führen, so daß beide auf dem Stoppelfeld ein Stück voranziehen. Ganz selten darf Maria sogar auf dem Pferd aufsitzen. Das Fell ist warm, glatt und weich. Sie lacht und winkt, wenn sie heimgeritten kommt vor dem beladenen Kornwagen, und ihre Augen sind glücklich und hell. Wenn das Pferd ausgespannt ist, darf sie es am Zügel zur Tränke vor die Kapelle führen, wo es sich satt säuft.

Am Ende der Ferien bekommt Vater eine Dreschmaschine. Es ist ein großes Ungetüm, lang und hoch. Hinter der Scheune läßt Vater einen Göpel bauen, eine lange, eiserne Welle mit ein paar Zahnrädern daran. Zwei Kühe oder ein Pferd müssen immer im Kreise gehen und die Räder drehen, dann läuft die Maschine, und das mühsame Dreschen geht viel schneller und leichter.

Für Maria ist wieder ein Abschied da. Ganz früh morgens weckt Großmutter das Kind. Sie hat eine Schüssel mit warmem Wasser bereitgestellt. Vater steht mit bloßem Oberkörper in der Stube und wäscht sich kalt, daß die Tropfen und Spritzer nur so herumfliegen. Er lacht sein Mädchen an und spottet: »Du bist eine alte Großmutter. Du bist eine verwöhnte Aachener Printe. In warmem Wasser waschen! Bah!« Maria ist nicht zum Scherzen zumute. Sie möchte gerne hierbleiben wie ihre Geschwister auch. Sie allein muß fort in die fremde Stadt, die sie in den Ferien genau so vergißt wie Schule und Pflegeeltern. Freilich ist sie in Aachen, bleibt sie auch gerne dort – aber lieber ist sie zu Hause.

Als Maria fertig angezogen und gekämmt ist, schleicht sie in die graue Morgendämmerung hinaus, quer über den Hof in die Scheune. Dort versteckt sie sich in dem Kasten der Dreschmaschine. Ihr Herz klopft, aber sie denkt: »Ich hierbleiben! Ich nicht fortfahren – Vater schimpfen – mir egal.« Ihr ist gar nicht wohl in dem dunklen Kasten. So etwas hat sie noch nie getan. Noch niemals hat sie eigenmächtig gehandelt – und gar noch etwas anderes gewollt als der Vater. Sie beginnt zu weinen in ihrem Kummer. Als nach einiger Zeit die Klappe hochgehoben wird und Vater besorgt hereinsieht, da steigt sie wie ein Häufchen Elend aus ihrem Versteck heraus und schluchzt und bettelt: »Bitte, Vater, ich hierbleiben!« Aber Vater schüttelt kurz und unwirsch den Kopf: »Weihnachten wiederkommen!«

19

Der Neuschnee ist geschmolzen. Nur an den geschützten Hängen glänzt er noch im Mondschein des späten Dezemberabends und erstarrt im einbrechenden Frost.

Als Maria auf dem einsamen Bahnhof Blankenheim-Wald aus dem Zug stieg, fror sie. Jetzt ist ihr Körper durch das feste Schreiten warm geworden und der Nordwind, der feinen frosttrockenen Staub über die Ahrstraße weht, tut ihr nichts. Wenige Leute sind mit ihr und Vater angekommen. In Blankenheimerdorf und im Städtchen Blankenheim haben sie sich zerstreut. Nun gehen die beiden allein an dichten Tannenwäldern vorbei, die von den Hügeln herab bis an die Landstraße reichen. Kahle Kastanienbäume säumen ihren Weg. Die Ahr glitzert wie Silber.

Maria hat ihre wenigen Habseligkeiten in einem Karton, den Vater an einem kräftigen Stock über der Schulter trägt. Vater hat ihr seine Hand gereicht. Das hat er noch nie getan.

Es ist wunderbar, so fest an Vaters Hand zu gehen. Der Mond wandert mit. Am weiten Himmel ziehen die Sterne. Wie viele es sind! Man kann sie nicht zählen, und hinter den vielen hellen und schwach flimmernden Lichtern glänzen immer noch neue. Je länger Maria schaut, um so mehr spürt sie die Unendlichkeit des Himmels. Wie winzig ist der Mensch – es ist gut, daß Vaters Hand sie hält. Maria schaut zu ihm hinauf, sieht sein ruhiges Gesicht und den Blick, der auf die Straße gerichtet ist. Ob Vater alles weiß? Weiß er, warum der Mond da ist und die Sterne, warum der Himmel so groß ist und weit?

Wo der Feldweg abzweigt, an dem kahle Nußsträucher stehen, verlassen sie das Ahrtal. Jetzt denkt Maria nur noch an daheim. Sie steigen hinauf. Eis glänzt zwischen frostharten Furchen.

Maria sieht zwei Gestalten kommen, und ein Hund springt Vater entgegen. Maria kennt den Hund nicht, aber Vater streichelt ihn und spricht mit ihm. Es sind Klöß und Willi, die ihnen entgegengekommen sind. Maria umarmt sie und sieht, wie sie verlegen lächeln, weil sie keine Zärtlichkeiten gewöhnt sind.

»Welcher Hund? Ich kenne Hund nicht!« fragt Maria ihren Bruder. Der zeigt auf Vater. Sie haben also einen neuen Hund.

»Wo ist alter Hund?«

»Tot«, sagt Klöß, den Mund zum Mondlicht gewandt, damit Maria ihn sehen kann. Schweigend gehen sie weiter. Bald sieht Maria die weißgetünchten Mauern der Mühle. Als sie über die Brücke kommen, die über den Grindelbach führt, saust der Hund wie ein Pfeil davon. Er jagt den hohen »Stein« hoch, gegenüber der Wiese, auf der Maria im Sommer die Kühe gehütet hat. Der »Stein« ist eine felsige, langgestreckte Bergkuppe, die mit spärlichem Gras und einem Haselnußwäldchen am Hang bewachsen ist. Auf der Höhe sind ein paar Äcker. Dahinter liegt ihr Dorf. Plötzlich wirft der Vater das Paket vor Marias Füße, und mit dem Stecken in der Hand läuft er los. Die Brüder rennen hinterher. Sie sieht ihnen verwundert nach, wie sie den steilen Hang hinaufstürmen, bis sie hinter der Bergkuppe verschwunden sind. Was soll das bedeuten? Wo sind die drei hingelaufen? Soll sie allein weitergehen, durch die Nacht, die Straße hoch ins Dorf? Aber lieber will sie am Felsen warten. Vielerlei Geheimnisse birgt er. Einmal sind Archäologen gekommen und haben am »Stein« lange gesucht und gegraben – und sie haben auch seltsame Sachen gefunden: Urnen und römische Münzen, uralte Särge, Gebeine und Waffen. Eine der Münzen stammte aus der Zeit des römischen Kaisers Caligula.

Sie fanden ein Frankengrab mit einem vollständigen menschlichen Skelett. Weiter oben im »Stein« ist eine Höhle. Manchmal findet jemand aus dem Dorf runde hellrote Ziegel, die zu den Heizungsanlagen einer Römervilla gehörten, oder römische Bodenplatten, die die Freilinger für ihre Küchen- und Hausflurböden gut gebrauchen können.

In späterer, christlicher Zeit wurden am »Stein« unschuldige Frauen und Mädchen als Hexen verbrannt. Gespenstige, unheimliche Dinge hat man am »Stein« gesehen und im Dorf erzählt: Hunde mit Feueraugen, tanzende Feuerköpfe, den Mann ohne Kopf, tausend Katzen mit Glühaugen und den Geist um Mitternacht, der sich mit einem Grenzstein abschleppt und nicht weiß, wo er ihn hinsetzen soll.

Maria ist froh, als sie endlich die drei zurückkommen sieht.

Klöß lacht und zeigt Maria, was er auf dem Rücken trägt: einen Fuchs, einen ausgewachsenen Fuchs. Klöß hält ihn an den Hinterbeinen fest. Den schönen, buschigen Schwanz hat er sich um den Hals geschlagen, und der Fuchskopf hängt zwischen den baumelnden Vorderbeinen.

Vater nimmt den hechelnden Schäferhund und krault ihm das Fell. Willi zeigt der staunenden Maria mit den Händen, was sich ereignet hat.

Willi spricht sonst nie mit ihr. Aber er ist noch so voll von dem Erlebnis, daß er, noch luftschnappend, einfach erzählen muß. Maria spricht nach, was sie versteht:

»Hund hat gerochen Fuchs, ist gelaufen, hat Fuchs gefaßt. Vater, Klöß und ich haben Kampf gehört von Tieren. Vater hat Fuchs mit Stock erschlagen.«

Vater stellt sich so zum Mond hin, daß Maria seinen Mund gut sehen kann, legt den Zeigefinger auf die Lippen und sagt:

»Du darfst nicht sprechen vom gefangenen Fuchs!«

Längst sind in den Häusern alle Lichter erloschen, als sie ins Dorf kommen. Maria ist müde von der Reise und dem dreieinhalbstündigen Fußweg. Am anderen Morgen schaut sie zu, wie Vater im Stall dem Fuchs das rote Fell abzieht. Es ist ein herrliches Fell. Aber sie sieht es nie wieder. Vater wird es wohl verkauft haben.

20

Überall im Hause schafft Helene. Vater hat im Oktober 1908 wieder geheiratet.

Er hat Maria angewiesen, zu Helene »Mutter« zu sagen. Obwohl es ihr erst schwergefallen ist, tut sie, was der Vater will.

Mutter spricht kaum ein Wort mit ihr. Sie hat dafür auch gar keine Zeit. Großmutter aber erzählt Maria gleich am Vormittag, was sich mit Christina und Settchen ereignet hat. Plötzlich brach im November eine ungewohnte Kälte ein. Christina und Setta liefen in die Diele und wärmten ihre Hände am Herd. Der Herd war ihnen nicht warm genug. Christina eilte mit der kleineren Schwester über den Hof in die Scheune. Da lag so viel Stroh herum, daß sie reichlich einsammeln und ins Haus schleppen konnten. Christina öffnete das Herdtürchen. Ein Holzscheit brannte schwach. Das Settchen schaute zu, wie Christina alles Stroh in den Herd stopfte. Sie knieten sich vor die Herdtür und sahen kleine rote Flämmchen am Stroh züngeln. Da freuten sie sich über das wärmende Feuer. Christina drehte sich um, weil ihr ein Schauer über den Rücken lief. Auch Setta hielt den frierenden Rücken gegen den Herd.

So sah denn keines der Kinder, wie die Flämmchen immer zahlreicher und größer wurden, immer hungriger und gieriger das trockene Stroh auffraßen, bis sie die Spitzen der Halme erreicht hatten, die zur Ofentür herausstanden. Nun waren sie keine Flämmchen mehr, sondern zusammengewachsen zu einer wilden Flamme.

Christina spürte nicht, daß die Feuerzungen an ihrem Schürzchen und ihrem Kleid herumkletterten, sie merkte es nicht eher, bis sie in Flammen stand.

Das Settchen, dem nichts passiert war, schrie, so viel es nur Stimme hatte. In furchtbarem Schreck kam die Großmutter gerannt, sah das Kind in Flammen stehen, griff blitzschnell nach Säcken und Jacken und warf sie über das brennende Kind. Sie riß es zu Boden, rollte es hin und her und schlug mit der Hand die Flammen tot.

Setta war schreiend aus dem Haus gerannt. Großmutter trug die ohnmächtige Christina die Treppe hinauf in die Kammer.

Ganz entsetzt hatte Maria auf Großmutters Gesicht geschaut. Nun geht sie zu Christina hinauf mit bangem Herzen.

Als sie die Türe zu der kalten Kammer öffnet, riecht sie üblen, süßen Geruch. Am liebsten wäre sie gleich umgekehrt.

Christina ist so dünn und mager, daß Maria sie kaum wiedererkennt. Großmutter hat gesagt, daß Vater kein Geld für das Krankenhaus hat. Die Krankenschwester, die in Lommersdorf wohnt, kommt jeden Tag nach Freilingen und salbt und verbindet die schrecklichen Wunden.

Maria wird es übel. Sie kann den schrecklichen Gestank nicht aushalten und auch nicht den Anblick des hilflosen Wesens. Sie geht auf den Flur zurück und öffnet die Bodentür, zieht von innen zu und schleicht die gewundene Treppe hoch. Durch Ritzen und Luken glänzt der Himmel. Hier riecht es kräftig und gut nach Weizen-, Roggen- und Gerstenkörnern, die in spärlichen Hügeln auf dem Boden ausgebreitet liegen. Die Katze hat sich im Weizen zum Schlafen eingerollt und hebt den Kopf, um Maria anzublinzeln. Spinnweben spannen sich wie Vorhänge. Bündel von Kamille und Pfefferminze und Büsche trockener Zwiebeln sind an den Balken aufgehängt. Sie duften würzig. Es riecht auch nach Staub. Maria setzt sich ein wenig von der Katze weg ins Korn. Kalt sind die Körner, glatt und schwer. Hier kann sie endlich weinen, viel weinen. Sie hat bittere Sehnsucht nach der toten Mutter, Leid um die kranke Schwester und auch weil sie nicht hört. Christina wird nun nicht mit ihr in Aachen zur Schule gehen. Das Leben ist so schwer. Sie sind arm, und immer heißt es arbeiten und arbeiten. Niemand hat Zeit zum Liebhaben. Die Katze sieht lauernd zu dem weinenden Kind hinüber und zuckt mit den Ohren. Kann die Katze sie weinen hören? Daß Tiere, auf ihr Kommen sich mit dem Kopf ihr zuwenden, auch wenn sie sie nicht sehen oder erfühlen können, darüber wundert Maria sich immer wieder. Sogar Tiere können hören! – und sie nicht. Maria hat achtgegeben, daß sie ohne Stimme weint. Sie darf im Hals nicht drücken. Sie weiß nicht, ob man ihr Weinen unten hören kann. Sie friert. Langsam steht die Katze auf, streckt sich und kommt, um sich an Marias Bein zu reiben. Maria mag keine Katzen und sieht nichts Tröstliches in dem Tier. Sie schubst sie weg.

Achtlos läßt sie die Körner durch ihre Finger rieseln. Sie wartet, bis ihre Tränen versiegen, putzt vorsichtig die Nase, weil sie auch nicht weiß, wie weit das zu hören ist, und geht frierend hinunter.

Christina wird lange in ihrem Bett liegenbleiben. Fünf Jahre wird es dauern, bis sie zum erstenmal aufstehen kann.

21

Mitten im Schuljahr ist die kleine Italienerin mit ihren Eltern weit fortgezogen. Eine neue Pflegeschwester ist gekommen, ein schmales, stilles Kind. Gertrud heißt es. Aber auch die lustige Adelheid ist ab Ostern nicht mehr bei Mama Bunden, denn sie ist aus der Schule entlassen worden. Maria ist traurig. Wem soll sie die Bratwurst, die sie nicht mag, unter dem Tisch zustecken? Wer wird sie nun so wie Adelheid zum Lachen bringen, daß ihr die Tränen die Wangen herunterlaufen müssen?

Einen Spielplatz liebten die beiden Mädchen besonders. Über die Treppe, die zum Dachboden führt, kommt man ans Flurdachfenster. Man kann über Höfe hinausschauen und auf viele Dächer. Hier waren sie bei den Spielen, die Adelheid sich ausdachte, ungestört. Hier war es gemütlich. Maria wird nie vergessen, wie sie mit Adelheid »Messe« spielte: Adelheid hatte ein Bänkchen heraufgeschleppt, legte vom Puppenkram eine weiße Decke darüber und stellte eine Heiligenfigur darauf. Silberpapier strichen die Kinder mit dem Daumennagel glatt und drehten daraus einen Meßkelch. Aus weißem Papier schnitten sie Hostien und als Meßbuch legten sie ein dickes Gebetbuch auf den Altar. Adelheid spielte den Priester und Maria ihren Meßdiener. Alles, was ihre Augen in der Jakobskirche beobachtet hatten, spielten sie nach. Sogar die Predigt hielt Adelheid. Dazu stellte sie sich ans Treppengeländer, als hätte sie die Kanzel vor sich. Maria hatte ihr mit Tüchern, Deckchen und Sicherheitsnadeln weite Ärmel gesteckt, gleich den Spitzenärmeln des Priesterchorhemdes. Dann begann Adelheid eine Predigt ohne Ton. Sie rollte die Augen, fuchtelte mit den Armen in der Luft, bewegte den Mund übertrieben, als spräche sie laut in die hohe Kirche hinein. Sie wischte mit den weiten Ärmeln über die Kanzelbrüstung des Geländers und streckte den Arm und den Zeigefinger gegen den Himmel, daß der Ärmel zurückfiel. Sie ließ den Arm heruntersausen, als käme das Strafgericht Gottes auf die zuhörende Menge, wobei der Ärmel wieder so schön herunterfiel. Sie wippte mit den Füßen, beugte sich über die Kanzel, daß sie weit vornüber hing, breitete die Arme aus, als wolle sie den Himmel umarmen. Sie wischte sich den Schweiß von der Stirn, schlug sich mit der flachen Hand auf die Brust und schüttelte beide Fäuste gegen den Himmel. Zum Schluß machte Adelheid ein riesiges Kreuzzeichen über eine unsichtbare Menschenmenge, und ergriffen von der eigenen Predigt ging sie bewegt davon. Maria bog sich auf der Treppe vor Vergnügen. – Nun ist Adelheid fort. Nun ist es aus damit, denn Gertrud hat keine Lust zu so was – und Maria kann überhaupt keine lustigen Sachen machen, über die andere lachen.

Mama Bunden nimmt noch zwei taubstumme Mädchen auf: Eva und die größere Therese. Jetzt schlafen sie zu viert oben in dem Kämmerchen. Mama hat noch ein Bett aufstellen lassen, und Maria muß über drei Betten in ihr eigenes klettern.

Mama ist ganz verliebt in die kleine, zierliche Eva und putzt das Kind mit Schleifen und gestärkten, rüschenbesetzten Schürzen wie ein Püppchen heraus. Auch Maria hat Eva lieb, und sie findet es ganz in Ordnung, wenn Mama mitten in der Woche der Kleinen ein Stück Fladen extra kauft. Therese ist darüber gekränkt und böse auf Mama. Maria kann das nicht verstehen. Therese liebt Maria. Sie holt, was Maria braucht, schenkt ihr ihre Spielsachen oder besonders leckere Speisen, putzt ihr sogar die Schuhe und ist immer darauf bedacht, Maria eine Freude zu machen. Maria wundert sich darüber sehr. Niemals hat sie einen Menschen gehabt, der sie bedient hat.

Wenn sonntags schlechtes Wetter ist und die Regentropfen in langen Streifen an den Fensterscheiben herunterlaufen, spielen die vier Kinder Domino oder mit dem Baukasten. Mama hat ihnen die Spielsachen neu gekauft und Papa macht mit. An schönen Sonntagnachmittagen gehen sie alle zusammen spazieren. Papa geht voran. Ab und zu greift seine Hand in die Hosentasche, und hinter ihm liegt dann auf dem Weg ein eingewickeltes Klümpchen. Laut stürzen sich die Kinder darauf.

Durch die weiten Wiesentäler vor der Stadt führt der Weg zwischen Hecken aufwärts. An einigen Wegen steigen die Böschungen hoch auf, und die Haselnußsträucher, der viele Weißdorn, die Schlehen und jungen Buchen wachsen über dem Weg zusammen. Darunter ist es dämmrig und schattig kühl. Kommen die Spaziergänger aus dem Hohlweg heraus, können sie oben vom Waldrand weit ins Land sehen, bis zu den Bergen der Eifel. Unten ins Tal gebettet liegen die Häuser der Stadt. Von hochliegenden Wäldern beschützt und von sanften, kahlen Hügeln begrenzt, lehnt sie sich an den Lousberg und den kleineren Salvatorberg.

Zwei Lokomotiven fauchen mit dicken Dampfwolken und einem langen Zug durch das ansteigende Tal auf den Grenzwald zu nach Lüttich, Brüssel und weiter nach Paris.

Steigt man bis zur Waldeshöhe, gibt manchmal eine Schneise den Blick frei jenseits des Waldes über das Wiesenland des Eupener Gebietes bis zu den fernen Bergen der Ardennen.

Mitten im Wald sind Caféhäuser. Eines davon ist in einem alten Wachtturm: das Alt-Linzenshäuschen. Der Turm trägt eine Inschrift aus dem 15. Jahrhundert, die die vorüberziehenden Pilger auf der Landstraße zwischen Eupen und Aachen begrüßte: »Ave Maria, kaiserinne! Du bist tzo aichen eyn werdinne; dich besoict so mennich vremdt Gast; undane mois he haven, d' aichen hast!«

(Sei gegrüßt, Maria Kaiserin! Du bist zu Achen eine Herrscherin. Dich besucht so mancher fremde Gast. Undank soll der haben, der Achen haßt!) Das Café Linzenshäuschen im alten Wachtturm liegt am Aachener Landgraben. Im Wald kann man den Landgraben gut verfolgen. Er ist ein Überrest einer Landwehr, die im Mittelalter das ganze Aachener Reich umgab und schützte: ein doppelter Erdwall, in zweifacher Reihe mit Eichen und Buchen bepflanzt, die, in Manneshöhe beschnitten und ineinander verwachsen, ein schwer zu durchdringendes Dickicht waren. Zu beiden Seiten des Walles öffneten sich tiefe Gräben. Ein Spaziergang über den Wall, zwischen den seltsam verknorpelten Stämmen, ist für die Kinder kurzweilig und lustig.

Die Sommerwagen der Kleinbahn haben keine Seitenwände. Damit kann man luftig und frei aus der Stadt bis in den Wald fahren. Mit der Kleinbahn fahren Mama, Papa und die Kinder, wenn sie nicht zu Fuß von der Stadt heraufgehen wollen, und wandern an manchen Sonntagen mit Rucksack und Tasche durch den Aachener Wald. Wo es ihnen gefällt, setzen sie sich auf einen Wiesenhang oder eine Lichtung und essen und spielen. An anderen Sonntagen steigen sie die vielen Treppen und schmalen Wege zum bewachsenen Lousberg hinauf. Die Vögel sind so zutraulich, daß sie kaum auf den nächsten Ast flüchten. Vom Berg aus liegt die Stadt unmittelbar zu Füßen. Am höchsten zeigt der schlanke Turm von Sankt Jakob in den Himmel. Im November werden unter seiner Spitze bunte Lampen entzündet, die Hubertuslichter, die vom Abend bis in den Morgen brennen.

Eine Straße zieht sich von der Stadt aus schnurgerade in die Eifel hinein. Über die Straße, die Napoleon bauen ließ und die bis nach Trier reicht, kann man nach Freilingen kommen.

Wenn Maria von der anderen Seite des Lousberges herabschaut und der Stadt im Tal den Rücken zuwendet, öffnet sich Weide- und Ackerland mit einsamen weißgekälkten Bauernhöfen. In der Ferne stehen spitze schwarze Halden, wo Bergleute die Kohle aus der Erde graben.

Maria streckt ihren Arm weit aus und zeigt nach Holland hinüber auf den kleinen Kirchturm, der zum holländischen Dorf Vaals gehört. Da ist sie schon mit der Klasse gewesen, und sie erzählt es Mama: An einem Maitag sind sie durch den Wald zum Aussichtsturm in Holland gewandert. Sie stiegen Holztreppen hinauf und schauten von oben weit nach Holland, Deutschland und Belgien hinein. Der Lehrer hatte ihnen erklärt, daß der Aussichtsturm auf dem höchsten Berg der Niederlande liegt. Maria wunderte sich, weil sogar der Lousberg noch höher zu sein scheint. Später hatten sie ganz in der Nähe des Turmes die vier Grenzsteine gesehen, wo vier Länder angrenzen: Holland, Belgien, Neutral-Moresnet und Deutschland. Die Kinder besichtigten in Vaals die große Gerberei. Maria erzählt von den Tierhäuten und großen Bottichen, von den Männern mit ledernen Schürzen, Gummihandschuhen und Gummistiefeln. Es hat sehr schlecht gerochen. Sie erinnert sich an die Vaalser Kirche, die aus roten Ziegeln erbaut ist. Eine Ziegelkirche, wie dort in Holland, hatte sie noch nie gesehen.

22

Maria lernt den einfachen Satzbau kennen. Sie lernt, durchschaubare, kurze Sätze zu bilden. Vergangenheit, Gegenwart, Zukunft kann sie aus dem dreimal veränderten einen Satz gestalten. Aber sie lernt nicht: »er holte den Topf«, sondern »er hat den Topf geholt«. »Hat geholt« ist viel leichter vom Munde abzulesen als »holte«. Auch lernt Maria nicht »ich werde morgen fahren«, sondern, wie es leichter ist, »ich fahre morgen«.

Maria gewöhnt sich daran, in Sätzen zu denken. Da gibt es die Geschlechtswörter und ihre Biegungsformen, die Einzahl und Mehrzahl, die Ordnungszahlwörter, die Nennform, das Mittelwort und das Zeitwort, die Leideform, die Tätigkeitsform und ach! – die vier Fälle. Fast übermenschlich ist die Arbeit des Lehrers.

In der Bank steckt das gläserne Tintenfäßchen. Da hinein tunkt Maria die spitze Stahlfeder des Federhalters. »Aachener Schönschreibeheft« steht vorne auf dem weißen Schild ihres blauen Heftes. In Sütterlin- und Lateinschrift schreibt sie ganz sauber Buchstaben: Reihe um Reihe. Der Lehrer ist sehr zufrieden mit ihr, und sie strahlt, wenn er ihr mit dem Kopf zunickt und sagt: »Das ist gut.«

Der Lehrer diktiert den Kindern mit der Überschrift IHR: »Euer Leib ist sterblich, eure Seele ist unsterblich. Euer Leib und eure Seele sind verbunden. Gott wird einst eure Seele von eurem Leibe scheiden, dann wird man euren Leib begraben. Wo wird eure Seele bleiben? Eure Seele kommt zu Gott. An eurem Leibe sind Augen und Ohren. Ihr könnt eure Augen öffnen und schließen. Ihr könnt mit euren Augen sehen. Könnt ihr auch mit euren Ohren hören? Ihr könnt nicht mit euren Ohren hören.« Maria muß viel darüber nachdenken, daß die Lehrer sagen, daß alle taubstummen Kinder nach dem Tode im Himmel hören werden. Aber dann hat sie doch keine Ohren mehr! Und ohne Ohren kann sie doch nicht hören?! Und warum läßt Gott sie nicht schon auf der Erde hören? Sie hat doch gesunde Ohren! Warum und was ist denn darin unsichtbar kaputt?

Nach den Osterferien 1911 bekommt Maria einen neuen Lehrer, Herrn Wirtz, einen kleinen Mann mit weißem Schnurrbart und Bärtchen.

Draußen gehen heftige Gewitter nieder. Es ist Mai, aber schon mehrere Tage regnet es in Strömen. Hagelkörner schlagen auf, und im Nu ist die Erde weiß. Wenn der Blitz den düsteren Himmel mit seinem jähen Schein erhellt, fürchten sich die Kinder. »Schon zwei Leute sind bei Aachen vom Blitz erschlagen worden«, sagt Herr Wirtz, und er betet mit den Kindern zu Gott, daß er sie beschütze.

Was Herr Wirtz alles von Ackerbau und Viehzucht, von Tieren und Pflanzen sagen kann! Ob Vater das auch weiß, was Maria erfährt?

Eine Mitschülerin bringt in einem Schächtelchen zwei Maikäfer mit in die Schule. Das ist eine Aufregung. Herr Wirtz sagt ihnen, daß die Käfer wohl fliegen können, aber keine Vögel, sondern Insekten sind. Sie fressen das Laub der Bäume. Ende Mai würden sie in die Erde kriechen und dort ihre Eier legen. Aus den Eiern würden Engerlinge, die die Wurzeln der Pflanzen verzehren. Die Pflanzen müßten dann absterben. Wie gut, daß Vögel die Maikäfer vertilgen! Maikäfer darf man töten, aber nicht quälen, sagt Herr Wirtz. Maria erfährt, daß die Fische Schuppen und Flossen haben, daß die Rose von Asien nach Europa verpflanzt wurde. Rosen, die gibt es in Aachen viel, in Anlagen und Gärten. In Freilingen aber gibt es nur wilde Heckenrosen.

Mittwoch nachmittags in der Handarbeitsstunde lernen die taubstummen Mädchen bei Fräulein Jonas. Mama hat Maria einen weißen Stoffbeutel geschenkt. Dahinein kommen ein langes, rechteckiges Stück neuer Nesselstoff, Stick- und Nähgarn, Schere, Fingerhut, Nadel, ein kleiner, hölzerner Stickreifen und ein paar Lappen zum Üben. Einfache Nähte und Säume, Holsaum, Kreuzstiche, Hinterstiche und Hexenstiche lernen die Mädchen. Was sie schon gut können, das dürfen sie in einer Querreihe säuberlich in ihr langes Nesseltuch einarbeiten.

Maria näht kleine und große Knopflöcher hinein. Stramm und fest aneinander stehen die einzelnen Stiche mit den winzigen Köpfchen rund um den Rand des Knopfloches. Zwei Flikken sitzen darunter: ein aufgesetzter und ein eingesetzter, und beide so ordentlich, als seien sie zur Zierde eingearbeitet worden. Sie stickt Ornamente, Sprüche und Bilder ins Tuch, häkelt kunstvoll Spitzen und setzt sie ein – und selbst mit den vielen verwirrenden Klöppeln weiß sie umzugehen. Sie klöppelt ein Stück Spitze, und auch diese kommt ins Tuch. Sie lernt ihre Schürzen, Wäsche, Kleider und Strümpfe selbst auszubessern.

Ab und zu schreibt Maria einen Brief an die Eltern und die Großmutter. Aber sie bekommt nie einen Brief. Einmal schickt sie ein Foto nach Hause und ist ganz stolz darüber. Mama ist mit ihr zum Fotografen in die Jesuitenstraße gegangen. Neue Ohrringe hat Mama vorher durch Marias Ohrläppchen ziehen lassen. Sie trug ihr gutes Sonntagskleid. Es hat Smokarbeit, zweimal überfallende Puffärmel und einen großen Kragen, mit Steinchen und Borten besetzt. Mama strich ihr das Haar mit dem Kamm ganz glatt und band es am Hinterkopf mit einer großen Schleife zusammen. Mit einem Buch in der Hand wurde sie fotografiert. Wie werden sie daheim staunen!

An jedem Wochenende spaziert Maria mit der ganzen Klasse zur Badeanstalt Klosterbongard. Sie ziehen in den Umkleidekabinen die langen Badeanzüge an, die von den Waden bis zum Hals reichen und gehen unter die Brause. Der Lehrer hat ihnen gesagt, daß sie beim Körperwaschen immer geradeaus schauen müssen. An dem eigenen Leib darf man nicht hinuntersehen. Das ist unanständig. Einen anderen Menschen nackt zu sehen, ist undenkbar. Da ist es schon bequemer, sich unter der Brause im Badeanzug zu waschen.

Auf dem Schulhof gibt es wöchentlich einmal Turnen. In ihrer Schulkleidung machen die Kinder Freiübungen, ohne sich vom Platz zu bewegen.

Ein Fotograf kommt! Alle Schüler der Taubstummenanstalt müssen um zwei Uhr mittags im Sonntagsstaat in die Schule kommen. Auch die Lehrpersonen sind so fein, wie Maria sie noch nie gesehen hat. Auf dem Hof vor dem Schulgebäude bilden sie alle eine Gruppe. In der vordersten Reihe sitzen auf Stühlen die Lehrpersonen, der Rektor und der Kaplan in der Mitte. In drei Reihen dahinter werden die Schüler aufgestellt. Die letzte Reihe muß auf Bänken stehen.

Auf drei Beinen steht der Fotoapparat. Der Fotograf steckt seinen Kopf unter ein dunkles Tuch, das über dem Fotokasten hängt. Dann geht er zur Gruppe, stellt da oder dort ein Kind zurecht oder zeigt, wohin der Kopf gedreht werden soll. Er geht wieder zurück, um unter dem Tuch zu verschwinden. Vorn in dem Kasten sitzt ein großes rundes Glas, und in der Mitte hat er eine Ziehharmonika. Der Fotograf schiebt sie etwas zusammen oder zieht sie wieder auseinander. Schließlich ist er mit allem zufrieden. Jetzt müssen die Kinder ganz stillhalten und dürfen sich nicht bewegen. Doch wieder läuft der Fotograf hin und her, rückt dort einen Arm zurecht, zupft hier an einem Rock, rennt wieder zu seinem Kasten und guckt unter das schwarze Tuch. Er sagt dem Direktor, die Kinder sollten sich ja nicht bewegen. Sogleich ermahnen die Lehrer und Lehrerinnen ihre Schüler. Dazu müssen sie aufstehen und sich natürlich umdrehen, damit die Kinder vom Mund ablesen können. Der Fotograf ist halb verzweifelt, weil er jetzt wieder Falten zurechtlegen und noch einmal Personen hin und her rücken muß. Endlich, endlich hebt der Fotograf eine Hand hoch und nimmt in die andere einen kleinen, birnenförmigen, roten Gummiball, der an einem Schlauch aus dem Kasten heraushängt. Alle halten den Atem an, als der Fotograf auf den Gummiball drückt. Gebannt schauen die Kinder auf den Apparat. Aber sie können nichts bemerken. Dann läßt der Fotograf den Arm sinken. Alle atmen auf. Es ist vorbei. Sie beginnen zu erzählen, bewegen sich erleichtert und gestikulieren mit Gesicht und Händen.

In zwanzig Tagen werden die Bilder fertig sein. Die Kinder sind voll Vorfreude und Neugierde. Maria weiß freilich nicht, was es kosten wird und ob sie genug Spargeld dafür hat.

23

An einem frühen Morgen wandern alle Kinder der Taubstummenanstalt zu Fuß nach Cornelimünster. Sie sind durch das alte Burtscheid gekommen, vorbei an Bädern, heißen Quellen und der barocken Abteikirche, über steile Straßen und Treppengassen, vorbei an mittelalterlichen Giebelhäusern mit gitterbeschützten Stiegen. Sie hören nicht, wie ihre Schritte auf dem Kopfsteinpflaster trappeln. Im Wald beginnt ein heftiger Regen. Doch die Sonne bricht durch die Wolken, als sie unten im engen Tal Cornelimünster sehen. Alte, sehr schöne Häuser sind um eine mittelalterliche Reichsabtei gebaut. Dicht an den Mauern der Häuser fließt die Inde. Gleich hinter dem Ort spannt sich über die Straße, die hinauf in die Eifel führt, eine hohe Bogenbrücke für die Eisenbahn. Die Kinder gehen zuerst in die Abteikirche. Der Lehrer führt sie zu der Barockorgel und sagt ihnen, daß der große Meister Couven sie entworfen hat und ihr Klang für das Ohr besonders prächtig sei. Aber die Kinder haben keine Vorstellung davon, was die großen hölzernen und metallenen Pfeifen und die vielen Tasten und Pedale sollen.

Sie freuen sich mehr, in ein Gasthaus zu kommen und zu ihren Butterbroten Kaffee mit Milch zu trinken. Gestärkt gehen sie zu dem Klausenwäldchen hinauf und lugen in die Fenster des Klausnerhäuschens. Bis 1904 hat hier noch ein Einsiedler gelebt. An der romanischen Kirche, hoch über dem Tal, betrachten die Kinder die Sonnenuhr. Dann stehen sie lange um eine Fledermaus herum, die vor dem Kirchenportal lahm auf der Erde liegt. Abends essen sie im Gasthaus Reis- und Obstfladen und trinken Milch dazu. Von Cornelimünster gehen die Kinder bis Brand und fahren von dort mit der Kleinbahn zurück nach Aachen. Um zehn Uhr abends sind sie zu Hause. Maria findet das sehr spät.

Viel aufregender ist die Reise nach Köln in dem zu heißen Sommer 1911. Ein paarmal schon mußte der Unterricht ausfallen, weil die Sonne das Thermometer über dreißig Grad hochtrieb. An so einem Sommertage fahren sie in die große Stadt. Mit Herzklopfen und tief beeindruckt vom Rhein steigt Maria in ein schwankendes Schiffchen, das die Kinder stromabwärts zum Zoo bringen soll. Lange gehen sie zwischen Käfigen und Gehegen herum und beobachten die Tiere. Mit dem Schiffchen fahren sie auch zurück und gehen zur Taubstummenschule, die viel größer ist als ihre in Aachen. Sie freuen sich, wieder in die Stadt zu kommen. Das ist ein Verkehr! Hier fahren vierspännige Kutschen, unzählige Pferdewagen rollen über das Pflaster und dazwischen, auf hohen Rädern, Automobile, viel mehr als in Aachen: sechs oder sieben Stück sehen sie in einer Stunde! Am Heumarkt, wo ihnen der Lehrer das Denkmal von Friedrich Wilhelm III. und seinen Generälen zeigt, gehen sie vorbei zum Dom.

Staunend stehen die Kinder vor dem Westportal und blicken hinauf zu den Turmspitzen. Als sie hineingehen, schauen sie verwundert in das gewaltige Gewölbe des Mittelschiffes. Das ist so hoch und groß, daß sie ganz dicht beieinanderbleiben, weil sie sich darin winzig und verloren vorkommen. Langsam gehen sie durch den Dom; die Brotbeutel an einer Kordel umgehängt oder ein Körbchen oder Stoffbeutelchen in den Händen. Um eine der Säulen, die das Mittelschiff abgrenzen, stellen sie sich herum und reichen sich die Hände. Neunzehn Kinder müssen sich anfassen, bis sie eine solche Säule umspannen können.

Vom Dom gehen sie wieder zum Rhein, stromaufwärts, zum Hafen hin. Am Geländer schauen sie zu, wie Dampfschiffe langsam über den Fluß gleiten. Die Schiffsbrücke wird ausgefahren, um die Schiffe durchzulassen. Endlich können sie über die Brücke gehen. Maria hat Angst, als sie über die breiten Holzplanken geht. Sie traut sich nicht, in das strömende grüne Wasser hinabzusehen.

In Deutz gibt es zu essen und zu trinken. Über die neue hochgeschwungene Hohenzollernbrücke, unter der die Schiffe einfach durchfahren können und über die Eisenbahnen fahren, spazieren sie langsam zurück. Der Lehrer muß für jedes Kind zwei Pfennig Brückengeld bezahlen.

Weit sehen die Kinder den mächtigen Strom fließen, bewundern die Silhouette des Domes, die vielen Kirchen und Türme der Stadt – und fürchten sich etwas, als langsam, dicht neben ihnen, nur durch ein Drahtgitter getrennt, ein Zug über die Brücke rumpelt. Die Lokomotive speit Dampf. Unter den Füßen spüren die Kinder das Schwingen und Zittern der Brücke. Sie bleiben stehen, bis das Ungetüm mit der langen Wagenreihe vorüber ist.

Der Lehrer weist mit seinem Stock stromauf- und abwärts, um zu zeigen, wo Bonn und Düsseldorf liegen, wo die Schweiz mit der Rheinquelle und wo das Meer ist, dahin der Rhein fließt. Maria ist froh, als sie die Brücke verlassen. In der weiten Halle des Hauptbahnhofes steigen die Kinder in den Zug nach Aachen.

24

In Marias Lesebuch stehen Gedichte. Wenn sie die Zeilen spricht, spürt sie den Rhythmus der Verse. Eines dieser Gedichte lautet:

Der Kaiser ist ein lieber Mann,
er wohnet in Berlin,
und wär' das nicht so weit von hier,
ich ginge heut noch hin.

Neben dem Gedicht ist ein Bild vom deutschen Kaiser und König von Preußen mit seiner Gemahlin Kaiserin Auguste Viktoria. Kaiser Wilhelm II. ist darauf ein schöner Mann. Seine Uniform ist mit vielen glänzenden Orden geschmückt. Die Kaiserin trägt ein Spitzenkleid mit Schleifen, ein edelsteinbesetztes Diadem und eine schwere Perlenkette. Zu dem Bilde gehören viele Geschichten von edlen Taten dieser beiden Menschen gegenüber armen Untertanen. Alle hat Maria gelesen, und sie liebt den Kaiser und die Kaiserin, weil sie ihr so gut und so schön erscheinen; sie kommen gleich nach dem lieben Gott und Kaiser Karl im Himmel. In jedem Jahr, zu Kaisers Geburtstag am 27. Januar, tragen alle Leute ihre Sonntagskleider. Die ganze Klasse geht in die Kirche, um für den Kaiser zu beten. In der Schule brauchen sie an diesem Tage nicht zu lernen. Sie sitzen im Zeichensaal vor der Büste des Kaisers, und ein Lehrer hält eine Ansprache zu Ehren des Herrschers. Einige Kinder sagen Gedichte auf, und am Ende der Feier gibt es für jedes Kind einen süßen Wecken.

Die Schule und viele Häuser der Stadt sind an diesem Tag mit schwarz-weiß-roten Fahnen geschmückt. Mittags um zwölf Uhr steht Maria am Friedrich-Wilhelm-Platz und schaut der prächtigen Parade zu. Da wehen die Federbüsche und blitzen Pickelhauben und Säbel. Offiziere auf schönen Pferden reiten vorbei. Die Beine der Soldaten gehen wie bei Hampelmännern, von der Schnur gezogen, immer auf und ab, auf, ab – so hoch hinaus, wie niemals sonst ein Mensch die Beine wirft. Fahnen werden vorübergetragen und Kanonen rollen vorbei. Die Zuschauer stehen dichtgedrängt. Der Kaiser muß ein wunderbarer Mann sein. Früh schon hat Maria gelernt, daß alle ihm gehorchen müssen; wer täte das aber auch nicht? Für den Kaiser stirbt man auch, wenn es sein muß. Die vielen Soldaten in ihren Uniformen gehören dem Kaiser, die Städte und Länder gehören ihm und die Schulen und Bahnhöfe und noch viel mehr. Die Marktfrau zahlt ihm Geld, daß sie Blumen und Früchte verkaufen kann, und die Arbeiter und Bauern und alle anderen Menschen geben dem Kaiser Geld. So mächtig ist der Kaiser!

Der Sommer ist heiß und lang und will kein Ende nehmen. Die Menschen schelten ihn trocken und schlimm. Maria hat Mitleid mit den Bauern daheim. Die Felder und Wiesen werden verdorren. Am 18. Oktober 1911, als es noch immer sommerlich heiß ist, daß man den herbstlichen Monat ganz vergißt, steht sie mit allen Kindern ihrer Schule am Fischmarkt. Der Kaiser Wilhelm II. wird heute kommen, um in der Heinrichsallee ein Denkmal seines Vaters, des Kaisers Friedrich III., zu enthüllen.

Auch der Fischmarkt enthüllt an diesem Tage seinen neuen Brunnen, den die Leute mit Schmunzeln ansehen: Da steht ein nackter Junge, ein stämmiges Kerlchen, und hält unter jedem Arm einen fetten Fisch. Aus den Fischmäulern springt Wasser hervor und plätschert in steinerne Becken hinunter. Der Fischmarkt ist heute mit Kränzen, Blumen und Fahnen festlich geschmückt. Sonst riecht es hier nach den Fischen, die Frauen in großen Körben anbieten.

Maria trägt eine weiße Schleife im Haar. Wie ein Pferdeschwanz fällt es lang und dunkelblond über den Rücken. Ihr bestes Kleid hat sie an. Alle Kinder halten Blumen in der Hand, die mit der Zeit schlaff herunterhängen. Von zehn Uhr morgens bis halb eins schauen sie zu, wie immer mehr Menschen sich auf dem Platz versammeln. Polizisten mit Pickelhauben und langem gebogenen Säbel an der Seite halten die Straße frei, über die sich Triumphbögen schwingen. Viele von ihnen tragen Schnurrbärte wie der Kaiser auf dem Bild im Lesebuch. Auf den blanken Knöpfen ihrer blauen Uniformen glitzert das Sonnenlicht. Husaren, hoch zu Roß, bilden im Halbkreis Spalier. Unruhig tänzeln die Pferde am Platze. Aufgeregte Feldwebel und Offiziere laufen hin und her, es ist ein Kommen und Gehen und Platzsuchen. Alle Fenster in den Häusern ringsum sind gedrängt voll, und selbst auf den Dächern sitzen junge Burschen. Die Straßen sind eingesäumt von einer dichten Schar Menschen. So viele Leute wie jetzt zum Besuch des Kaisers hat Maria noch nie in der Stadt gesehen, nicht einmal bei der Heiligtumsfahrt im Sommer 1909. Damals kamen fromme Pilger von weit her. In allen Straßen und auf allen Plätzen standen Kutschen, eine neben der anderen. Es roch nach Pferden, und die Spatzen hatten beste Zeiten. Immer neue Prozessionen zogen zum Dom. Auch Maria und die taubstummen Kinder gingen damals voller Hoffnung zu den Heiligtümern von Aachen. Sie hatten vorher viel mit ihrem Kaplan und ihren Lehrern um ein Wunder gebetet. In ihren Ohren würde sich etwas auftun, wenn ihnen das Wunder geschähe. Dann würden sie hören und sprechen können wie die anderen Menschen auch. Ob das grobgewebte, uralte Tuch, womit der Bischof Marias Mund und Ohren berührte, das

Kleid der Gottesmutter oder ob es das Lendentuch oder die Windeln Jesu waren, das wußte Maria nicht. Ihr Herz klopfte stark dabei. Jetzt mußte es ja kommen, das, was sie nicht kennt, das Hören! Sie war mit ihren Gedanken ganz bei den Ohren. – Aber das Wunder geschah nicht. Nichts änderte sich. Es blieb alles so, wie es immer war.

Aber es kann ja noch kommen, das Wunder! Noch lange nach der Berührung hoffte sie insgeheim darauf. Vielleicht wird sie doch noch hören können? Großmutter ist einmal ihretwegen von Freilingen zu Fuß nach Kevelaer am Niederrhein zur Gottesmutter gepilgert, der Trösterin der Betrübten; hin und zurück immer im Gebet, und Maria hat sich gefragt, ob es so schlimm sei, wenn einer nicht hören könne? So traurig, daß man viele Tage zu Fuß läuft und betet deswegen? –

Plötzlich geht am Fischmarkt alles ganz schnell: Zylinder und schwarze Hüte werden von den Köpfen gerissen und hochgeschwenkt, Blumen geworfen und Tüchlein geschwungen. Gut, daß Maria ganz vorne steht! An der Spitze von Kürassieren reitet der Kaiser auf einem Rappen vorbei und grüßt würdevoll nach allen Seiten mit dem glänzenden Marschallstab. Das schwere bronzene Hauptportal des Domes steht weit offen, der Kaiser steigt ab und schreitet in den Dom hinein.

Maria hat den großen Mann aus Berlin genau gesehen. Das wird sie in Freilingen erzählen!

25

Auch kleine Erlebnisse gibt es, die sich Maria einprägen: Da ist ein schöner Sonnentag, an dem Maria und Mama Bunden mit der Kleinbahn nach Eupen fahren, um Juliane zu besuchen. Die Bahn fährt die weite Strecke neben der Landstraße her. Fuhrwerke sind unterwegs und Wanderer, die zur belgischen Grenze streben oder von dorther kommen. Maria schaut gerne aus den großen Fenstern. Auf dem halbrunden Tischchen darunter liegen ihre Hände. Draußen gleitet das Eupener Land, das »Butterländchen von Aachen«, vorüber: saftige Wiesen, von Weißdorn- und Buchenhecken eingezäunt wie Gärten, worin große Herden schwarzweißer Kühe weiden. Daheim kennt Maria nur rotbuntes Rindvieh. Graue Bruchsteinhöfe liegen vereinzelt in den weiten Wiesenfeldern.

Aber die ganze Fahrt hin und zurück und auch der Besuch bei Juliane sind nicht so wichtig wie etwas anderes, das sich an diesem Tag ereignet hat: Als sie mit Mama aus der Bahn ausgestiegen ist, müssen sie das letzte Wegstück steil aufwärts gehen. Auf dem Weg bleibt Mama stehen, stupst Maria an und sagt ärgerlich, daß sie nicht laut atmen solle. Das sei nicht schön! Maria ist sehr erschrocken darüber. Hat sie beim anstrengenden Aufwärtsgehen unbemerkt beim Atmen im Halse gedrückt? Schrecklich! Auf was sie alles aufpassen muß! Sie ist verzagt, schämt sich und hat großen Kummer. Der Schreck über Mamas Worte hat Maria so bewegt, daß sie kaum mit Juliane plaudert und auch den ganzen Rückweg nur an diese Sache denkt.

Einmal kommt Maria nach Moresnet in Belgien. Nach Moresnet wallfahren die Aachener. Der Weg geht von der Straße ab, die nach Lüttich führt, durch den Wald, an Kreuzwegstationen vorbei. Im Wald durchqueren die Wallfahrer ein kleines neutrales Gebiet. Wegen einer Galmeigrube, hier, südwestlich von Aachen, hatten sich die Preußen und die Niederländer nicht einigen können. Wem soll sie gehören? So enstand Neutral-Moresnet, das durch den Aachener Grenzvertrag 1816 unter preußisch-niederländische und ab 1831 unter preußisch-belgische Verwaltung kam. Der Wallfahrtsweg ist ansteigend, bis nach mehreren Stunden die Gnadenkapelle in Belgien erreicht ist. Maria geht mit sieben hörenden Mädchen im langen weißen Kleid und mit einer blauen Schärpe geschmückt im Pilgerzug mit. An breiten Bändern tragen sie einen halben ausgehöhlten Baumstamm. Darin liegt die große Pilgerkerze, die mit Schleifen und Rüschen geschmückt ist. Alle Pilger außer Maria beten den Weg über und singen. Maria ist stolz, daß sie die Kerze zur Gnadenkapelle mittragen darf. Das Kerzentragen ist eine wichtige Aufgabe. –

An einem anderen Sonntag nimmt Mama sie mit nach Bardenberg, wo Marias Pflegeschwester Gertrud wohnt. Der Vater ist Lumpenhändler. Vor den Karren, mit dem er die Lumpen und das alte Eisen einsammelt, zurrt er einen richtigen Esel. Mit großer Verwunderung hat Maria das Grautier betrachtet. Gertruds Mutter liegt krank in der Wohnküche. Im Dorf aber ist Kirmes, und die Kinder sind dort viel lieber als im Zimmer bei der armen Frau. –

Trotz ihrer Erlebnisse in Aachen sehnt Maria sich nach Freilingen. Die Ferien zu Ostern, im Herbst und zu Weihnachten sind immer eine Heimkehr. Wenn sie danach wieder in der Schule sitzt, schreibt sie regelmäßig einen Aufsatz. Einer lautet so: »Am 22. Dezember 1911 fingen die Ferien an. Mein Vater hat mich abgeholt. Ich habe zu Hause viel gearbeitet. Ich habe gespült, gekehrt, die Betten gemacht, den Boden geputzt und die Schuhe gewichst. Ich habe Wäsche gewaschen und gestopft. Auch mit dem Baukasten habe ich gespielt. Ich bin allein nach Aachen zurückgekommen. Ich bin lieber in Freilingen als in Aachen. Ich bin heute traurig.« –

Maria bleibt eines Morgens mit Kopfschmerzen im Bett. Sie hat zu Mama gesagt, daß es im Kopf weh tut, und Mama will, daß sie liegenbleibt. Niemals hat Maria bis dahin auch nur einen Tag in der Schule gefehlt. Da schickt der Herr Direktor ein großes Mädchen zu Bunden und läßt fragen, warum Maria nicht in die Schule gekommen ist. Später kommt das Mädchen wieder: »Maria muß in die Schule kommen. Der Direktor sagt: Kopfschmerzen sind nicht schlimm!« Da steht Maria auf und geht mit ihrem kranken Kopf in die Schule. –

26

Der Winter kommt in Aachen spät. Erst im Februar bringt er Schnee und Frost. Der 17. März 1912, an dem Maria zur ersten heiligen Kommunion gehen soll, kommt näher. Vierzehn Jahre ist sie jetzt alt. Mit dem Kommunionsunterricht, der nun zum Lernen in der Schule noch hinzukommt, verfliegen die Wochen. Aufmerksam müht sie sich, sich würdig vorzubereiten. Der Lehrer und der Kaplan lehren sie, das Wunder zu verstehen.

Zwei Tage vor dem Fest, als sie fast nur noch an das kommende Ereignis denken kann, an das neue Festkleid und wer wohl zu Besuch aus Freilingen kommt, muß sie einen Aufsatz ausgerechnet über Heringe schreiben: »Die Heringe werden gewaschen, abgezogen und gewässert. Dann werden sie in Essig, Baumöl, Lorbeerblätter, Pfefferkörner, Zwiebeln, Zitronen und Nägelchen eingelegt. Dann sind es eingemachte Heringe. Heringe sind eine gesunde Nahrung. Die armen Leute essen meistens Heringe, denn sie sind billig. Fleisch aber ist teuer. Heute war der Landeshauptmann hier. Er hörte zu, als wir sprachen. Herr Wirtz sprach von der ersten heiligen Kommunion. Wir waren etwas bang. Der Herr Landeshauptmann fuhr wieder nach Düsseldorf zurück.« So steht es in ihrem Aufsatzheft, und über jede Silbe, die betont werden muß, macht sie ein Strichlein.

Acht taubstumme Kinder werden zum ersten Mal zur Kommunionbank gehen. Maria freut sich darauf. Aber wenn sie ganz ehrlich ist, freut sie sich am meisten auf den Besuch aus Freilingen.

Am Vortag beichten die Kinder in der Jakobskirche; Maria hat alles, was sie meint Böses getan zu haben, auf einen Zettel geschrieben und dazu, daß sie ihre Sünden bereue und sich ernsthaft vorgenommen habe, sich zu bessern. Den Zettel steckt sie im Beichtstuhl dem Geistlichen durchs Gitter, der ihr die Bußgebete aufschreibt, ihr den Zettel zurückgibt und mit dem Kreuzzeichen die Sünden nachläßt.

Als sie die Kirche verläßt, ist sie nicht mehr zu halten. Wie einer, der wirklich erlöst ist und nur noch Glück kennt, jauchzt sie in ihrem Innern und läuft mit dem Gebetbuch in der Hand davon. Sie eilt und springt und geht erst ein bißchen langsamer, als die Seiten schmerzen und ihr fast die Luft wegbleibt. Sie läuft nicht in die Stromgasse, sondern sie eilt an der Ruine der Stadtmauer, dem Lavenstein vorbei zum Hauptbahnhof. Heute nachmittag muß Besuch kommen! Am Marschiertor sieht sie den Vater und die liebe, liebe Großmutter. Maria läuft auf die Großmutter zu und schlingt jubelnd die Arme um ihren Hals.

Großmutter trägt ihr bestes schwarzes Kleid und ihr schönes Kopftuch. Einen vollgepackten Korb hat sie mitgebracht, und

Vater hat den Rucksack schwer auf dem Rücken. Maria ist überglücklich: »Ich bin sehr froh, Großmutter ist gekommen! Zum ersten Mal bist du in Aachen. Ich habe gehofft, vielleicht kommt Großmutter auch mit Vater. Ich bin sehr froh!« Großmutter lacht, Maria nimmt ihr den Korb ab, und Vater nickt ihr freundlich zu.

Maria hat es eilig zu erzählen. Sie hat etwas auf dem Herzen, das will sie loswerden, ehe sie bei der Pflegemutter ankommen. »Vater, Großmutter, ich möchte nicht mehr bei Bunden bleiben.«

Die Großmutter fragt erstaunt: »Ist Frau Bunden nicht mehr gut zu dir?«

»Doch, Mama ist sehr gut zu mir. Aber ich bin jetzt schon sieben Jahre da, das ist zu langweilig. Andere Kinder haben immer neue Pflegestellen. Sie erzählen viel Neues. Bitte, Vater oder Großmutter, du kannst bitte sprechen mit dem Herrn Direktor. Ich möchte eine neue Pflegemutter haben. Mama Bunden ist mir zu alt. Ich habe schon zweimal Haare in der Suppe gefunden. Bitte, ich möchte nicht mehr bleiben bei Bunden im letzten Schuljahr!«

Schon um sechs Uhr früh am nächsten Tag weckte Mama Maria auf. Das neue Kleid, das Maria anzieht, ist aus schwerem Wollstoff. Der Rock steht steif und fällt bis auf die Knöchel. Großmutter hat das Kleid in Lommersdorf nähen lassen und mitgebracht. In der Eifel ist alles wertvoll, was dauerhaft ist und ein Leben lang hält. Maria schaut an sich hinunter und denkt: »Oh – ich sehe bäuerlich aus. Andere Mädchen tragen feine Stadtkleider. Sie sind viel schöner.« Aber sie läßt sich nichts anmerken. Mama setzt ihr das grüne Kränzchen aufs Haar und ist dabei aufgeregt und gerührt: Ihre »Große« hat heute ihr Fest!

Die kleinen Pflegeschwestern sitzen im Nachthemdchen dabei und sehen zu, wie Maria geschmückt wird. Papa Bunden, fein angezogen, geht mit Großmutter voraus zur Kirche. Maria trägt ihr Gebetbuch in einem weißen Spitzentüchlein und Vater begleitet sie zur Schanz, wo sich in der Taubstummenanstalt die Kommunionskinder treffen. Vier Knaben und vier Mädchen, alle in Schwarz, werden vom Pastor, von Kaplänen und Meßdienern abgeholt und mit den Lehrern zusammen zur Jakobskirche begleitet. Als sie zum Chor geführt werden, huschen Marias Augen schnell über die Menschen hin, bis sie Großmutter entdecken.

Der Taubstummenkaplan predigt zu den Kindern. Er spricht so, daß sie ihm die Worte vom Mund ablesen können, und gleichzeitig mit Stimme für die Hörenden. Die Kinder entzünden ihre Kerzen, um das Taufgelübde zu erneuern. Still ist es in der Kirche geworden. Der Priester richtet seine Frage an die Kinder: »Glaubt ihr an Gott?« Gemeinsam, eins vom andern wissend, daß sie nun alle das gleiche sagen, antworten sie zusammen: »Ja, wir glauben!« Mißtönend klingt das – und ist doch Antwort.

Großmutter weint. Vater horcht auf Marias helle Stimme. Vor dem Empfang des Sakramentes beten die Kinder wieder allein und laut: »O Herr, ich bin nicht würdig, daß du einkehrst unter mein Dach. Aber sprich nur ein Wort, so wird meine Seele gesund.« –

Das ist ein großer Festtag heute. Es gibt Wurst, Brot und Schinken aus Freilingen und frische, säuerlich schmeckende Eifelbutter. Ein Brief ist gekommen von Tante Barbara. Der Taubstummenlehrer kommt zu Besuch, er schenkt Maria ein Heiligenbild. Mama Bunden ist um alles besorgt und bewirtet Marias Gäste mit Liebe und Freude.

Vater ist nach den beiden Festtagen wieder in die Eifel zurückgefahren. Die Großmutter geht, auf Marias Drängen, zum Direktor der Taubstummenanstalt und spricht mit ihm über Marias neue Pflegestelle. Der Großmutter ist nicht wohl dabei. Sie denkt an die gütige Frau Bunden, und sie fürchtet, daß Maria es vielleicht schlechter treffen könnte. Maria aber freut sich sehr auf das Neue, auf andere Lebensumstände. Vorerst fährt sie mit Großmutter in die Osterferien nach Hause.

27

Jedesmal wird Maria bestaunt, wenn sie in den Ferien nach Hause kommt. Sie ist das feine Mädchen, das im Winter einen Mantel hat, das schlanke Schnürschuhe trägt und das so oft mit der Eisenbahn in die große Stadt fährt, wo doch viele Erwachsene aus den Dörfern nie eine Stadt gesehen haben. Wenn man mit ihr spricht, muß man Hochdeutsch sprechen, mit allen anderen unterhält man sich im Eifeldialekt. Nach dem ersten Ferientag gehört sie zwar ganz zu Freilingen, trotzdem bleibt sie anders. In der herzlichen Freundlichkeit, die jedermann ihr daheim entgegenbringt, liegen auch Respekt und Bewunderung.

Maria weiß zwar, daß sie viel mehr erlebt und sieht als die hörenden Kinder ihres Dorfes, vielleicht auch mehr lernt in der Schule. Dennoch bleibt ihr jeder, der hören kann, unerreichbar weit überlegen.

Die Aachener Kinder in der Stromgasse, in der Ros und auf dem Mühlenberg, die fürchtet sie ein wenig. Maria staunt oft, wie sie sich beim Spielen durchsetzen und auf ihren Vorteil bedacht sind. Wenn jemand betrunken oder ungewöhnlich angezogen ist, eigenartige Angewohnheiten oder Merkmale hat, wenn er sehr alt ist oder sehr häßlich, verunstaltet oder blöde, dann treiben manche Kinder ihren Spott mit ihm. Die Kinder in Freilingen sind zurückhaltender, freundlicher und rücksichtsvoller. Sie wissen, daß man die harte Arbeit nur gemeinsam schaffen kann, und daß es gleichgültig ist, wie einer aussieht und was er für Besonderheiten hat, wenn er nur anpacken kann und fleißig ist.

Maria stößt den Spaten in die Erde. Sie wirft die schweren Schollen um, Stich um Stich.

Es macht ihr Freude, im Garten zu arbeiten. Die Erde riecht frisch und kräftig. Der rauhe Wind zaust an den Haaren. Hühner suchen Würmer und Engerlinge in der aufgeworfenen Gartenerde. Maria sät Salat und allerlei Gemüsesorten. Ein Mann ist mit seiner kleinen Karre, vor die er einen Hund gespannt hat, durch das Dorf gezogen und hat Winterpflanzen angeboten. Davon pflanzt Maria in den Garten, was im Juni schon eßbar sein wird. Sie jätet und begießt einige Tage regelmäßig die Pflänzchen.

Mit Mutter Helene geht sie auf die Felder, wo sie mit gebücktem Rücken Kartoffeln in die Furchen legt. Vater lacht, wenn sie abends jammernd heimkommt und kaum noch gerade stehen kann. Er hat den Tag über aus Holzfässern die Wiesen und Rübenfelder mit Jauche besprengt. Mit dem großen Reiserbesen, den Vater im Winter selbst bindet, fegt Maria samstags die Straße vor dem Hof. Stroh liegt herum, Pferd und Kühe haben Mist hinterlassen. Sie kehrt ein Parkettmuster auf die Erde. So machen es alle Dorfleute. Es riecht immer mehr nach Frühling. Der Himmel bekommt weichere Farben, und die Knospen werden dicker. Aber zwischen den steigenden Sonnenstrahlen regnet es oft wild und jäh oder es schneit. Manchmal friert es nachts noch. Es ist richtiger April, ungestüm und unzuverlässig, voller Launen und Überraschungen.

Zu Ostern kocht Mutter Helene Zwiebelschalen aus, die sie den ganzen Winter über in einem Korb im Kellereingang gesammelt hat. In der braunen Brühe wird eine Schürze voller Eier goldgelb gefärbt. Vier Stück davon bekommt Maria zum Osterfest. Das ist sehr viel.

Nach der Ostermesse schaut Maria zu, wie die jungen Männer vor der Lommersdorfer Kirche miteinander ihre Ostereier tippen und sie dabei gewinnen oder verlieren.

Vater sagt ihr in den Osterferien, daß sie Pfingsten zu entfernteren Verwandten Schmitz nach Kohlscheid fahren soll. Vater hat der »Tante« Schmitz geschrieben.

In den Pfingsferien wird sie von Tante Schmitz bei Mama Bunden abgeholt. Tante Schmitz ist eine tüchtige Hausfrau, und der Onkel Schmitz ist täglich so fein angezogen, als wäre immer Sonntag. Die Tante Schmitz hat zwei hübsche Töchter. Sie gewöhnen sich schnell an Marias Stimme und Ausdrucksweise und sind aufmerksam und höflich zu ihr. Onkel Schmitz ist Rektor an der Schule. Zu Hause liest er viel. So viele Bücher hat Maria noch nie beieinander gesehen. In seinem Zimmer stehen

Regale vom Fußboden bis zur Decke, ein Buch neben dem andern darin. Bunte Teppiche liegen in allen Räumen.

Maria hilft der Tante Schmitz im Haushalt, jätet Unkraut im Garten hinter dem Haus, stickt und häkelt Spitzen. Sie spazieren zusammen durch den Ort und zur Kirmes, wo Maria auf dem Zeppelinkarussell fahren darf. Sie sieht die Bergleute zur Schicht und zurück nach Hause gehen. Unaufhörlich drehen sich im Förderturm der Zeche die riesigen Räder. Es riecht schweflig und an einem regnerischen und trüben Tag besonders schlecht, obwohl der Wind, der aus der Ebene Hollands herüberweht, andauernd frische Luft bringt. Maria wünscht sich fort in die Höhenluft der Eifelberge. Trotzdem sind die Pfingstferien schön, an deren Ende Tante Schmitz sie mit der Kleinbahn zurück nach Aachen bringt.

Maria ist im letzten Jahr auf der Taubstummenschule. Ob sie je wieder nach Aachen zurückkommen kann, wenn sie ihre Schulzeit beendet hat? Wie schön ist es dann, daß Herr Lehrer Wirtz jeden Donnerstag mit der Klasse einen Spaziergang durch die Stadt unternimmt. Sie wählen ein bestimmtes Ziel, sprechen vorher darüber und gehen es anschauen. Im dreizehnten Jahrhundert war Aachen eine Festung mit elf starken Stadttoren. Die Kinder besuchen die Reste der Stadtmauer, das Ponttor, das Marschiertor und noch den langen Turm in der Turmstraße, in dem früher das Schießpulver aufbewahrt wurde. Maria sieht die Sehenswürdigkeiten der Stadt schon mit den Augen des Abschieds. Auf dem Adalbertsteinweg vor dem Congreß-Denkmal erinnert der Lehrer an den Tag im Jahre 1818, an dem in Aachen der König von Preußen, der Kaiser von Österreich und der Kaiser von Rußland zusammentrafen, um »über Europa zu sprechen«.

Aufmerksam sieht Maria zu, wenn Herr Wirtz vor dem Hansemann-Denkmal von dem Minister des Königs Friedrich Wilhelm IV. spricht. Hansemann hat die große Aachener und Münchener Feuerversicherungs-Gesellschaft gegründet. Außerdem verdankt die Stadt ihm den Anschluß an die Rheinische Bahn, die Linienführung der Eisenbahn über Aachen nach Belgien. An seinem Denkmal treffen sich Heinrichsallee und die ansteigende

Monheimsallee mit ihren Ahorn- und Lindenbäumen und Blumenbeeten. Die Klasse besucht das Kaiserbad auf dem Büchel. Unter dem dreieckigen, grobgepflasterten Platz des Büchels brodeln heiße Quellen, die in die Kanalisation geleitet werden. Die schwefeligen Dämpfe, die aus den Gullis aufsteigen und in manchen Nächten unheimlich aussehen, verbreiten einen Geruch von faulen Eiern. Vor dem Brunnendenkmal drängen sich die Kinder aneinander: Über dem Brunnenfelsen, wo gerade ein Junge seine Kanne mit Wasser füllen will, beugt sich ein schreckliches Tier herüber. Erschrocken will der Junge fliehen. Herr Wirtz erzählt den Kindern die Sage vom Bakauv, einem bösen Ungetüm mit Glühaugen, scharfen Krallen, zotteligem Fell und langen Zähnen, das tagsüber in den Abzugskanälen der heißen Quellen hauste. Nachts aber habe es gelauert, um Heimkehrer, die spät aus der Gaststätte schwankten, zu erschrecken. Maria mag den Brunnen nicht und denkt, daß sie niemals allein abends über den Büchel gehen würde, obwohl er doch mitten in der Stadt liegt.

Eine kleine Sommerreise geht zur Talsperre nach Roetgen. Mittags steigen die Kinder mit Herrn Wirtz am Hauptbahnhof in das Eifelbähnchen. Am großen Hüttenwerk Rothe Erde vorbei, durch die Wiesen von Eilendorf, fährt die Bimmelbahn sie über Brand, Cornelimünster und Walheim fauchend langsam bergauf. Die Kinder haben die Glocke an der Lokomotive gesehen, die während der Fahrt immerzu läutet, denn der Zug fährt über unbewachte Wege. Sie dürfen am offenen Fenster stehen, sich den Wind durch die Haare wehen lassen und den Leuten winken.

Eine halbe Stunde spazieren sie von Roetgen bis zur Talsperre. Maria wundert sich über die hohen Hecken aus Buchen und Weißdorn, die die Bauern um ihre Höfe wachsen lassen. Diese lebendigen Schutzwände wachsen oft höher als das Haus selbst. Sie halten rauhe Winde, Regen- und Schneeschauer ab, die aus den belgischen Ardennen und aus dem Sumpf- und Moorgebiet des Hohen Venn herüberjagen. Maria bewundert, daß die Menschen sich auf eine so einfache Art schützen.

An der Talsperre, wo sie von der Mauer aus in das grünliche

Wasser schauen, erklärt ihnen der Lehrer, daß das Wasser 27 Meter hoch stehe. Durch den Wald wandern sie nach Rott, wo alle Häuser aus dicken grauen Bruchsteinen gebaut sind. In einem Gasthaus kehren die Kinder ein. Noch zwei Stunden lang geht ihr Weg durch die Wälder nach Cornelimünster bis zur Kleinbahn zurück. Über die Ausflüge werden Aufsätze geschrieben. Aufsätze schreiben ist nicht einfach. Sie werden vorgeschrieben, vom Lehrer korrigiert und in sauberer Schrift mit Tinte und Feder in das Aufsatzheft eingetragen. Maria schreibt Aufsätze gerne, auch wenn sie nicht Selbsterlebtes schildern. Der Lehrer hängt ein großes Bild an die Wand, das etwas ganz Typisches aus einem Land zeigt. Maria schreibt dazu: »Auf dem Bilde sehe ich eine Weinlese. Die Gegend dort ist Frankreich. Die Leute sammeln die Trauben in die Körbe. Die Trauben werden in einer Presse gepreßt, damit der Saft herausfließt. Aus dem Saft wird Wein gemacht. Dieser Wein heißt Champagner. Mein Lehrer, Herr Wirtz, hat ihn schon getrunken.«

Alle ihre Aufsätze von fremden Ländern fangen mit dem gleichen Satzanfang an: »Auf dem Bilde sehe ich eine Gegend aus Süd-Rußland. Wir haben von Rußland gesprochen. Im Norden Rußlands ist es sehr kalt, aber im Süden sehr heiß. Rußland ist ein großes Kaiserreich. Den Kaiser von Rußland nennt man auch Zar. Ich bin noch nicht in Rußland gewesen. Man reist von Deutschland nördlich nach Rußland. Auf dem Bilde ist Süd-Rußland sehr sandig und unfruchtbar. Ich sehe drei Reiter und einen Wagen. Zwei Bauern und eine Bäuerin sitzen darin. Der Wagen und die Reiter wirbeln viel Staub auf. Ein Knabe läuft fort, weil der Wagen kommt. Er fürchtet, überfahren zu werden. Auch die Gänse fliehen. Eine Frau verkauft Obst. Sie ist also eine Obsthändlerin. Sie hält eine Melone in der Hand. Viele Leute in Süd-Rußland essen im Sommer Melonen. Die Melone ist ähnlich wie ein Kürbis. Ich habe noch keine Melone gegessen. Aber Herr Wirtz hat schon öfter Melonen gegessen.«

»Auf dem Bilde sehe ich eine hohe und große Mauer. Es ist die chinesische Mauer. China ist ein großes Land in Asien. Asien ist der größte Erdteil. Die chinesische Mauer ist gebaut worden, um die Feinde abzuhalten. Die Leute in China trinken meistens Tee und essen Reis. China hat zu viele Menschen, darum sind viele Leute dort arm. In China wird viel Tee und Reis gezogen. China hat vierhundert Millionen Einwohner und leidet oft unter Hungersnot. Alle Männer in China tragen einen Zopf.«

28

Mama Bunden weint. Maria steht dabei und schämt sich, weil sie keinen Kummer über Mamas Tränen verspürt. Immer wieder muß Mama sich die Augen wischen. Die stumme, wortlose Arbeit des Einpackens ist wie ein Vorwurf.

Kleidung, Wäsche und Spielsachen des Kindes, das ihr sieben Jahre wie ein eigenes gewesen ist, werden in einem Karton verstaut. Maria ist froh, daß der Direktor ihr eine neue Pflegestelle besorgt hat, daß sie etwas Neues kennenlernen wird. Sie ist es leid, immer in das gleiche Zimmer gehen zu müssen, immer dieselben Dinge anzuschauen und zu erleben. Andere Kinder wissen viel zu erzählen und lernen Unterschiede kennen, weil sie so oft die Pflegeeltern wechseln. Freilich gibt es sehr wenige Kinder, die es so gut haben wie Maria bei Bunden. Manche müssen gar Hunger leiden oder bekommen Prügel, aber sie wagen nicht, etwas davon bei ihren Eltern oder ihren Lehrern zu erzählen. Maria nimmt ihren Karton und verabschiedet sich mit Umarmungen und Dankeschön von Mama. Mama läßt sich das in stillem Kummer gefallen. Mit Papa Bunden geht Maria hinaus aus den Räumen, wo sie so lange gut aufgehoben war.

Sie gehen hinüber zur Hubertusstraße. Das ist nicht weit. In dem Haus Nr. 11 steigen sie ein Stockwerk hinauf, und Papa zieht an der Türglocke. Die Frau, die ihnen öffnet, ist noch sehr jung, hübsch und freundlich dazu. Als Maria sie sieht, ist gleich der letzte Rest von Reue und schlechtem Gewissen gegenüber Mama Bunden verschwunden.

Frau Salzburg, die neue Pflegemutter, hat es sauber und gemütlich in ihrer Dreizimmerwohnung. Sie zeigt Maria, wo sie mit einem anderen taubstummen Mädchen, das Hedwig heißt, schlafen wird. Ein fetter Hund kommt aus seiner Kiste unter dem Kohlenherd herausgekrochen. Frau Salzburg sagt Maria, daß er Ali heißt. Neugierig beschnuppert er den neuen Hausbewohner. Über dem Spültisch hängt ein Vogelbauer mit einem Kanarienvogel. Alte Fotografien zieren die Wand. Die Wasserleitung ist gleich in der Wohnküche, nicht wie bei Mama im Hausflur.

Am Abend lernt Maria Herrn Salzburg kennen. Den ganzen Tag über arbeitet er in einer großen Nadelfabrik.

Die neue Pflegemutter ist voller Herzlichkeit zu Maria, so daß nach einigen Tagen kaum ein paar Gedanken an Mama Bunden zurückbleiben. Frau Salzburg spricht viel und gern mit Maria und hilft ihr bei den Hausaufgaben. Nach dem Mittagessen legt sich Frau Salzburg auf das Sofa. Maria setzt sich mit Hedwig an den Küchentisch. Die Sonne scheint herein, und Maria schreibt über die Zeitung:

»Meine Pflegeeltern Salzburg halten eine Zeitung. Sie heißt: Der Volksfreund. Diese Zeitung erscheint in Aachen. Sie wird auch in Aachen gedruckt. Herr Wirtz zeigt uns auch eine Zeitung, welche Westfälisches Volksblatt heißt. In der Zeitung stehen Mitteilungen und Anzeigen. Die Zeitung bringt Mitteilungen aus Deutschland, aus Rußland, aus allen Staaten und Ländern. Sie bringt auch Mitteilungen über die Luftschiffahrt. Ich lese nicht gern in der Zeitung, weil ich sie nicht verstehe. In der Zeitung stehen auch Todesanzeigen, Verkaufsanzeigen, Wohnungsanzeigen. Viele Leute lesen gern in der Zeitung. Der ›Volksfreund‹ kostet vierteljährlich 0,75 Mark.«

Auf dem Schulhof wuchert das Weinlaub grün die roten Ziegelwände des Schulhauses hinauf. Auf ein Mäuerchen hat die Lehrerin, Fräulein Graf, einen Blumentopf gestellt. Im Frühjahr haben die Kinder zugesehen, wie sie in die Erde des Topfes hellbraune, glänzende Leinsamen hineingesteckt hat. Hin und wieder geht Maria in den nächsten Wochen zu dem Topf, um nachzuschauen, was aus dem Samen geworden ist. Sie beobachtet das Wachsen des kerzengeraden, schlanken und festen Stengels, der bald wunderbar zarte Blüten trägt. Maria sieht, wie aus den himmelblauen Blüten allmählich runde, braune, reife Kapseln werden, die im leichten Sommerwind zittern. Vater hat zu Hause, direkt unten an der Ahrstraße ein Feld von diesen Pflanzen. Wenn Maria hören würde, dann wüßte sie, wie das Feld leise wispert, knistert und ganz fein rauscht. Das ist der Flachs. Den kann man nicht mähen, man muß ihn rupfen. Einmal hat sie geholfen. Hin und her durch das Feld hatte sie sich einen schmalen Gang gerupft. Vater hatte nicht mit ihr geschimpft und es nicht verboten.

Die Lehrerin fragt die Kinder, was sie vom Flachs erzählen können. Da wissen sie allerlei: »Der Flachs ist eine nützliche Pflanze.« »Aus den Stengeln wird Leinen gemacht.« »Aus Leinwand näht man Hemden, Vorhemden, Hosen, Unterröcke, Schürzen, Manschetten und Bettücher.« »Wo wird Flachs angebaut?« fragt die Lehrerin. »Maria Giefer, weißt du das?« »Ja, in Schlesien, Hannover, Westfalen, Sachsen und in Bayern wird viel Flachs gezogen.« Die Lehrerin nickt zufrieden. –

Vater lernt die neuen Pflegeeltern kennen, als er Maria das letzte Mal in die großen Ferien heimholt.

Mit Mutter Helene in Freilingen ist es beinahe eine spannende Sache für Maria geworden. Jedesmal hat sie die Mutter beobachtet. War sie schwerfällig bei der Arbeit? Bückte sie sich mühsamer, wurde sie rundlicher? Wenn sie glaubte, die sonst so flinke und schmale Mutter hätte sich verändert, dann hat sie in den nächsten Ferien erst einmal in das Kinderkörbchen geguckt. Lena und Anna sind inzwischen geboren worden, und auch diesmal liegt ein kleiner Bruder, Mathias, darin.

Das neunte Gieferkind! Und alle wollen satt werden – das heißt etwas!

Draußen regnet es Bindfäden. Immerzu regnet es, wochenlang, von Anfang August bis in den September 1912, die ganzen Ferien hindurch. Der Hafer ist schon verdorben. Er kam gar nicht zum Reifen und liegt durchtränkt von Wasser am Boden. Die Kartoffeln werden faul in der nassen Erde. Maria sagt zu Großmutter: »Wenn die Kartoffeln knapp sind, dann muß Frau Salzburg in Aachen mehr Geld dafür bezahlen.« Obst aber gibt es genug. Krüppligklein wachsen viele Birnen und Äpfel hinter dem Haus auf der Obstwiese.

An den kühlen Sommerabenden kommt dieser und jener aus dem Dorf zu einem Schwatz zu Giefer herein und setzt sich an den warmen Ofen. Maria denkt sich, daß sie über das schlimme Wetter sprechen und daß sie nicht arbeiten können. Es riecht nach feuchten Kleidern. Die Kleinen haben den Schnupfen. Wenn Maria am Morgen erwacht, schaut sie erst zum offenen Fenster hin. Hoffnungslos und stetig fällt der Regen vom Himmel. Grau in grau ist die trostlose Welt. Der Hof und die Straße versaufen in Wasser und Matsch. Die wenigen Karren, die vorbeifahren, wühlen sich mit ihren Rädern hindurch, und jeder, der ins Haus kommt, bringt den nassen Dreck herein. Nur die zwei Enten, die Vater neu angeschafft hat, fühlen sich wohl und watscheln zur Hühnerwiese gegenüber, wo ein kleiner See entstanden ist. Maria geht jeden Morgen mit den anderen in die Kirche nach Lommersdorf, und triefnaß kommen sie zurück; die Menschen beten um besseres Wetter. Maria weiß, wie sie sich abplagen, den steinigen Äckern ihr tägliches Brot abzuringen – und wie das Wetter alles verderben kann. Großmutter hält oft zwischen der Arbeit den Rosenkranz in der Hand.

Das Settchen ist sechs Jahre alt und hat, obwohl die Sonne einfach den Sommer vergaß, das Gesicht und die Arme voller Sommersprossen. Auch Christinas hübsches Gesicht ist leicht gesprenkelt. Ihr dichtes Haar hat einen dunklen, kastanienbraunen Schimmer. Vorsichtig geht sie im Haus umher, damit sie nicht anstößt und die Kinder sie nicht bedrängen mit ihren Spielen, denn immer noch eitern ihre Wunden, ganz schief hält sie sich, so schlimm sind einige Narben verheilt. Neun Jahre ist sie nun und kann noch nicht sprechen. Scheu sieht sie Maria an, die es immer wieder mit ihr versucht. »Arme Schwester!« denkt Maria.

Großmutter kocht ab und zu heimlich ein frisches Ei, einmal für Christina, einmal für Maria oder den fünfjährigen Josef. Dabei legt sie den Finger auf den Mund. Niemand soll es wissen, denn Eier sind Geld. Das frische Ei schmeckt Maria gut. In Aachen ißt sie kein Ei, wenn es einen Stempel hat. Ein gestempeltes Ei? Sie ekelt sich davor.

Ungemütlich ist es im Haus bei diesem ewig nassen Wetter.

Die Kinder wissen nichts Rechtes anzufangen. Willi und Klöß sind am Vormittag in der Schule, und am Nachmittag quälen sie sich mit den Hausaufgaben. Maria freut sich, wenn die Brüder sie manchmal um Rat fragen. Sonst kümmern sie sich nie um die große Schwester. Maria wäscht und hängt die Wäsche im Schuppen auf. Aber die will nicht trocken werden. Aufgeplustert hocken die Hühner auf den Deichseln und Geräten oder haben sich im Boden des Schuppens ein Loch gescharrt, sitzen nun darin und öffnen hin und wieder die schläfrigen Augen. In der Stube schüttelt sich der Hund, wenn er patschnaß von draußen kommt, und Maria schimpft laut mit ihm.

Es regnet immer noch, als sie mit Vater den weiten Weg nach Blankenheim-Wald zur Bahnstation geht. Im Ahrtal sieht es trostlos aus. Seit zwei Jahren beobachtet Maria auf ihren Reisewanderungen die Arbeiten an der neuen Bahn, die von Blankenheim-Wald nach Ahrdorf führen soll. Auf Bretterbuden, Erdhaufen, Schutthalden, Schotterhügel und gestapelte Holzbohlen, auf Fuhrwerke, Kippwagen, Karren, Geräte und Sägemaschinen, Gerümpel und Eisenstangen strömt unaufhörlich der Regen. In der Nähe des steilen Feldweges, der von der Ahrstraße hinauf nach Freilingen führt, soll sich über das Tal der Ahr eine hohe Brücke spannen, um die Eisenbahn darüber zu führen. In der Nähe der Brücke entsteht schon der neue Bahnhof.

Durch Morast und Schlamm müssen Vater und Maria gehen. Mißmutig sind die Bauarbeiter bei ihrem Werk. Andere sitzen in den Baubuden und starren auf die beiden einsamen Wanderer. An trockenen Tagen stand hier der Staub wie eine Wolke, und Hunderte von wetterharten Arbeitern trugen, hoben, hackten, schaufelten, klopften, schoben und bohrten. Nie hat Maria vorher so viele Menschen in ihrer Heimat gesehen. Vater hat ihr über die fremd aussehenden Arbeiter gesagt: »Polen, Italiener und Franzosen.« Sie kommen sonntags nach Freilingen und sitzen in der Gaststätte, spazieren in kleinen Gruppen durchs Dorf und unterhalten sich mit vielen Gesten auf den Höfen mit den Dorfbewohnern.

Einen eigenen Bahnhof wird Freilingen bekommen! Von hier

aus braucht man nur noch eine knappe Stunde bis zum Dorf. Ob Maria das noch während ihrer Schulzeit erleben wird? Heute noch muß sie mit Vater tapfer durch das Ahrtal marschieren, dreieinhalb Stunden durch unaufhörlichen Regen, über aufgeweichte Straßen.

29

Manchmal wünscht Maria, die junge Frau Salzburg möge ihre Mutter sein. Maria hat sie richtig lieb, folgt gehorsam und ist niemals unfreundlich. Sie will es jedenfalls nicht sein.

Sie sitzen am Mittagstisch. Maria hat großen Hunger. Frau Salzburg trägt die Teller mit dampfender Linsensuppe auf. Maria sieht entsetzt in die dunkle, braune Flüssigkeit. Flache, runde Dinger glänzen darin unter Fettaugen. Nein! Das wird sie nicht essen! So etwas hat sie noch nie gesehen und natürlich auch noch nie gegessen, weder in Freilingen noch bei Mama Bunden. Und dabei hat sie sich nach der Schule so auf das Essen gefreut. Sie wird ärgerlich. Mit trotzigem Gesicht sagt sie: »Nein, ich esse die Suppe nicht! Ich habe diese Suppe noch nie gegessen!« Frau Salzburg ist erschrocken und betrübt. »Es ist Linsensuppe, sie schmeckt sehr gut. Du brauchst nur einmal zu probieren. Sie ist lecker mit Speck gekocht. Bitte, Maria, probier doch einmal!« Aber Maria sitzt da, eigensinnig: »Nein, ich esse die Suppe nicht!« Hedwig macht es ihr nach. Sie bewegt den Kopf verneinend hin und her. Auch sie will die Suppe nicht essen.

Traurig und seufzend trägt Frau Salzburg die Suppe wieder zum Kochtopf zurück.

Zufällig an diesem Tage kommt der Herr Direktor der Taubstummenanstalt zur Familie Salzburg, um sich nach Maria zu erkundigen. Auch will er die Pflegestelle kennenlernen. Frau Salzburg lobt Maria und erwähnt nebenbei das Mißgeschick mit der Mittagsmahlzeit. Der Direktor winkt Maria mit dem Zeigefinger zu sich her! »Du wolltest die Linsensuppe nicht essen? So, so, so!« Dann läßt er sie stehen und verabschiedet sich von Frau Salzburg. Maria atmet auf und denkt, es sei alles überstanden.

Am anderen Morgen regnet es wie immer seit Wochen. Es plätschert auf die dicken, naßglänzenden Pflastersteine. Rinnsale laufen der Gosse zu. Maria hebt den Rock, zieht ihr Kopftuch tiefer in die Stirn und versucht, nicht in die Pfützen zu treten. Die Regentropfen machen lauter Kringel hinein. Hinter ihr läuft Hedwig, nach der sie sich ab und zu umdreht.

Als die Mädchen endlich an der Schanz in ihrer Schule ankommen, sind sie ziemlich naß. Alle Kinder sind in die Halle hineingeflüchtet. Der Unterricht hat noch nicht begonnen. Auf dem Steinboden bilden sich Wasserlachen. Wilde Jungen werfen mit nassen Mützen, es ist ein unangenehmes, feuchtes Gedränge. Die Kinder sehen den Herrn Direktor kommen und geben sich gegenseitig Bescheid. Allmählich wird es ruhiger. Alle schauen sie auf den Mann, den sie mehr oder weniger fürchten. Die Trotzigsten und Bockigsten unter ihnen hat er schon mehr als einmal in den Keller gesteckt. Dort gab es den ganzen Tag nur Wasser und eine Scheibe Schwarzbrot.

Er sieht jetzt böse aus: »Maria Giefer soll zu mir kommen!« Alle Kinder wenden sich Maria zu. Der Direktor schaut Maria streng an. Bisher war er niemals böse mit ihr. Aber wie er da vor ihr steht, mit aufgerissenen Augen, da denkt sie: »Er hat Augen wie eine Eule!« »Du hast deine Linsensuppe nicht gegessen! Du bist sehr eigensinnig!« sagt der Direktor und holt hinter seinem Rücken einen Rohrstock hervor. Maria muß beide Hände heben und bekommt auf jede Handfläche zwei heftige Schläge. Sie preßt die Lippen zusammen und sagt keinen Ton. Sie schaut dabei in das Gesicht des Mannes und denkt: »Du bist eine Eule! Du bist eine Eule!« Die Hände brennen wie Feuer. Aber erst, als der Direktor fort ist, weint sie bittere Tränen. Zum ersten Mal in ihrem Leben hat sie Schläge bekommen. –

Maria beobachtet täglich das Schulbarometer. Allmählich wird das Wetter besser, vielleicht, weil sie betet, Gott möge für Freilingen die Sonne schicken.

Ihr fällt es auf, daß Frau Salzburg immer blasser und schwächer wird. Maria weiß nicht, was ihr fehlen mag. Sie sieht, daß die junge Frau sich immer öfter aufs Sofa oder ins Bett legen muß und daß die Arbeit liegenbleibt. Manchmal ist auch der Arzt bei Frau Salzburg. Wenn Maria aus der Schule kommt, sieht sie sein Fahrrad neben der Haustüre stehen.

»Du mußt bald fortgehen von hier. Ich bin zu krank, um Kinder zu haben«, sagt Frau Salzburg zu Maria, die darüber sehr erschrickt. »Wenn ich fortgehen muß, dann werde ich sehr viel weinen. Ich bin dann traurig.« »Ich auch«, sagt Frau Salzburg.

Dann ist es soweit. Maria ist erst ein halbes Jahr bei dem jungen Ehepaar Salzburg. Da kommt an einem Nachmittag eine ältere, schwarzgekleidete Dame, um Maria zu holen. Sie ist groß, fast dürr, und sieht ernst aus. Maria ist entsetzt und flüchtet sich in Frau Salzburgs Arme. Sie weint und klammert sich fest und will nicht mit der Fremden gehen. Aber es hilft ja nichts. Die Sachen werden gepackt. Maria verabschiedet sich, auch vom dicken Ali und dem Vögelchen.

30

An der Seite der fremden Dame geht Maria die Hubertusstraße hinauf bis zu einem Platz, der in der warmen Oktobersonne liegt. Hier steht aus mächtigen Bruchsteinen gefügt eine Turmruine. Noch sind die Ansätze der schützenden Stadtmauer zu sehen. An diesem Platz läuft eine breite Straße vorbei, genau da, wo früher einmal der Graben vor der Mauer gelegen hatte. »Boxgraben« heißt die Straße. Sie kommt von der »Schanz«, die an einem der höchsten Punkte der Stadt war, wo das Westtor stand. Der Platz mit der Turmruine und den Kastanienbäumen trägt den Namen »Am Lavenstein«. Aus dem alten Gemäuer wachsen Grasbüschel, Sträucher und Blumen. Efeu rankt sich hoch. Kinder tollen herum und werfen braune Kastanien in die Luft.

Maria geht mit der Dame in ein hohes Eckhaus. Drei Stockwerke steigen sie hinauf über eine breite Holztreppe, die nach Bohnerwachs riecht. An der Wohnungstür liest sie den Namen: Rögert. Als sie in die fremde Stube tritt, würgt sie das Heimweh.

Eine kleine freundliche Dame kommt ihr mit ausgestreckten Händen entgegen. Maria muß sich erst hinsetzen, schwarzen Fladen essen und Kaffee mit Milch trinken. Sie hat keinen Hunger, aber sie möchte nicht ablehnen. Sie sieht sich in der großen Wohnküche um und liest auf viereckigen Steinguttöpfen, die in Reih und Glied ein Schrankbord zieren: Mehl, Salz, Zucker, Reis, Zimt, Pfeffer, Muskat. Etwa einen Meter von den Fenstern entfernt ist eine kräftige Stange von einer Wand zur anderen angebracht. Maria kann sich nicht denken, wozu sie wohl da ist. Ein Vorhang ist nicht zu sehen.

Die große Dame ist fortgegangen. Jetzt zeigt ihr die andere, wo sie sich die Hände waschen kann, und führt das Kind durch ein Schlafzimmer in ein kleineres. Sie öffnet den hohen Kleiderschrank und sagt zu Maria: »Hier kannst du deine Kleider hineinhängen und die Wäsche unten in die Schublade legen. Das ist dein Bett. Gefällt es dir hier?« »Es gefällt mir gut hier«, sagt Maria, »es ist alles sauber und in Ordnung.« Sie beginnt ihren Karton zu öffnen und ihre wenigen Sachen unterzubringen. Auch das Puppenbettchen und ein Puppenstühlchen von Papa Bunden. »Hast du deine Schulaufgaben schon gemacht?« Maria bejaht und ist froh, daß die kleine Dame so gut zu verstehen ist. »Ich heiße Fine, und meine Schwester heißt Käthe Rögert. Du kannst sagen: Fräulein Fine und Fräulein Käthe.« »Ja, ich habe Sie verstanden«, sagt Maria. Sie geht in die Küche zurück, und die Pflegemutter schiebt ihr einen Stuhl ans Fenster. Sie rückt die Blumentöpfe zur Seite und steckt die Gardinen hoch.

Der Abend dämmert herauf und bringt feinen Nebel. Hinter dem Platz holpern Fuhrwerke und Kutschen auf dem Kopfsteinpflaster. Frauen stehen in einer Tür und sprechen miteinander. Auf der Bank unter den Kastanienbäumen sitzen zwei alte Männer. Der Rauch ihrer Pfeifen kräuselt sich im Dämmerlicht. Nun stehen sie auf und gehen fort. »Es ist zu kühl geworden«, denkt Maria. Der goldene, feuerrote Glanz der Blätter ist verschwunden. Der Abend frißt die Farben und hüllt alles in zunehmendes Grau, auch die Wohnküche.

Fräulein Käthe kehrt zurück und zündet die Gaslampe an. Auf die Glut im Herd legt Fräulein Fine feuchten, glänzendschwarzen Kohlenschlamm, den sie mit einem Eimer aus dem Keller geholt hat. Nach dem Abendessen kommt eine ältere Frau herein, und Fräulein Fine sagt, sie wohne oben im 4. Stock und wäre jeden Abend bei ihnen, weil sie allein sei. Maria reicht der Nachbarin die Hand. Auch sie ist gut zu verstehen, als sie sagt: »Die Fräulein Rögert sind gute Menschen.« »Ja«, sagt Maria. Sie putzt ihre Schuhe über dem Kohlenkasten, wäscht sich und sagt: »Gute Nacht«. Sie wundert sich, daß Fräulein Käthes Gesicht immer ernst bleibt. Noch nie hat sie sie lächeln sehen. Fräulein Fine begleitet Maria in ihr Zimmer und nimmt das Paradekissen vom Bett. Maria zieht ihr langes grobes Nachthemd an und schlüpft in das aufgedeckte Bett hinein. Es ist breit und weich. Während Fräulein Fine sie zärtlich zudeckt, sagt Maria: »Dankeschön. Es ist ein feines Bett. Ich werde gut schlafen.« Fräulein Fine taucht zwei Finger in das Weihwasserkesselchen, hinter dem ein blaßgrüner Buchsbaumzweig steckt, und segnet das Kind.

Maria ist allein, bei ganz fremden Menschen. Die Fenster haben keine Vorhänge, und durch die Scheibengardinen schaut die Oktobernacht. Die Konturen im Zimmer kann sie erkennen. Daß Nächte still sind, daß nebenan unwillkürlich leiser gesprochen wird, obwohl sie doch taubstumm ist, sie weiß es nicht. Aber sie spürt die Stille der Nacht, die die Dunkelheit bringt. Farben sind lebendig, und Licht und Schatten bringen Bewegung. In der Nacht ist vor den Augen Ruhe.

»Es ist sehr still«, denkt Maria. Sie denkt an Frau Salzburg, an Hedwig, die bei ihr im Zimmer schlief. Noch nie lag sie allein in einem Zimmer. Sie denkt an Freilingen und was Vater sagen wird, daß sie wieder woanders wohnt. Heimweh steigt auf – doch schläft sie darüber ein.

31

Das rhythmische Schlagen der Webstühle ist in manchen Straßen der Stadt zu hören.

Auch auf dem Mühlenberg – Stromgasse liegen Fabriken der Aachener Webereien. Geht man vom Kapellchen aus die Ros stadtwärts hinab und überquert den Alexianergraben, so kommt man am Anfang der Annastraße an der »Tuchfabrik Croon« vorbei. Das Schild über dem Portal hat Maria oft gelesen. In der Tuchfabrik Croon arbeitet Fräulein Käthe Rögert seit vielen Jahren als Stopferin.

Wenn Maria morgens aufsteht, ist sie schon fort zur Arbeit. Fräulein Fine hat ihrer Schwester Kaffee und Butterbrote eingepackt, denn Fräulein Käthe kommt erst am Abend nach Hause.

Maria staunt, wie fleißig die beiden unverheirateten Schwestern sind, wie sie ganz allein für sich sorgen können. Sie haben keine Verwandten, niemand, der zu ihnen gehört. Fräulein Fine hat ihr das erzählt. Inzwischen weiß Maria auch, was die Stange quer vor dem Fenster für eine Bedeutung hat. Mit Fräulein Fine zieht sie oft ein Handwägelchen zur Annastraße, um zwei schwere, lange Ballen Tuch zu holen. »Stück« heißt so ein Ballen bei den Webern. Gemeinsam tragen sie die Tuche in die Wohnung hoch und legen sie vor den Fenstern auf den Fußboden. Der ist blankgestrichen und sauber. Fräulein Fine und Maria heben das Ende des Tuches an und werfen es oben über die Stange, ziehen das Tuchende herunter und klemmen es unten mit Wäscheklammern fest. Fräulein Fine sucht das Tuch nach Fehlern und Unsauberkeiten ab und kreidet diese Stellen an. Sie zieht den durchgesehenen Stoff nach, bis er vollständig in Lagen übereinander auf dem Boden liegt. Danach legt Fräulein Fine den Anfang des Ballens über eine lange, schräggestellte Holzplatte, beschwert das herunterhängende Teil, damit der Stoff über der Platte gespannt ist. Fräulein Fines Hand gleitet flink über das »Stück« und fühlt jede Unebenheit. Mit der Noppzange zupft sie falsch mitgewebte Fäden oder Wollteilchen heraus, und ihr Daumenfingernagel glättet die Stelle, die sie bearbeitet hat, um Erhebungen auszugleichen. Fräulein Fine zieht die gesäuberten Teile herunter, so daß sie in Falten zu ihren Füßen liegen. Manchmal schüttelt sie den rechten Arm aus, oder streckt den müden Rücken. Nach diesem Arbeitsvorgang setzt sie sich und nimmt das Tuch über die Knie, um die noch angezeichneten Stellen zum Stopfen vorzunehmen. Mit einer besonderen Nadel ersetzt sie die fehlenden Fäden in Kette und Schuß. Die Ersatzfäden hat sie vorher am Ende des Ballens herausgezupft. Eine kleine, scharfe Schere ist da, um die überstehenden Stoffädchen abzuschneiden. Zur Kontrolle kommt der Stoffballen noch einmal über die Stange.

Das Zimmer hinter dem aufgehängten Tuch ist nicht hell genug, um dort Schularbeiten zu machen. Maria setzt sich dann neben Fräulein Fine an die breite Fensterbank.

Wenn das »Stück« fertig ist, helfen Maria oder Fräulein Käthe das Tuch aufrollen. Der schwere Ballen wird mit dem Wägelchen zur Tuchfabrik zurückgefahren, wo es Geld und neue Arbeit gibt.

Jetzt weiß Maria endlich, was das mit den Ballen Tuch für eine Sache ist, die überall in der Stadt hin und her geschleppt werden.

An manchen Morgen ist schon Reif auf den Dächern. Die Bäume am Lavenstein werfen ihre Blätter ab. Der Platz ist besät davon. Oft wirbelt sie ein heftiger Windstoß hoch, und manchmal tanzt ein welkes Blatt an den Fenstern vorbei, hinter denen die drei Mädchen wohnen. In den Keller lassen die Damen Rögert einige Zentner Kartoffeln bringen. Drei Mark kostet der Zentner. Ein Pferdefuhrwerk bringt Briketts. Glänzender, wabbeliger Kohlenschlamm wird vor das Haus auf den Bürgersteig gekippt. Da haben sie alle miteinander viel zu tun. Mit Eimern tragen sie das schwarze schwere Zeug in den Keller, und hinterher müssen der Sockel des Hauswand, der Bürgersteig, der lange Hausflur und die Kellertreppe geschrubbt werden. –

In der Schule erfährt Maria von dem, was früher geschehen ist, lange bevor sie und alle Leute, die sie kennt, auf der Erde waren. Geschichte lernt sie gern. Nur wimmelt es darin von Krieg und Sieg, von Heeren, Feinden und tapferen Helden, von

Feldherren, Generälen und Schlachtfeldern. Bei Schlachtfeldern denkt Maria unwillkürlich ans Schweine- und Küheschlachten auf Vaters Hof. Kaiser, Könige und Päpste haben Kriege geführt. Warum das wohl so war? Warum töten sich die hörenden Menschen gegenseitig? Warum? Wenn sie doch über alles miteinander sprechen, sich anhören und verstehen können? Und jetzt ist wieder irgendwo auf der Welt ein Krieg.

Darüber soll sie heute in ihr Aufsatzheft schreiben:

»18. 11. 1912

In den Balkanstaaten ist jetzt Krieg. Zu den Balkanstaaten gehören: Montenegro, Serbien, Bulgarien, Rumänien, Griechenland und die Türkei. Montenegro, Serbien, Bulgarien und Griechenland kämpfen zusammen gegen die Türkei. Die Türkei hat bis jetzt immer verloren. Rumänien wollte die Türkei nicht bekämpfen. Die vier Balkanstaaten werden der Türkei viel Land, verschiedene Städte und Dörfer abnehmen. Der Krieg ist schrecklich. Im Krieg werden viele Soldaten getötet und verwundet. Die Verwundeten sind dann später meistens Krüppel.«

Die Rechenstunde bei Herrn Lehrer Wirtz ist für Maria eine feine Sache. Der Lehrer lehnt sich in seinen Stuhl zurück, zwirbelt mit Daumen und Zeigefinger der einen Hand seinen weißen Schnurrbart und hält in der anderen ein kleines Stöckchen. Nach jeder Frage schnellt das Stöckchen vor und zeigt auf einen Schüler. Der muß die Antwort im Kopf ausgerechnet haben. Flink geht das: 17 und 94 ist? 24 und 116 ist? 103 und 36 ist? Da heißt es aufpassen! 99 weniger 37 ist? 53 weniger 17 ist? Maria macht es Spaß, mit den Zahlen im Kopf zu arbeiten. Auch das einfache Bruchrechnen, Prozent- und Zinsrechnen lernt sie leicht. Wenn sie für Fräulein Fine einkauft, kann sie das Rechnen gut gebrauchen. Sie schreibt auf einen Zettel, was sie mitbringen soll, setzt hinterher die Preise dazu und rechnet mit Fräulein Fine ab.

1 Pfund Rindfleisch kostet	0,80 Mark
1 Pfund Kaffee kostet	1,60 Mark
1 Pfund weiße Bohnen kostet	0,30 Mark
2 Pfund Weizenmehl kosten	0,18 Mark

Wieviel Geld das ist! Es gibt Arme genug in der Stadt, die nicht immer satt werden. Manche bekommen eine Mahlzeit in einem der vielen Klöster in Aachen. »Wie gut«, denkt Maria, »daß noch kein Schnee gefallen ist«, und sie hofft, daß der Winter milde wird. »Dann brauchen die armen Leute nicht so viel zu heizen.« Herr Wirtz und Fräulein Rögert haben ihr gesagt, daß es im Schwarzwald, in Westfalen und in der Eifel schon geschneit hat. Maria mag den Schnee nicht, aber für die Wintersaat ist er gut. Er schützt vor dem bösen Frost.

Im Winter ist es schön warm in der Wohnküche bei Käthe und Fine Rögert. Wenn der Schlamm im schwarzen Küchenherd durchgebrannt ist, glüht die blausilberne Platte. Auch Mama Bunden und Frau Salzburg heizten mit dem billigen Brei aus Kohlenstaub und Wasser. Er brennt länger als das beste Eichenholz. So gut wie bei einem Holzfeuer riecht es aber nicht in der Wohnung. Paßt man nicht auf und bekommt das Feuer unter dem Schlamm keine Luft, dann gibt es einen kleinen Puff, und die bläuliche kleine Wolke über den Herdringen stinkt. Viel Staub macht so eine Beheizung. Wenn Fine nicht jeden Tag die Küche putzt, ballen sich besonders unter dem Herd helle Staubflocken zusammen.

An den langen Abenden sind die drei mit der Nachbarin unter der Lampe beisammen und machen Handarbeiten. Käthe sitzt kerzengerade an ihrer Nähmaschine und dreht an einem Rädchen. Die Nadel hüpft flink auf und nieder in den Stoff.

Maria bekam zum Nikolausfest in der Schule ein Überhandtuch mit Stickgarn und Blusenstoff geschenkt. Vor ihrem Namenskärtchen, zwischen Tannengrün und brennenden Kerzen lagen die Geschenke, und ein großer Printenmann und Nüsse und Äpfel dazu. Der Nikolaus mit Bischofsmütze und langem weißen Bart kam zu Besuch. Sein Begleiter, der krumme, schwarzverhüllte Hans Muff, drohte mit der Rute.

Käthe schneidert jetzt aus dem Nikolausstoff eine Bluse für Maria. Maria bestickt ihr Überhandtuch. Das Bild, das sie stickt, ist vorgezeichnet: Eine junge Frau, die gerade vom Einkauf kommt, trägt einen Henkelkorb und ein Netz. Paketchen und Tüten, Beutelchen und Dosen schleppt sie darin nach Hause. Der Spruch »Kaufst du gut, kochst du gut« ist eingerahmt von Mohrrüben mit ihrem Kraut. Da hat Maria den ganzen Winter dran zu tun, mit rotem Garn das Leinen zu bestikken.

In den Weihnachtsferien fährt sie nicht nach Hause, das hat sie Vater geschrieben. Fine hat ihr gesagt, sie solle bei ihr und der Schwester bleiben, denn Käthe geht in dieser Zeit nicht in die Fabrik. Sie möchte dann den Tag über für Maria nähen. Das Kind hilft gebrauchte Sachen auftrennen, die Fine wäscht und bügelt. Daraus näht Käthe für Maria zwei neue Kleider. Der breite Saum in Knöchelhöhe ist zum späteren Auslassen bestimmt, auch die versteckten Falten an Ärmel und in der Taille. Maria wird sicher noch wachsen in den nächsten Jahren. Dazu bekommt sie noch einen Rock, Blusen und zwei weiße und zwei bunte Schürzen, Hemden, Hosen und Nachthemden, alles wird wie neu aus alten Sachen genäht. Noch nie hat Maria so viel zum Anziehen gehabt. Weihnachten hat sie kein Heimweh. Nach Tannenwald duftet es in der Kirche und in Rögerts Wohnküche, wo es ein Tannenbäumchen mit silbernen und bunten Kugeln, viel Lametta und Engelhaar gibt. Zu dritt besuchen sie die Kirchen der Stadt und schauen die verschiedenen Krippen an.

An einem Tag kommt unverhofft der Direktor der Taubstummenanstalt, um sich bei den Damen nach Maria zu erkundigen. Sie sieht, daß sie von den beiden gelobt wird, daß er zufrieden ist, und sie sagt strahlend: »Herr Direktor, ich bin sehr gerne hier. Beide Fräulein sind gut zu mir.«

Kalt ist der Januar. Die Kinder rodeln vom Lavenstein die Hubertusstraße hinunter. Neidlos sieht Maria vom Fenster aus zu. Vor der Ruine stehen lustige Schneemänner. Wilde Knaben werfen Schneebälle hinter den Schlittenfahrern her. Die Kutscher sind in lange, schwere Mäntel gehüllt. Wenn sie warten müssen, stampfen sie mit ihren Stiefeln und schlagen mit den Händen auf ihre Oberarme. Mancher putzt sich immerzu die Nase und hustet. Maria denkt, daß sie noch nie einen Schnupfen oder einen Husten gehabt hat. Sie steht gerne am Fenster, um hinauszusehen. Es bewegt sich immer etwas unten auf den Straßen und auf dem Platz. Im ersten Dämmerlicht des Winterabends kommt der Laternenanzünder. Mit einem langen Stock geht er von Gaslaterne zu Gaslaterne, die auf verschnörkelten grünen Stangen sitzen oder an geschwungenen Eisenarmen von den Häuserwänden hängen. Sanft fällt der Schein auf den Schnee. Menschen eilen von der Arbeit durch die Kälte nach Hause. An den Fuhrwerken, die den Boxgraben hinunter- oder heraufkommen, schwanken Öllampen hin und her. Die Laternen neben den Kutschersitzen aber sind fest, nur ihr Licht flakkert lebendig.

Maria weiß, daß es nicht mehr allzulange ist, bis sie Aachen für immer verlassen muß. Vater hat gesagt, daß sie zu Hause bleiben soll, denn alle brauchen ihre Hilfe. Christina wird an ihrer Stelle Ostern nach Aachen kommen, und die Damen Rögert werden sie aufnehmen. Und sie? In Freilingen können alle Menschen hören, und es wird niemand da sein, der ihr gleich ist. »Warum bin ich taub?« denkt Maria. Sie will sich erinnern. Ist da einmal was anders gewesen? Es gibt Kinder, die früher einmal hören konnten. Nein, sie findet da nichts. So lange sie zurückdenken kann, immer war es so, wie es jetzt ist. Sie nimmt ihr Heft und schreibt:

»Meine Lehrer sagen, daß ich von Geburt an taub bin. Ja, ich bin schon lange taub.«

In den letzten Wochen vor der Schulentlassung wird in der Schule viel vom »Vaterland« gesprochen. Noch einmal wandern sie durch den Vorfrühling bis zum Bismarckturm am Aachener Wald, schauen auf den Mund des Lehrers, wenn er vom Reichskanzler Fürst von Bismarck spricht, den sie ehren sollen. Sie gehen zum Kriegerdenkmal am Hauptbahnhof, das den Soldaten gewidmet ist, die getötet wurden, als 1866 Preußen Krieg gegen Österreich und 1870 gegen Frankreich führte. Der Lehrer prägt ihnen ein, daß die Toten die Helden des Vaterlandes seien.

Schließlich im März 1913 schreibt Maria ihren letzten Aufsatz: »Am 10. März 1813 ist das Eiserne Kreuz gestiftet worden. Das Eiserne Kreuz ist ein Orden oder ein Ehrenzeichen. Es wird an der Brust getragen. Es wurde zum Andenken an die Königin Luise gestiftet. Sie wurde am 10. März 1776 geboren. Sie war die Gemahlin Friedrich Wilhelms III. Wer ein sehr tapferer Soldat auf dem Schlachtfeld ist, erhält das Eiserne Kreuz. Am Montag wird ein Fest gefeiert. Die Leute sollen sich an die Stiftung des Eisernen Kreuzes erinnern. Es sind jetzt 100 Jahre verflossen, seit die Preußen die Franzosen aus dem Land vertrieben haben. Wir denken daran und freuen uns.« –

Palmsonntag kommt. Der letzte Sonntag in Aachen für Maria. Sie trägt ein Buchsbaumsträußchen in der Hand, das vom Priester gesegnet wird. Einen Zweig davon wird sie mit nach Freilingen nehmen und über ihr Bett stecken. Der Frühling ist nicht mehr aufzuhalten. Schneeglöckchen und Primelchen blühen in den Vorgärten. Die Weiden haben ihre Kätzchen aufgesteckt. Die Sonne müht sich noch, die Pfützen und die feuchten, weichen Wege zu trocknen. Lau weht ein Wind. Maria ist voller Freiheitslust!

Wie ein Rausch ist es über die Kinder gekommen, die am nächsten Mittwoch entlassen werden sollen. Frei sein! Nicht mehr in die Schule gehen müssen! Jung sein und gesund! Man weiß nicht, was alles Schöne kommen mag und ist voll neugieriger Erwartung. Das Alte ist zu Ende, etwas Neues wird kommen.

Acht Kinder sitzen in den Bänken, die zu klein geworden sind. Herr Lehrer Wirtz dreht nervös an seinem Schnurrbart, denn das Lehrerkollegium ist zusammengekommen mit einigen fremden Gästen. Maria hat auf dem Schulhof noch schnell in ihrem Realienbuch gelesen. Alle schauen auf den Mund des Lehrers, der Fragen stellt. Maria bekommt Fragen aus der Erdkunde. Der Lehrer und der Direktor nicken ihr zufrieden zu. Als die Zeugnisse verteilt werden, ist Maria ganz stolz, denn sie hat ein sehr gutes bekommen. Zuletzt hält der Direktor den Kindern eine Abschiedsrede und ermahnt sie, nicht zu vergessen, was sie in der Schule für das ganze Leben gelernt haben. »Ihr habt Gutes und Nützliches gelernt, dafür müßt ihr dankbar sein.«

Alles ist schnell vorüber, das Händereichen, das Glückwünschen für die Zukunft, der Abschied von den Mitschülern. Niemand ist traurig. Acht Jahre hat Maria die Anstalt besucht. Acht Jahre war sie in Aachen bei fremden Menschen zu Hause.

Sie kann sprechen, sich verständlich machen und von den Lippen ablesen und verstehen.

Die Welt ist schön! Auch für ein taubstummes Kind!

Sie läuft zum Lavenstein und freut sich auf den Vater und auf die Heimkehr nach Freilingen.

32

Ein April ist eigentlich nur da, um das Haus für den ersten Sonntag im Mai vorzubereiten, denn dann ist Kirmes!

Vater hat Hausputz angeordnet und den Johann Neu bestellt. Der versteht was vom Anstreichen. Alle Kammern oben werden nacheinander ausgeräumt, und Johann Neu streicht die Decken mit Kalkfarbe weiß. Die Wände bekommen einen blauen, grünen oder rosafarbenen Anstrich. Aber das ist noch lange nicht alles. Er hat Schablonen mitgebracht. Maria hilft ihm, sie an der Wand festzuhalten. Nacheinander legt er mehrere Schablonen auf und streicht mit verschiedenen Farben darüber. Da gibt es Blumen, Ranken, Kreise und Schlingen. Wenn Maria lange draufstarrt, verlieren sich Formen und Konturen, sie glaubt, neue Figuren zu erkennen: Gesichter, Tiere und Dinge wie beim Anschauen der wandernden Wolkenbilder. Nach der Arbeit sehen die Wände frisch und sauber aus. Nur hält die Farbe nicht sehr lange. Über den Betten und neben den Türen verliert sie sich bald, überall dort, wo man vorbeistreift. Maria putzt die Böden sauber, mit viel Wasser, damit sie nicht grau aussehen. Das ist eine Wasserschlepperei! Die Möbel werden wieder zurechtgerückt und abgewaschen. Schließlich kommt frisches Stroh in die Bettsäcke. Auch die Stube unten wird gestrichen. Die Fliegen haben die Kanten der Deckenbalken verdreckt, und was die Kinder über der langen Bank mit den Schmutzfingern beschmiert haben, ist auch nicht mehr mitanzusehen. Maria schrubbt und wäscht mit alten Tüchern, reibt die Fensterscheiben blank und vergißt auch nicht die Fensterrahmen und die Türen. Vater und die Brüder räumen Stall und Scheune auf. Der Stall wird frisch gekälkt.

Ein Jammer, daß es draußen noch so kalt ist. Plötzlich kann es dicke Schneeflocken schneien, es hagelt, oder ein Gewitter geht nieder. Wenn die niedrigjagenden, dunklen Wolken aufreißen, bricht die Sonne durch. Manchmal läßt sie einen wunderschönen Regenbogen über Lommersdorf entstehen, und die Kinder an der Haustür bei Giefer bestaunen die bunten Farben der Himmelsbrücke.

Vater prüfte schon die Ackergeräte und brachte sie in Ordnung. An den einigermaßen trockenen Tagen hatte er sein Pferd angespannt, seine Felder gepflügt und Korn gesät. Auch Rüben sind in der Erde und Kartoffeln. Auf den ebenen Feldern steht das Wasser manchmal wie flache Seen. Krähenschwärme fliegen darüber. Bei Wolkenbrüchen sammelt sich vor dem Gieferhof ein großes Wasser, und immer neues kommt die Straße heruntergeschossen. Vater, Klöß und Willi warten ab, bis das schlimmste Unwetter vorüber ist, dann stülpt jeder die Ecke eines Sackes nach innen, zieht den Sack wie eine Zipfelmütze über den Kopf, und sie laufen mit Spaten und Schaufeln hinaus und bahnen dem Wasser einen Weg zum Ablaufen.

Ende April bringt Willi das letzte Weizenkorn zur Mühle hinunter. Maria steigt noch schnell auf den Wagen, um mitzufahren. Sie ist lange nicht in der Mühle gewesen. Auf dem Kornsack sitzt sie weich. In der Mühle riecht es gut nach Kleie und Mehlstaub. Unaufhörlich drehen sich die riesigen Mühlsteine und zermahlen das Korn. Weiß ist jedes Ding bestäubt. Der Müller grüßt Maria kurz mit einem Kopfnicken. Er hat zu tun, denn zur Kirmes braucht jeder sein aufgespartes Weizenkorn für Kuchenmehl.

Weil sich weiter niemand um Maria kümmert, geht sie zu einem ihr wohlbekannten Türchen und öffnet es vorsichtig. Kälte und Nässe schlagen ihr entgegen. Wasser schäumt und stürzt von oben herunter, fällt auf die Treppen eines Rades und dreht es immerzu. Riesengroß ist das Mühlrad. Vater hat ihr einmal gesagt, daß es in Deutschland kein größeres Mühlrad gibt. Es hat 8,90 Meter Durchmesser. Eine Weile schaut sie dem gleichmäßigen Drehen und dem Spiel des Wassers zu und spürt der Erschütterung nach, die sie fühlen kann.

Willi hat ab- und aufgeladen, und an seinem Gesicht kann Maria erkennen, daß er sich beim Sprechen mit dem Müller anstrengen muß. Maria hat gesehen, daß manchmal die Hörenden angestrengter, lauter sprechen müssen, und bemerkt, daß das oft mit Erschütterungen zusammenhängt, die sie fühlen kann, so wie es jetzt hier in der Mühle ist.

Erst wenn der Hausputz vorüber ist, beginnt das große Backen. Maria freut sich, das erste Mal dabei zu sein. Mutter Helene hat die Ärmel hochgerollt und steht über den Holzbacktrog gebeugt. Mit beiden Händen knetet sie den Teig aus Weizenmehl. Einen Eimer Milch braucht sie und Hefe. Dazu kommt noch ein halbes Pfund Zucker. Maria hat in Aachen erlebt, daß man Zucker jeden Tag gebrauchen kann. Zucker im Kaffee, Zucker im Pudding, Zucker an vielen Speisen. Aber in Freilingen braucht ein Haushalt im ganzen Jahr nur ein Pfund Zucker. Mutter kauft im April einen Zuckerhut von einem Pfund bei Tante Barbara. Der muß für das ganze Jahr reichen. Die Hälfte für die Maikirmeskuchen, und die andere Hälfte wird sorgfältig für die Kuchen zur Barbarakirmes am 4. Dezember aufbewahrt. Sonst gibt es nie Zucker. Wenn zwischendurch Leckereien gebacken werden, sind es große rechteckige Trokkenobst- und Grießmehlkuchen ohne Zucker. Zucker ist kostbar und teuer.

Während Mutter den Hefeteig knetet, richtet die Großmutter den Backofen her. In das dunkle Loch schiebt sie viel dürres, trockenes Reisig und Stroh hinein, das Maria aus dem Holzschuppen hergeschleppt hat. Aus dem Herd, in dem das Feuer niemals verlöschen darf und das für die Nacht sorgfältig mit Asche abgedeckt wird, holt die Großmutter glühendes Holz heraus. Damit steckt sie im Backofen das Reisig in Brand. Zuletzt kommen dicke Eichenäste ins Feuer. Eichenäste brennen lange und gut. Wenn die Glut abgebrannt ist, sind die Steinwände im Backofen weiß von der Hitze. Die Großmutter steckt den Ginsterbesen in einen Eimer mit Wasser und fegt die Reste glimmender Asche und noch glühende und schwarzverkohlte Hölzer auf die Seite. Mutter hat inzwischen große Bleche, die reihum im Dorf verliehen werden, mit Teig bedeckt und mit geschälten Äpfeln, die überwinterten, mit Trockenbirnen und Streusel belegt. Ein Blech nach dem andern verschwindet in dem großen Bauch des Backofens, der unersättlich scheint. Süßer Weißbrotteig mit Rosinen wird in Körbchen nachgeschoben. Ein Zimtkranz darf nicht fehlen. Mutter hat dafür auf ausgerollten Hefeteig Rosinen, Zucker und Zimt gestreut, ihn eingerollt und im Halbrund zusammengelegt. Den Rest vom Hefeteig mischt sie mit Brotmehl und packt in diesen Teig einen gekochten Schinken hinein. Dieser Klumpen wird mit dem Holzschiesel zuletzt in den Backofen geschoben, der Eisenriegel eingehakt.

Bald duftet es durch das ganze Haus wunderbar. Die Kleinen kommen schnuppernd an und können sich nicht mehr von dem Dufte trennen. Nachbarinnen schauen, wie weit Giefers schon sind.

Die Hühner flüchten von selbst aus dem Haus, solch ein Betrieb ist das. Später kühlen die fertig gebackenen Weißbrote auf den Treppenstiegen aus, bedecken die köstlichen Kuchen die Böden der Schlafkammern.

Im Rauchfang hängen die dicken Bratwürste. In einer hölzernen Bütte liegt das Fleisch vom frischgeschlachteten Schwein in Salz. Vater hat es möglich gemacht, daß sie auf dem Gieferhof noch einmal schlachten konnten, denn im Dorf schlachtet jeder sein Schwein im Januar–Februar, wenn der Frost knackt und keine Wärme und Fliegenplage das Fleisch verderben kann. Das eine Schwein muß reichen für ein ganzes Jahr. Die Bauersfrauen bewahren ein geräuchertes Kammstück für die Maikirmes auf, das in der Suppe gekocht wird und das Leckerste zum Mittagessen ist. Die Ärmsten im Dorf können ihr Schwein nicht einmal selbst aufessen. Sie treiben es vor sich her nach Münstereifel zum Metzger oder nach Hillesheim zum Viehmarkttag, um es zu verkaufen. Hubert Giefer aber kann hin und wieder ein Stück Rindfleisch vom Dollendorfer Metzger kaufen, der an manchen Samstagen ins Dorf kommt. Der Metzger hat seine zwei Hunde vor ein kleines Wägelchen gespannt, das er mit Fleisch beladen hat.

Den Tag vor dem Fest putzt Maria noch einmal alle Fußböden im Haus. Am frühen Abend ziehen die Musikanten mit der Blasmusik durchs Dorf. Bunte Bänder flattern ihnen von Rock und Hut. Die Kinder laufen begeistert hinterher. Alle Leute schauen und lassen einige Minuten ihre Arbeit liegen. Traudchen kommt Maria später abholen. In langer Reihe gehen sie mit anderen Mädchen hinauf zum Tanzsaal Meiers-Hof. Mit Traudchen bleibt Maria an der Tür stehen und schaut auf die tanzenden Paare, wie sie sich drehen und hin und her schieben. Warum die Menschen tanzen, wenn sie sich freuen, das versteht Maria nicht. Am Türrahmen fühlt sie den Rhythmus der dicken Pauke. Traudchen wippt im Takt mit. Der Saal ist girlandengeschmückt. Im Schein von vielen Petroleumlampen sehen die Mädchen und jungen Frauen hübsch aus in ihren Festtagskleidern. Alle sind lustig, auch die vielen Fremden im Saal, die an der neuen Eisenbahnstrecke gearbeitet haben. Morgen ist der 1. Mai 1913. Die Bahn wird eingeweiht und zum erstenmal von Blankenheim bis Ahrdorf befahren.

Was da am anderen Tag nach dem Mittagessen zur Ahr strebt! Fast das ganze Dorf ist auf den Beinen. Zu Fuß und mit Wagen, die Kuh oder den Ochsen angespannt, Vater mit seinem Pferd vor dem Leiterwagen, so geht es zum Bahnhof. Maria, die Mutter und alle Geschwister sind aufgeladen, und die Verwandten, die zu Besuch gekommen sind. In buntgewürfelten Tüchern tragen sie Stücke Kuchen, damit sie unterwegs nicht Hunger bekommen.

Soviel Volk hat es im Ahrtal noch nie gegeben. Geschmückt spannt sich die neue Brücke in vier weiten Bögen über die Ahr, die Straße und die Wiesen. Auch der neue Bahnhof ist mit Girlanden und Fahnen geschmückt. Maria sieht Musikkapellen, Uniformen, die Arbeiter in Sonntagsanzügen, Fremde aus der Stadt mit Zylindern und steifen Hüten und die vielen Bauern mit ihren Kindern aus den umliegenden Dörfern. Die Giefers bleiben auf der Straße in ihrem Gefährt sitzen und können so die Brücke und den Bahnhof auf dem Hügel gegenüber gut sehen. Sie warten, bis eine Bewegung durch die Menge geht. Die Kleinen klopfen heftig auf Marias Arm und zeigen in die Richtung, aus der ein Zug mit Papierblumen, Tannengrün und

Fähnchen behangen, angefahren kommt. Die Leute winken mit Hüten und Tüchern. Manche staunen nur, weil sie noch nie in ihrem Leben solch fauchendes Ungetüm gesehen haben. Der Zug bleibt im Bahnhof Freilingen stehen. Jemand hält eine lange Rede, und dann noch einer. Musik spielt, Hüte fliegen hoch, der Bahnhofsvorsteher in seiner neuen Uniform und roten Mütze gibt das Zeichen, und der Zug setzt sich wieder in Bewegung. Langsam fährt er über die neue hohe Brücke. Der Lokomotivführer winkt der jubelnden Menge unten zu und läßt seine Maschine pfeifen.

24,9 km lang ist die Strecke und 8 000 000 Reichsmark hat sie gekostet. Maria wird nicht müde, zu Hause Tante Barbara darüber auszufragen, denn die Tante weiß viel und hat Geduld, es Maria zu erzählen.

Kurz nach der Maikirmes fährt Christina zum erstenmal mit Vater nach Aachen. Vom Freilinger Bahnhof aus benutzen sie die neue Bahn, als sei sie extra für Christinas Schulzeit gebaut worden.

33

Über Nacht sind die Schwalben da. Eilig flitzen sie über den Hof in den Stall, wo sie im Gebälk ihre Nester haben. Sie brüten. Bald sind über dem Nestrand lauter Schnäblein aufgesperrt. Die Schwalbeneltern haben viel zu tun, um genug Futter herbeizuschaffen. Über den dampfenden Misthaufen spaziert die Glucke mit ihren wolligen Kleinen. Die Katze an der warmen Mauer tut so, als langweile sie sich.

Vater ist seit drei Uhr früh beim Grasmähen. Gras läßt sich taunaß am leichtesten schneiden. Maria soll ihm das Frühstück hinaustragen und das Gras ausbreiten. Sie hat die dreizahnige Heugabel aus der Scheune geholt und über die Schulter gelegt. Sie wartet an der Haustür, wohin Großmutter sie schicken wird. Da steht die alte Frau und ist ratlos. Wie soll sie es jetzt Maria sagen? Zum »Ruede Borre« soll das Mädchen. Da arbeitet der Vater. Aber »Ruede Borre« ist Mundart, und die Mundart der Freilinger kann Maria nicht verstehen. Im Dorf sprechen alle Dialekt miteinander, und auch die Flurbezeichnungen kennt jeder nur im Dialekt. Was sind das für Namen! Mixdell, Löfjesdell, Stöckebähne, Ühlers-Nöck, Schohn, Nehrbröck, Schaafert. Alle die vielen klingenden Namen der Äcker und Wiesen sind uralt. Manche tragen den Klang der altdeutschen und mittelhochdeutschen Sprache, manche stammen noch von den Römern her. Sie deuten auf Quellen und Bäche, Wald und Feld und alte Straßen hin, die nicht mehr zu finden sind. Sie erzählen von Begegnungen mit Tieren oder von einem hohlen Baum oder einer Brombeerhecke, die längst verschwunden sind. Sie sprechen von Dingen, die geschehen sind an einem Ort, oder bezeichnen die Unterschiede im Gelände gegenüber der Umgebung, heben das Eigentümliche hervor. Im großen Katasterbuch beim Katasteramt in Blankenheim stehen die Flurbezeichnungen in der mundartlichen und in der hochdeutschen Sprache nebeneinander.

Jemand kommt über die Straße am Hof vorbei und will hinaus aufs Feld zur Arbeit. Großmutter fragt ihn, ob er Maria den Weg zeigen kann zum »Ruede Borre«. Das tut er auch. Die Wiese, auf der Vater arbeitet, kennt Maria gut, nur weiß sie nicht, wie das Land heißt. Sie fragt den Vater danach, denn sie weiß sehr wohl, daß Großmutters Ratlosigkeit damit zusammenhängt. Der Vater, der sich am Wiesenrand gesetzt hat, um zu frühstücken, überlegt, dann sagt er »Rother Born« und erklärt Maria, daß hier eine Quelle war für die große Römervilla »Am steinigen Morgen«, wo er hinüberweist. Maria wird sich »Rother Born« und »Am steinigen Morgen« merken. Sie wird nach und nach viele Flurbezeichnungen kennenlernen, und ihre Angehörigen gewöhnen sich daran, ihr gegenüber die hochdeutschen Namen zu verwenden.

Das hohe Gras mit seinen bunten Blumen und Kräutern fällt unter Vaters scharfem Sensenschnitt. Das frischgemähte Gras duftet herrlich. Maria lockert die Mahd, breitet sie auseinander, damit das Gras leichter trocknen kann. Licht und blau steht der Himmel über dem duftenden Land.

Auf dem Heimweg sprechen sie kein Wort miteinander. Erst

als Vater auf andere Heimkehrende trifft, lacht er und spricht mit ihnen. Alle sind freundlich zu Maria, lächeln sie an oder nicken ihr zu. Aber niemand spricht mit ihr. Wie gut, daß es Großmutter und Tante Barbara gibt, die sich manchmal mit ihr unterhalten. Maria kann Mutter Helene nicht gut verstehen, sie spricht zu schnell und mit schmalen Lippen. Mutter hat auch keine Zeit dazu, denn wenn man mit Maria spricht, muß man in der Arbeit innehalten und die Hände zu Hilfe nehmen. Mutter spricht oft viele Tage lang kein Wort mit ihr, obwohl sie doch immer zusammen sind im Haus und auf dem Feld. Oft ergeht es Maria so, daß, wenn sie etwas gefragt hat, die Befragten ihr keine Antwort geben, sondern nur ein Ja mit dem Kopf nikken oder nur lächeln. Dann ist sie traurig, weil man sie nicht ernst genug genommen oder ihr nicht richtig zugehört hat. Selbst Traudchen, ihre Freundin, tut das manchmal. Aber Traudchen ist lieb. Sie holt Maria zum Sonntagsspaziergang ab. Dann hat Traudchen ihre feine schwarze Schürze umgebunden, wie am Morgen zum Kirchgang, die sie aber zu Hause immer sofort faltet und weglegt. Auf der Straße treffen Traudchen und Maria andere junge Mädchen. Sie gehen spazieren. Immerzu schwatzen sie. Immerzu lachen und kichern die Mädchen. Stumm geht Maria nebenher. Das ist nicht leicht für sie. »Warum ihr immer lachen?« fragt sie ihre Freundin. Aber Traudchen hat jetzt keine Zeit. Zu Hause fragt Maria die Großmutter: »Warum die Mädchen immer lachen? Warum sind Mädchen immer lustig? Ich weiß nicht, warum.« »Junge Mädchen lachen immer«, sagt die Großmutter, »Mädchen wissen auch nicht, warum.«

»Komisch«, meint Maria, »ich möchte gerne wissen, warum.«

Sie möchte vieles gerne wissen. Wo in der Nachbarschaft ein Kalb angekommen, wo eine Kuh notgeschlachtet worden ist; ob jemand krank ist und was es sonst an Neuem im Dorf gibt. Manchmal geht sie abends noch zu Nachbarn und versucht, ob sich jemand mit ihr unterhalten will.

Alle Bekannten nennt sei bei ihrem Vor- und Familiennamen, weil es ihr so gesagt worden ist. Sie ist der einzige Mensch im

Dorf, der das tut. Die anderen nennen sich bei ihrem Vor- und Hausnamen.

Da gibt es in der Nähe der Kapelle sieben Häuser, die einen Mädchennamen tragen. Die Sage erzählt, daß ein Freilinger Edelmann in der Nähe seiner Burg für sieben seiner Mägde sieben Höfe bauen ließ. An der Stelle dieser Höfe tragen die Häuser noch heute den Namen der sieben Mägde: Eva, Maria, Ursula, Klara, Anna, Cäcilia und Gertrud. Jeder, der darin wohnt, wie er auch heißen mag, wird immer mit seinem Mädchen-Hausnamen genannt, und in Freilinger Mundart klingt es so: Eve, Mähr, Uschele, Kläre, Ännches, Zeye und Jiedrögge. Auch alle anderen Hausnamen sind uralt und überliefert. Meist führen sie auf den Erbauer des ersten Hofes an dieser Stelle zurück.

Tante Barbara heißt Riethmeister. Dieser Name erinnert an einen Vorfahr, der in den Eisenhütten am Hochofen ein »Reydtmeister« war, denn die Hochöfen hießen »Reitwerk«. Niemand aber würde Tante Barbara auch wirklich »Frau Riethmeister« nennen. Sie kommt aus dem Gieferhaus und darum ist sie »Jivesch Bärb«. Wenn jemand mit einem Amt oder den Behörden zu tun hat, muß er sich seines Familiennamens erinnern. Jetzt ist Maria im Dorf, und auch ihr muß man den richtigen hochdeutschen Namen sagen. Die Hausnamen wird sie nie kennenlernen. So anders und besonders ist alles mit diesem Mädchen. Auch ist Maria die einzige, die ihre Eltern mit »Du« anredet. Sie ahnt nicht, daß dies nicht üblich ist, sondern Eltern von ihren Kindern nur mit »Ihr« und »Euch«, also in »zweiter Person« angeredet werden. Und wer sagt schon wie Maria »Kartoffeln«, da sie doch »Grumperen«, Grundbeeren heißen? Ob Maria Spaß haben würde, wenn sie den Freilinger Namen für die Gerste wüßte: Jungfer Drähtchen?

Die Heuzeit ist vorüber. Die Tage vergehen mit der Erntearbeit im Getreide, und als die Scheunen gefüllt sind, sagt Vater an einem Wochentag zu Maria: »Gehe nach oben in die Kammer. Ziehe dein Sonntagskleid an, wir gehen nach Hüngersdorf. Du sollst nähen lernen.«

Maria ist ganz erschrocken. »Muß ich fort? Darf ich nicht hierbleiben? Hier ist viel Arbeit!« »Du bist taubstumm. Du mußt ein Handwerk können«, erwidert der Vater. Maria ist traurig. Aber Vater meint es gut mit ihr, das weiß sie. Großmutter sagt ihr: »Du kommst jeden Samstagabend nach Hause. Lerne nähen. Es ist besser für dich als immer nur Feldarbeit machen.«

Maria trägt ihre gefaltete Schürze in der Hand und Brotschnitten im geknoteten Kopftuch. Mit dem schweigenden Vater wandert sie zur Ahrstraße hinunter. Hinter der neuen Brücke biegen sie gleich nach links und gehen einen Feldweg hinauf. Über einen Hügel kommen sie nach Hüngersdorf. Es ist ein kleines Dorf mit kleinen Höfen wie Freilingen. In eines der Häuschen gehen sie hinein, worin zwei Frauen wohnen. Unter dem Stubenfenster steht eine Nähmaschine, wie Fräulein Käthe Rögert sie besitzt. Nähzeug liegt auf Bank und Tischen, Kleider hängen auf Bügeln an der Wand. Eine der beiden Frauen hat einen Klumpfuß. Freundlich humpelt sie auf die beiden Ankömmlinge zu, um sie zu begrüßen. Maria denkt, daß sie erwartet wurden. Es gibt Kaffee mit Milch. Maria ißt ihr mitgebrachtes Brot auf. Die beiden Frauen sprechen mit Vater über sie. Als die Frau mit dem Klumpfuß Maria etwas sagen will, versteht das Mädchen kein Wort. Es wendet sich an den Vater: »Bitte, Vater, du mußt der Frau sagen, sie muß langsam und deutlich sprechen.« Der Vater wiederholt ihre Bitte, und die Fremde versucht es noch einmal. Maria spricht laut mit, wie sie es oft tut: »Ich bin Näherin. Du kannst bei mir nähen lernen.« Sie nickt mit dem Kopf und sagt hinterher: »Ja, ich will gut nähen lernen. Ich habe in Aachen in der Schule schon viel gelernt.« Marias Angewohnheit ist es, ihren letzten Satz zu wiederholen. Sie macht das unbewußt, aus der Unsicherheit heraus, ob sie verstanden wurde. Sie wird dabei noch lauter, als sie schon gewöhnlich spricht, weil sie sich besonders anstrengen will. Die Näherin muß sich an diese fremde Stimme erst gewöhnen. »Später werden wir uns gut verstehen«, sagt Maria zuversichtlich.

Nun bleibt Maria immer eine Woche fort von daheim. Die Woche aber verfliegt schnell, denn es ist gar nicht langweilig. Während die eine der beiden Schwestern Haus, Vieh und etwas

Acker versorgt, ziehen die Näherin und das Mädchen über die Dörfer. Langsam wandert Maria neben der humpelnden Frau nach Ripsdorf, nach Waldorf, zur Dollendorfer Mühle, zum Vellerhof, in die näheren und weiteren Dörfer. Manchmal bleiben sie Tage, manchmal auch Wochen auf einer Stelle. Wenn der Weg zu weit ist, übernachten sie in fremden Betten. Gleich in welchem Dorf sie sind, am Samstag geht Maria immer den Weg allein nach Freilingen, über Feld- und Waldwege, durch Täler und über Hügel und am Sonntagabend kehrt sie zurück zu ihrer Arbeit. Es sind die reicheren Höfe, die sich eine Näherin leisten können. Wäsche und Bekleidung muß neu genäht oder geflickt werden. Maria näht Säume, flickt, näht Knöpfe an und macht all die einfacheren Näharbeiten. Sie kommt in viele Häuser und ißt an fremden Tischen. Kinder sitzen oft dabei und schauen sie neugierig oder scheu an, wenn sie spricht. Die Hausfrauen sind freundlich zu ihr. Sie haben schon von den taubstummen Mädchen aus Freilingen gehört. Maria ist höflich und aufmerksam. Vater soll sich nie ihretwegen schämen müssen.

Alles muß mit der Hand genäht werden, denn niemand hat eine Nähmaschine. Nur, wenn sie in Hüngersdorf bleiben, kann die Näherin ihre Maschine gebrauchen. Sie hat ein Bügeleisen wie ein richtiger Schneider. In dem Eisenfuß sitzt ein Türchen, das man zu einem Hohlraum öffnet. Mit der Feuerzange holt die Näherin einen glühenden Eisenbolzen aus dem Feuer und steckt ihn in das Bügeleisen hinein.

Maria verdient kein Geld mit ihrer nützlichen Hilfe. Sie bekommt ja das Schlafen und Essen frei und lernt noch dazu. Sie hat noch nie in ihrem Leben eigenes Geld gehabt. Maria sieht, was die Näherin verdient. Für einen Frauenrock, den sie neu genäht hat, bekommt sie 80 Pfennig, für ein gutes Sonntagskleid mit Borten, Perlenstickerei, Stufenärmeln und Biesen gibt man ihr zwei bis drei Mark. Die Näherin ist zufrieden, denn ein Holzfäller verdient im Akkord bis zu 98 Pfennig als Tageslohn.

Die Rauchfahnen der Kartoffelfeuer verwehen über den leeren Äckern. Kraniche ziehen zum Süden, und der rauhe Wind jagt über die Höhen. Die Farben der Natur verlöschen. Kurz bevor der strenge Winter einsetzt, bestimmt der Vater, daß Maria zu Haus bleiben soll. Ihr ist es recht so. Zu Hause gibt es genug zu flicken. Mit Schere, Nadel und Faden geht sie mutig daran, Wäsche und Kleidung einer elfköpfigen Familie in Ordnung zu bringen.

Im Dezember kommen fremde Männer ins Dorf, die bis zum März bleiben. Sie schlafen in Scheunen oder im Saal der Gastwirtschaft Meiers-Hof auf Stroh. Die Tagelöhner schlagen als Holzfäller Eichen und arbeiten zum Frühjahr hin als Schäler.

Maria geht täglich früh mit dem Vater in den Wald. Sie arbeiten mit. Maria bindet die abgeschlagenen Äste zu Bündeln. Vor Kälte erstarren ihr die Finger. Die Wälder gehören der Gemeinde und der Kirche. Es sind helle Mischwälder, worin hauptsächlich Eichen wachsen, darunter Gras und Buschwerk. Der Wald ist so licht, daß die Bauern im Sommer die Kühe und Schweine darin weiden lassen können. Immer war der echte Eifelwald ein Mischwald, worin besonders Eichen und Buchen wuchsen. Aber die ehemaligen Hüttenwerke verbrauchten ganze Wälder für Holzkohle, und besonders für Napoleons Kriegszüge verschwanden Riesenwälder. Als die Eifel zu Preußen kam, zwangen die Preußen die Eifeler, Tannen, Kiefern und Fichten anzupflanzen. Lange wehrte sich die Eifel gegen das »preußische Holz«, aber allmählich verdrängen die rasch wachsenden Nadelwälder den Mischwald und bringen schneller viel Holz.

Im Frühling, wenn der Saft wieder in die Bäume steigt, werden die jungen, armdicken Eichenstämme geschält. Maria sieht zu, wie der Vater mit einem Holzhammer die Stämmchen beklopft und dann mit einem runden Messer die Rinde abschält.

Maria kann es bald ebensogut wie er. Sie lernt die Rinde zu unterscheiden. Die jungen Bäume haben bis zum achten Lebensjahr eine grüne Rinde. Dann wird sie silbergrau – und diese Rinde, solange sie noch keine Borke bildet, haben die Gerber am liebsten. Maria weiß von der Gerberei im holländischen Vaals und von der Gerberei Zinzius in Hillesheim, daß die Eichenrinde gebraucht wird, um das Fell der Tiere zu Leder zu verarbeiten. Die Gerber machen aus der Rinde eine besondere

Lohe, einen Saft, in dem die Felle liegen müssen. Ganze Wagenladungen Rinde gehen von Freilingen und von den anderen Dörfern aus zur Bahnstation. Der geschälte Jungwald steht bleich, nackt und gespenstig da. Später schlagen die Tagelöhner diese Stämme ab. Das Stangenholz wird in Freilingen nur noch als Brennholz gebraucht. Lohstücke brennen lange und gut.

Die Arbeit im Wald ist hart. Marias Hände sind rauh und haben viele Schwielen. Abends ist Maria erschöpft.

34

Es gibt Leute im Dorf, die haben so viel leinene Wäsche, daß sie nur zweimal im Jahr waschen müssen. Auch der Gieferhof läßt die schmutzigen Bettücher eines halben Jahres zusammenkommen, bis die Frauen die große Wäsche machen.

Mutter Helene fällt das Arbeiten schwer. Wieder erwartet sie ein Kind. Es ist Frühling. Im offenen Schuppen wird ein großer Holzbottich aufgestellt. Dahinein kommen die schmutzigen Tücher. Mutter spannt ein verschlissenes Bettuch darüber und schüttet helle Holzasche darauf. Die Asche wurde aus der Feuerung gesammelt. In der Diele bereiten die Frauen auf dem Herd in großen Töpfen heißes Wasser.

Maria trägt die Eimer kochenden Wassers aus der Dielenküche hinaus. Sie ist stark, auch wenn sie erst sechzehn Jahre alt ist. Langsam schüttet sie das heiße Wasser über die Asche, das sickert durch das Tuch in den Bottich hinein. Immer wieder schleppt Maria neues kochendes Wasser herzu, bis die Wäsche im Wasser steht. Dann zieht Mutter den Spund aus dem Bottich und läßt das Wasser unten ablaufen. Wieder muß Maria Wasser holen. Großmutter steht schwitzend am Herd und heizt ein. Den Bottich mit heißem Wasser füllen, dann wieder ablaufen lassen, so geht es einige Male, bis der Bottich so heiß ist wie das Wasser selbst. Dann erst läßt die Mutter die Wäsche in dem heißen Wasser stehen. Nach einigen Stunden legt sie ein Brett in den Bottich. Darauf schlägt sie mit einem Holz die nasse Wäsche. Nun hebt Maria mit ihr zusammen die Tücher in eine

Wanne, und sie bringen sie über die Hühnerwiese zum Dörferbach hinunter. Das Wasser im Bach ist klar, der Kieselgrund sauber. Himmelblaues Vergißmeinnicht, lila Wiesenschaumkraut und goldene Sumpfdotterblumen stehen an seinen Ufern. Mutter und Maria legen die Tücher in den Bach lang hin. Das klare Wasser läuft darüber und nimmt alle schmutzige Brühe mit sich fort. Die Bettwäsche ist sauber. Hinter dem Haus hängen sie sie an ausgespannten Drähten zwischen den alten Obstbäumen auf. Haben einzelne Wäscheteile noch Flecken oder sind nicht ganz so weiß, muß Maria diese Wäschestücke auf der Wiese in der Sonne ausbreiten zum Bleichen. Wird diese Wäsche trocken, spritzt sie aus dem Eimer mit der Hand frisches Wasser darüber, um sie zu befeuchten. Maria gibt acht, daß kleine Kinder oder die Hühner nicht über die Bleiche laufen. Einen ganzen Tag lang braucht die Arbeit für die große Wäsche. Maria denkt an die Seife, die sie erst in Aachen kennengelernt hat. Wer auf dem Gieferhof oder sonst im Dorf hat schon Seife gesehen? Die Kleinwäsche wird jeden Samstag in einem großen Kessel gekocht. Ein Beutelchen mit Holzasche wird hineingehängt. Die saubere trockene Wäsche wird Sonntagmorgen an der Tischkante ganz stramm glatt gezogen. So geht es auch, denkt Maria, denn niemand besitzt ein Bügeleisen.

Die Leute sagen: »Der Giefer Hubert hört die Flöhe im Schlaf niesen« und meinen damit, daß er sehr gut weiß, womit man sein Geld verdienen kann. Maria ist es gewohnt, daß Vater oft in aller Frühe mit Pferd und Wagen über Land fährt. Sie weiß nicht, wohin. Wenn sie die Großmutter fragt, dann bekommt sie zur Antwort: »Vieh kaufen – verkaufen.« Wie er das wohl macht? Oft sind Fremde in der Stube und bleiben zum Essen. Meist bekommen sie etwas Besonderes vorgesetzt, wie der Vater auch. Viehhändler sind dabei oder Jäger, die aus den Städten Aachen und Köln kommen, sich in Blankenheim treffen, um in den großen Wäldern zu jagen. Stundenlang kann Vater sich mit ihnen unterhalten. Eine Flasche steht auf dem Tisch mit kleinen Gläsern, und Vaters Gesicht ist rot, und oft lacht er mit den Fremden, daß ihm die Augen feucht werden.

Im Juni wird der neue Bruder geboren. Hubert soll er heißen, wie der Vater. Das findet Maria schön. – Seit einigen Wochen arbeitet Maria wieder in Hüngersdorf bei der Näherin. Am Wochenende ist sie zu Hause. Sie weiß, daß Vater auf ihre Mitarbeit auf dem Hof verzichtet, damit sie ein Handwerk lernen kann.

Mitten in der Woche ist Bruder Klöß in Hüngersdorf, um Maria für immer nach Hause zu holen. Ohne eine Erklärung zu bekommen, packt sie ihr Bündel, verabschiedet sich und geht nachdenklich neben dem schweigenden Klöß nach Hause. Vater will sie bei sich haben, warum? In den nächsten Tagen mitten in der Erntezeit, wenn alle Menschen besonders fleißig sein müssen und niemand Zeit hat, bemerkt Maria in Freilingen die Veränderung. Zu Gruppen stehen die Männer und Frauen auf der Straße und in den Höfen beieinander, wo doch die Arbeit ruft. Gehen sie dann endlich, stehen sie noch auf den Feldern herum und sprechen. Am Abend, wenn das Vieh versorgt ist, sind die Leute aus dem Dorf vor dem Gieferhaus versammelt. Alle machen besorgte Gesichter, keiner lacht. Maria ist unruhig. Sie gesellt sich zu den Menschen und wartet einen günstigen Moment ab, wo sie Großmutter fragen kann. »Was ist los?« fragt Maria, »Was ist passiert?«

Alle Menschen wissen es. Nur sie, Maria weiß es nicht.

»Krieg! Es ist Krieg!« Maria erschrickt.

»Krieg? Wo ist Krieg?«

»Deutschland hat Krieg mit Rußland und Frankreich. Schlimm! Schlimm! Darum mußt du zu Hause bleiben«, sagt die Großmutter und wendet sich wieder den anderen zu. Maria fragt ihre Freundin Traudchen: »Warum ist Krieg?« Aber Traudchen kann es ihr nicht sagen. Einsam fühlt Maria sich in den nächsten Tagen. Ausgeschlossen. Da fällt ihr ein, daß sie ihren Geburtstag hat. Heute, 4. August 1914. Beinahe hat sie es vergessen. Niemand denkt daran. Sie ist nun siebzehn Jahre alt. Heimlich stiehlt sie sich von der Arbeit fort. Es ist drückend heiß. In der elterlichen Kammer steigt sie auf einen Stuhl und zieht die große Schachtel hervor, die oben auf dem Kleiderschrank weit hinten liegt. Viel Staub ist darauf. Sie holt den Karton herunter, hofft, daß sie jetzt nicht gestört wird. Sie versucht, ihre Bewegungen so langsam wie möglich zu machen und nirgendwo anzustoßen, denn die kleinen Geschwister machen ihren Mittagsschlaf. Vorsichtig öffnet sie den Karton. Da ist das Puppenbett von Papa Bunden drin und das weiße Puppenstühlchen. Beides sieht noch wie neu aus, wie frisch lackiert. Da sind sie: die Hefte und Lesebücher, sorgfältig mit Bindfaden zusammengeschnürt. Bleistifte, Federhalter, Handarbeiten und Haarschleifen in Seidenpapier gewickelt, ihre Fotos von der Schule und das Kommunionsbild aus der Jakobskirche. Langsam löst sie die Verschnürung der Lesebücher. Wie lange schon hat sie nicht mehr gelesen? Weit über ein Jahr nicht mehr. Vater bekommt keine Zeitung, es gibt keine Bücher. Sie beginnt zu lesen, eine Seite und noch eine Seite. Dann löst sie auch die Schnüre von ihren Heften und liest, was sie selbst geschrieben hat. Sie muß langsam lesen, und plötzlich weiß sie es: sie hat verlernt, jetzt schon verlernt. Das hat sie selbst geschrieben? Diese langen und schönen Sätze? Sie kann es kaum glauben. Das hat sie ganz allein gekonnt? Sie könnte es heute nicht mehr, sie hat es einfach vergessen, wie die Sätze richtig gebaut werden, wie alles richtig sein muß. Aber die Menschen, die mit ihr sprechen, sagen ihr doch auch nur die kurzen Sätze oder nur Worte aneinandergereiht? Nur ihr? Und sie tut das auch. Diese Erkenntnis trifft sie hart. Sie weiß nicht mehr viel. Sie weiß auch nicht, was draußen in der Welt geschieht. Es ist Krieg! Wenn doch nur jemand ihr alles erklären würde. Traurig packt sie wieder ein und stellt die Schachtel zurück, sicher vor den Griffen der Kinder und unauffällig für die größeren Brüder, die alles gebrauchen können.

Die Sonne sticht draußen. Alles Vieh sucht den Schatten. Es ist schwer, bei dieser Hitze am Nachmittag im Feld Garben zu binden. Die Luft flimmert. Maria hat ein weißes Kopftuch umgebunden. Die Wollstrümpfe sind zu warm, aber mit den schweren hohen Nagelschuhen schützen sie vor den kratzenden Grannen, Disteln und Stoppeln. Lästige Fliegen sind schrecklich aufdringlich. Im Westen türmen sich riesige Wolken übereinander, übersteigen sich mehr und mehr und kommen näher. Noch brennt die Sonne, aber ein kühler Windstoß ist wie eine kleine Erlösung. Schnell werden die Hocken aufgestellt, dann beeilen sich alle heimzukommen. Die Sonne ist verschwunden. Grell zuckt ein Blitz, der alle zu noch größerer Eile antreibt. Heftiger Wind jagt in die Röcke der Frauen, reißt die Hüte der Männer vom Kopf, unruhig eilen die Tiere nach Hause. Mensch und Vieh, die ganze Natur erwartet den erlösenden Regen. Es wird dunkel, der schwarze Himmel kommt näher. Als die Gieferleute den Hof erreichen, reißt der flammende Blitz den Himmel auf, knallt der Donner, und gleichzeitig prasselt ein heftiger Regen hernieder. Eilig gackernd rennen die Hühner in den Stall, sausen die glänzenden Schwalben tief über den Boden und bringen sich in Sicherheit. Manchen Heimkehrenden erwischt es noch auf dem Wege, und naß eilen Kind und Mann und Frau ins Haus. Maria hat gerade die eiserne Stubenklinke in der Hand und will sie hinunterdrücken, da ist im dunkel gewordenen Gang einen Augenblick lang ein greller Lichtschein. Gleichzeitig erschrickt sie heftig von einem wuchtigen, fürchterlichen Getöse. Hat das Haus gebebt? Hat sie gehört? Oder nur gefühlt? Sie ist so erschrocken, daß ihre Knie weich werden und sie sich an die Wand anlehnen muß und heftig atmet. Es war in ihrem Kopf, es war um sie her, in ihr selbst. Hat sie es nur gefühlt? »Donner«, sagt Großmutter, als sie Marias erbleichtes Gesicht sieht. »Donner ist sehr laut!« Marias Knie zittern. Vom Donner hat sie gelernt und gelesen. Man kann ihn nur hören. Maria ist dem Donner noch nie begegnet. Sie kannte ihn nicht. Aber jetzt – hat sie ihn gehört? Sie kann ihn nicht nur gefühlt haben!? Später, als sie sich beruhigt hat, als das Gewitter vorübergezogen ist und ein langer Regen am Abend rauscht, da erzählt sie jedem, der sie anzuhören bereit ist: »Ich habe Donner gehört! Sehr laut in meinem Ohr.« Sie möchte das nicht mehr erleben. Es war schrecklich, so etwas zu hören.

Einige Tage später rücken die ersten Männer aus. Abende lang haben sie in der Gaststätte getrunken, geredet und gesungen. Das ganze Dorf steht in den Haustüren oder in den Straßen. Alle winken. Viele Frauen weinen. Aber die Männer, die nun Soldat werden und in den Krieg hinaus sollen, lachen. Sie haben Sträuße an ihren Hüten und Jacken und winken fröhlich zurück. Noch ist der Krieg ein großes Abenteuer.

Die Post, das ist die einzige Verbindung mit den Soldaten draußen, und das Telefon in der Post ist jetzt für alle besonders wichtig. Tante Barbara hat Maria erklärt, daß man vom Telefon in Freilingen aus ganz weit sprechen und hören kann. Maria hat es ungläubig aufgenommen. Sie kann sich nicht vorstellen, wie man Leute verstehen soll, die weit, weit fort sind. Tante Barbara bekommt jeden Tag Nachrichten durch das Telefon. Alles, was es Neues vom Krieg und von der Front gibt, schreibt sie auf ein großes Blatt Papier und hängt es ans Fenster. Keiner geht vorbei, ohne nachzuschauen. Am Abend kommen sie aus dem Oberdorf und stehen in Gruppen vor dem Fenster. Einer liest laut vor. Auch Maria geht jeden Tag nachschauen und versucht, den Sinn des Geschriebenen zu verstehen. Sonst geschieht weiter nichts, was an den Krieg erinnern könnte. Nur beten sie alle am Abend in den Stuben vor dem Bild des Gekreuzigten und knien dabei nieder. Irgend jemand erzählt es dann Maria: »Der Heinrich Josef Klären ist gefallen und auch Karl Mungen.« Das Dorf ist erschrocken. Nie mehr kommen die beiden zurück! –

Aber Krieg und alle Plage vergessen die Kinder vor des Winters Freuden. Wenn das Wiesental des Dörferbaches zwischen Freilingen und Lommersdorf eine einzige Eisfläche ist, dann sind sie nicht mehr zu halten. Bei Giefers müssen so viele Jakken, Schals, Kopftücher, Mützen und Kappen angezogen werden, daß die Hälfte bei dem Geraufe und Gesuche danach erst mal über den Boden fallen muß. Maria hat aus alten Lappen kleine Tücher gerissen und steckt jedem irgendwohin solch ein »Taschentuch«. Sie ermahnt die Kleinen, ihre schmutzigen Nasen damit zu putzen. Raus eilt das ganze kleine Volk. Wenn Maria Zeit hat, geht sie auch gerne auf die Eisfläche zu den anderen Mädchen. Tante Barbara hat alte Fässer hergegeben. Aus den geschwungenen Faßbrettern haben die Kinder Skier gebastelt. Damit gleitet man herrlich über das Eis. Selbstgebaute Schlitten gibt es auch, mit richtigen Sesselchen obendrauf. Mit den Schlitten aber zieht man am besten zum Oberdorfende, zum Stinkelberg. Da fällt der Hang in die Wiesentäler ganz steil ab. Da geht es über mehrere Buckel, die man richtig überfliegen kann im Hinuntersausen. Der Schlitten überspringt mit einem Hopser die dicken Eiskrusten des Weilerbaches und läuft sanft in der Ebene aus. Das ist ein Spaß für die Wilden und Mutigen. Maria würde nie dort hinunterfahren. Dazu ist sie viel zu bange. Sie schaut lieber mit Vergnügen und Bewunderung zu, bis ihr zu kalt wird und sie den langen Weg durch das Dorf hinunterläuft nach Hause.

Zum Abendessen gibt es aufgewärmtes Sauerkraut oder grüne Bohnen oder Rübstil aus dem Steintopf. Dazu leckere, goldgelbe Kartoffeln mit Rahm oder Essig und ganz selten auch zerlassenen Speck. Vater hat den ganzen Tag Mist über frostharte Wege auf die Felder hinausgefahren. Da liegt der Dung in Haufen bis zum Frühjahr für die Kartoffelfelder. Im Dorf riecht der Holzrauch gut, der weiß aus den Kaminen steigt.

35

»Hast du ein Heft für mich?« fragt Klöß die große Schwester. »Ich muß einen Aufsatz schreiben.« Schweren Herzens gibt Maria ihm eines ihrer Hefte, das noch einige leere Seiten hat, aus dem Karton. Vater will kein Heft kaufen, die Tafel tut es acht Jahre lang, meint er. »Wenn du fertig vollgeschrieben, bitte mir Heft zurückgeben. Ich will es verwahren zum Andenken an meine Schule«, bittet sie Klöß. Er verspricht es. Aber sie muß doch aufpassen, daß es nicht verlorengeht. Manchmal schaut sie in der Kammer der Jungen nach. Es riecht nach Stroh, Heu, Leder und Stall und nach morschem Holz. Der Fußboden ist weich und gibt nach, wenn man darauf tritt. Stellenweise ist er weggebrochen. In Mauselöchern, Ritzen und Fugen haben sich Stroh- und Heureste angesammelt, die abends beim Auskleiden auf den Boden fallen. Die Schultasche von Klöß ist aus einem Sack genäht. Als Maria darin ihr Heft vollgeschrieben wiederfindet, nimmt sie es an sich, um es auf den alten Platz zurückzubringen. Was für ein Unterschied zwischen ihren Aufsätzen und denjenigen ihres hörenden Bruders Klöß, der nun dreizehn Jahre alt ist. Da schreibt er als letzten Satz über die Kaiser-Geburtstagsfeier in der Schule: »Wenn der Undricht balt endicht, wird ein dreihmahlieges Hoch ausgerufen.« Maria weiß nicht, ob sie darüber lachen oder traurig sein soll. Aber sie weiß, wie sehr ihre Brüder den ganzen Tag arbeiten müssen. Vater versteht keinen Spaß dabei. Willi, der seine Schulzeit beendet hat, muß arbeiten wie ein Mann. Vater gibt ihm kein Geld dafür. Natürlich nicht. Das Jahr 1915 vergeht, und immer neue Männer müssen hinaus, um an der Front zu kämpfen. Alle Freilinger ängstigen sich um sie. Maria erfährt, wenn einer aus dem Dorf gefallen ist. Die Frauen und Mädchen arbeiten hart.

Zu den Herbstferien erwartet Maria sehnsüchtig Christina aus Aachen. Sie freut sich, daß die jüngere Schwester jedesmal weitere Fortschritte im Sprechen gemacht hat, und versucht, sie nach Aachen auszufragen. Kaum daß sie sich bremsen kann in ihrer Neugier. Das Ergebnis ist ihr immer viel zu mager.

»Wann du nach Aachen fahren, Christina abholen?« fragt Maria den Vater. Er aber schüttelt den Kopf. »Christina kommt mit Besuch. Die beiden Fräulein Rögert kommen mit ...« Maria bleibt vor Staunen der Mund offen stehen. Dann aber jauchzt sie und fragt: »Wann?« Sie muß unbedingt das Haus schön machen! Und das neben der Feldarbeit! Sie räumt und wischt und schwitzt und ist voller Aufregung.

Endlich ist der Tag der Ankunft da. Sie muß in der Hitze des Augustnachmittags laufen, um nicht zu spät zum Bahnhof zu kommen. An der Ahrstraße sieht sie über die Brücke den Zug nach Ahrdorf fahren. Der Besuch muß schon ausgestiegen sein. Sie rennt das letzte Stück Landstraße, und als sie die Brücke erreicht, kommen die beiden Damen Rögert mit Christina den steinigen Feldweg vom Bahnhof herunter. Erst umarmt Maria jauchzend die kleine Fine, die sie lange fest an sich drückt, dann Käthe, die diesen wilden Sturm etwas steif über sich ergehen läßt. Christina steht befangen dabei, als wäre Maria für sie immer ein unerklärliches Wesen. »Ich freue mich! Ich freue mich! Ich bin sehr glücklich, sie gekommen!« jubelt Maria. Sie strahlt und umarmt noch einmal Fräulein Fine. »Du bist ein großes

Mädchen geworden. Ein schönes Mädchen!« »Ja, ich bin groß geworden. Alle Kleider aus Aachen mir zu klein und eng. Ich habe länger und weiter gemacht.« »Du bist so braun und gesund!« staunt Fine. Maria sagt eifrig: »Ja! Ich immer viel, viel arbeiten im Feld. Ich immer in frischer Luft.«

Christina ist von Kopf bis Fuß neu eingekleidet, ein schickes Stadtfräulein. Maria sagt es den Damen, und sie sind stolz darüber, als sei Christina ihr eigen. Maria nimmt die Taschen der Damen und ein kleines Köfferchen. Sie will nicht, daß sie selbst etwas tragen müssen. »Ich jung. Ich stark und gesund. Ich will gerne tragen!« sagt sie. Fräulein Käthe fragt, ob der Weg weit ist. »O nein!« sagt Maria. »Nicht weit.« Dann erzählt sie von ihrem früheren langen Weg, von der Einweihung der neuen Eisenbahn, und redet immerzu. Sie fragt nach der Stadt Aachen und ob der Krieg dort zu merken sei. Von der Ahrstraße gehen sie den steilen Haselnußweg hinauf. Die Damen bekommen rote Gesichter. Mit weißen Spitzentüchlein wischen sie sich über das Gesicht und unter den Stehbörtchen den Hals. Sie heben ihre Röcke. Heller Staub liegt auf der blauen Wegwarte, die den steinigen Weg einsäumt.

Auf der Höhe vom Zollstock bleiben sie stehen, um auszuruhen und umherzuschauen. Maria zeigt auf die Dächer ihres Dorfes hinter dem schützenden »Stein« auf das freiliegende Lommersdorf auf der Höhe. Sie zeigt über das herbe, ausgebreitete Eifelland, zeigt, wo Vaters Felder, Wiesen und neuer Wald sind und hinüber, wo Vater bei der schweren Arbeit ist. Beim Weitergehen begegnen sie den Dorfleuten in den Feldern und auf der Straße, und sie ruft: »Meine Pflegemütter sind gekommen aus Aachen!« Ein Kuhgespann biegt vom Feldweg auf die Straße ein und wird mit dem Gepäck beladen. Alle Menschen grüßen die Damen freundlich und winken Christina zu. Maria ist stolz auf ihren Besuch und stolz auf die Leute ihrer Heimat.

Für die Damen ist der Weg sehr weit gewesen. Müde und verschwitzt kommen sie auf dem Gieferhof an. Maria ist besorgt, daß die Stühle auch sauber sind, auf die die Damen sich setzen. Als am Abend die Eltern und Brüder nach Hause kommen, gibt es eine fröhliche Begrüßung. Nach dem Abendessen werden Haus, Ställe, Scheune, Garten und Kapelle besichtigt. Die kleinen Giefer- und Nachbarskinder wandern mit.

Der folgende Tag ist ein wunderschöner Sonntag für Maria. Alle gehen zusammen in die Kirche nach Lommersdorf, und nach der Heimkehr sitzen die Damen mit Vater auf der Bank vor dem Haus. Großmutter sagt beim Essenzubereiten zu Maria: »Die Damen aus Aachen sprechen komisch.« »Warum komisch?« fragt Maria fast vorwurfsvoll. »Aachener Sprache ist wie Singen«, sagt die Großmutter. Aber mit dieser Antwort kann Maria nichts anfangen. Singen heißt für sie: den Mund aufreißen und dabei Kopf und Körper ein wenig mitbewegen. Aber das tun die Fräulein Käthe und Fine nicht.

Nach dem Mittagessen möchte der Besuch etwas ruhen. Maria räumt in der Dielenküche auf und bringt den Vieheimer mit den Küchenabfällen in den Stall. Die ganz kleinen Kinder schlafen oben, die übrigen sind nach Lommersdorf zur Andacht. Mutter bereitet den Kaffee vor. Großmutter sitzt mit den Nachbarn draußen und spricht leise und schläfrig. Kurz vor der Kaffeezeit kommt Vater und fragt Maria, wo der Besuch geblieben sei. »In Stube, ausruhen«, sagt sie und geht hinter Vater her, der die Stube betritt. In der Tür bleibt er stehen. In ihren vornehmen Kleidern sitzen die beiden Damen steif und kerzengerade auf der Bank nebeneinander. Ihre Gesichter aber sind nicht zu sehen. Große weiße Taschentücher haben sie darüber gebreitet, und die Fliegen spazieren darauf und können sie nicht stören. Ihre Hände sind in den Kleiderärmeln versteckt, die schwärmenden Fliegen können auch da nicht hin. Da beginnt der Vater plötzlich laut zu lachen. Erschreckt fahren die Hände aus den Ärmeln und reißen die Tücher vom Gesicht: Zwei gerötete, verschlafen dreinschauende Gesichter. Vater lacht und biegt sich dabei. Erst als die Damen sich davon anstecken lassen, ist Maria beruhigt, denn sie war besorgt, daß die beiden sich über Vater ärgern könnten. Verlegen tupfen sie ihre Gesichter mit den Tüchern ab. Da nimmt Vater eine nach der anderen von der Bank hoch, trägt die Zappelnden hinaus auf den Hof und dreht sie im Kreise herum, bevor er sie absetzt. Maria klatscht vor

Vergnügen in die Hände. Die Damen streichen sich die Röcke glatt.

Am anderen Tag bringt Vater sie mit Pferd und Wagen an die Bahn. Maria winkt ihnen nach, bis sie nicht mehr zu sehen sind.

36

Irgendwas hat Klöß angestellt. Maria kommt in die Stube und sieht, wie er vom wütenden Vater Prügel bekommt. Vater hat den Hosengürtel abgeschnallt, den Jungen im Nacken gepackt, und der Riemen saust auf den Hosenboden von Klöß.

Ängstlich sitzen die Kinder auf der Bank und in den Ecken und schauen zu. Maria weicht erschrocken zurück. Sie sieht, daß Klöß laut brüllt. Sein Gesicht ist verzerrt. Er strampelt mit den Beinen. Aber Vater, der sehr erregt und zornig ist, hält ihn fest. Vater schüttelt ihn noch einige Male hin und her und läßt ihn dann los. Klöß bückt sich schnell nach seinem gefallenen Hut und ist zur Tür hinaus. Maria geht ihm nach und sieht, wie er heulend seine Hände auf den Hosenboden drückt und in der Scheune verschwindet.

»Armer Nikolaus!« denkt Maria. Sie geht den restlichen Tag dem Vater aus dem Weg.

Es ist Abend. Die Petroleumlampe brennt an der Wand; alle sitzen am Abendbrottisch. Die Kartoffeln dampfen in der Schüssel. Da öffnet sich die Tür. Klöß steht im Türrahmen. Es zieht kalt auf die Beine. Die Mutter und die Geschwister schauen ihn verwundert an. Schließlich hebt auch der Vater sein Gesicht. Unwirsch schaut er zu dem Sünder in der offenen Tür. Das Gesicht von Klöß ist schmutzverschmiert von abgewischten Tränen. Aber alle sehen seine strahlenden, triumphierenden Augen. Herausfordernd breitbeinig steht er da. In beiden Händen hält er vor die Brust seinen schäbigen, von Vater abgelegten, für ihn viel zu großen Hut. Die Krempe ist breit, fleckig und schlapp. Aber in dem tiefen Hut türmen sich gefährlich hoch braune und weiße Eier. Alle schauen still auf Klöß. Maria geht hin, holt ihn sanft herein und schließt hinter ihm die Tür.

Dabei schaut sie einmal ganz schnell aus den Augenwinkeln zum Vater hin. Es ist nicht mehr lang bis Weihnachten. Die Hühner legen schlecht um diese Zeit. Und Eier sind Geld! Vater erhebt sich ganz langsam. Klöß, der sich nicht rührt, sieht ihn stolz an. Vater fragt ihn etwas, und Klöß antwortet. Da nimmt Mutter ihm den Hut mit den vielen Eiern vorsichtig ab. Der Vater hebt die Hand und läßt sie auf die Schulter seines Sohnes fallen, daß der ein bißchen zusammenknickt. Dann schlägt er auf sein eigenes Knie und beginnt zu lachen, schlägt begeistert auf den Tisch, daß die Teller hopsen, und lacht immer mehr. Die Spannung in der Familie löst sich. Alle werden fröhlich. Klöß setzt sich grinsend auf seinen Platz. Maria holt eine Steingutschüssel und legt die Eier aus dem Hut Stück für Stück in die Schüssel. Es sind über vierzig Eier! »Wo hast du gefunden?« fragt sie Klöß in großer Verwunderung. Aber der sitzt an seinen frisch gekochten Kartoffeln mit Rahm und zeigt nur mit seinem Kinn kurz zur Scheune hinüber. Großmutter muß es ihr erzählen: Klöß hatte sich vor Kummer, Scham und Schmerz in der Scheune hinter den aufgestellten Bohnenstangen in der dunklen Ecke versteckt. Niemand sollte ihn da finden. Als er eine Weile geschnieft und still gejammert hatte, gewöhnten sich seine Augen an das Dämmerdunkel. Plötzlich wurde er hellwach. Er sah ein Loch in der Mauer. Heu hing heraus, und weiß schimmerte es da drinnen. Kräftig zog er die Nase hoch, wischte sich einmal mit der Hand über die Augen und stellte sich auf die Zehenspitzen. Langsam und vorsichtig glitt seine Hand in das Mauerloch und tastete sich an das Weiß heran. Da fühlte er die vielen, vielen Eier. Bis tief nach hinten lagen sie im Dunkeln. Er nahm seinen Hut, füllte ihn, stellte den Segen auf den Scheunenboden und wartete vergnügt und siegessicher auf den Abend, wenn alle am Tisch versammelt sein würden. Genüßlich malte er sich in Vorfreude seinen großen Auftritt aus, nach dieser Niederlage durch Vaters Prügel ein doppelter Genuß.

Maria sieht ihn liebevoll an. Da sitzt er und stopft sich den Bauch voll Kartoffeln.

37

Für Maria fängt das Jahr 1916 gar nicht gut an.

Sie hat Zahnschmerzen. Im Unterkiefer bohrt und sticht und hämmert es. Mit mißmutigem Gesicht geht sie ihrer Arbeit nach. Ein warmes Kopftuch hat sie umgebunden, weil sie glaubt, die Wärme würde den Schmerz vertreiben und den kranken Zahn heilen. Auch nachts hat sie ihren Kopf gut eingepackt und kann doch nicht schlafen. Es wird immer schlimmer, von Tag zu Tag. Manchmal weint sie ein bißchen vor sich hin. Sie fühlt sich ganz elend vor Schmerz und Übermüdung. Ihre linke Backe schwillt an, wölbt sich mehr und mehr und glänzt vom Gespanntsein.

Nun mag sie nicht mehr arbeiten. Sie geht hinauf in die kalte Schlafkammer der Großmutter. Die alte Frau ist krank und liegt zu Bett. An den Fenstern sind Eisblumen. Maria zieht jammernd die schweren Nagelschuhe aus und kriecht an das Fußende des Bettes unter die Decke. Da ist es warm, da rollt sie sich ein und wimmert in ihrem Unglück. Großmutter hält sich ganz still, und Maria weiß, daß sie Mitleid mit ihr hat. Nach einer Weile rüttelt sie jemand heftig. Gequält hebt Maria ihren verpackten Kopf heraus. Da steht Vater und hat seine Mundwinkel verächtlich nach unten gezogen. Er macht ein Gesicht, als wolle er sie verspotten. »Aufstehen! Arbeiten! Nicht so schwach sein, nicht so weich! Mit Zahnschmerzen nicht ins Bett! Raus! Raus!« Maria steht auf und ist gehorsam. Vierzehn Tage schleicht sie wie ein Jammerbild durchs Haus, sitzt manchmal am Ofen und wiegt den Kopf in beiden Händen hin und her. Sie weint. »Morgen wir nach Blankenheim zum Zahnarzt«, sagt der Vater, als er es leid ist. »Gott sei Dank!« antwortet sie nur.

Maria zieht am anderen Morgen die schwarze Zipfelhaube der Großmutter an. Ein großer Schulterkragen ist angestrickt, und oben sitzt der Zipfel. Die Großmutter drängt sie, ihren Schirm mitzunehmen. Draußen ist arges Schneetreiben, und sie soll ihr Gesicht schützen. »Schirm ist zu schade!« sagt Maria.

Wer hat schon einen Schirm und gar noch mit einer Perlmuttkrücke!? »Mitnehmen«, winkt die Großmutter.

Der Schnee liegt so hoch, daß kein Zug im Ahrtal fahren kann. Sie muß mit Vater nach Blankenheim stapfen. Die Telefondrähte weisen den Weg. Auf der Höhe ist es mühsam, den Schirm bei diesem eisigen Schneewind zu halten.

Im Wartezimmer des Zahnarztes sitzen Leute. Aus dem Städtchen, den umliegenden Dörfern und von den abgelegenen Höfen sind sie hierhergekommen. Der Zahnarzt ist noch nicht da. Vater zeigt Maria, daß sie sich setzen soll. »Ich warte in der frischen Luft«, sagt er. »Ich hole dich ab, hier«, und verschwindet. Maria wartet, bis der Zahnarzt kommt und sie an der Reihe ist. Es geht alles sehr schnell, und es ist ihr gleichgültig, was mit ihr geschieht. Wenn der Zahnarzt ihr nur helfen kann. Der böse, schlimme Zahn muß raus! Benommen, den Mund voll Blut, sitzt sie hinterher wieder auf ihrem Stuhl, um auf den Vater zu warten. Die Zeit wird sehr lang, und als es ihr zu dumm wird, da zu sitzen, geht sie hinunter auf die Straße, wo man auch besser das Blut in den Schnee spucken kann.

Sie spaziert die Straße hinauf und hinunter und schaut in die Gäßchen hinein. Von Vater keine Spur. Maria ist erschöpft und zittert vor Kälte. Es muß weit nach Mittag sein. Da endlich sieht sie ihn kommen. Arm in Arm mit einem anderen Mann schwankt er heran. Da weiß sie schon, womit er sich die Zeit vertrieben hat. Sein Gesicht ist rot gedunsen, die lustigen Augen sind klein, und vor Maria macht er jetzt dauernd Verbeugungen. Das Mädchen weicht einen Schritt zurück. Wirtshausgeruch kann sie jetzt nicht ertragen. »Zahn ist raus!« sagt Maria, zeigt auf ihre dicke Backe und spuckt wieder Blut in den Schnee. »Komm«, winkt der Vater und zieht mit seinem Kumpan voran. Leute bleiben stehen, grinsen und sehen den Dreien nach. Vater singt laut durch die Straße. Maria kann es sehen, wie er den Mund aufreißt und mit seinem freien Arm herumwinkt. »Mein Gott!« denkt Maria, »wie nach Hause?« Als sie auf dem Platz unter der hohen Blankenheimer Burg angekommen sind, gehen die beiden Männer auf eine geschlossene Kutsche zu. Der Kutscher hat breite Kufen unter die Räder gemacht, so daß aus der Kutsche ein Schlitten wurde. Vater beginnt mit ihm ein langes Gespräch. Endlich werden sie handelseinig, Vater zieht seinen Lederbeutel und gibt ihm Geld. Unbeholfen und unsicher steigen die Männer in die Kutsche und Maria hinterher. Sie verdrückt sich in die Ecke und schaut fröstelnd zum Fenster hinaus. Ihr Taschentuch hält sie vor den Mund. Eigentlich ist sie froh, daß Vater einen Rausch hat, sonst hätte er sicher nicht die Kutsche bestellt. Die Männer schwatzen und lachen. Den Fremden hat Maria noch nie gesehen. Ihre Backe ist noch betäubt. Sie ist froh, ohne Schmerz zu sein. Jetzt kann sie doch wieder Mensch werden. Den Schirm hat sie neben sich aufgestellt und hält ihn fest. Die Kutsche gleitet über die weiße Landstraße. Es schneit immer noch. Ein eisiger Wind fegt Schneeflocken dicht wie Vorhänge am Fenster vorbei und über die Wiesen. Maria schaut in das Wirbeln und Kreisen. Ganz allmählich fühlt sie einen feinen Schmerz in der Wunde. Wenn sie doch nur schon zu Hause wäre! Sie will sich gleich ins Bett legen. Sie hat Sehnsucht nach dem Bett. Maria döst und friert.

Die Ahrstraße macht eine Biegung, in die der Wind eine Schneewehe zusammengefegt hat. Plötzlich kippt die Kutsche um. Es geht alles sehr schnell. Pferd und Wagen liegen im Graben. Die drei Reisenden versuchen, mit Armen und Beinen Halt zu finden. Sie purzeln übereinander. Die Kutsche liegt auf der Seite. Eine Tür ist jetzt unten im Schnee, die andere himmelwärts. Schwerfällig klettern die drei heraus. Das ist gar nicht einfach.

Verdutzt stehen sie neben dem Fahrzeug im Schnee. Da kriecht der Kutscher, der auf dem hohen Bock gesessen hatte, auf allen vieren aus dem tief zugewehten Straßengraben heraus. Das gestürzte Pferd müht sich verzweifelt, hochzukommen. Aber die Stränge und die Deichsel hindern es dabei sehr. Der Kutscher macht das Pferd los, und die Männer versuchen, ihm auf die Beine zu helfen. Tief in den Schnee müssen sie. Maria hält die Zügel, damit das Pferd nicht weglaufen kann, wenn es aus dem Graben heraus ist. Endlich ist das Tier erst mit den Vorderbeinen und dann auch mit den Hinterbeinen hochgekommen und steht wieder auf der Straße. Weiße Dampfwolken schnaubt es aus den Nüstern, wirft den Kopf hoch, schüttelt sich und tänzelt unruhig. Dann schieben und stemmen die drei Männer das Fahrzeug aus dem Graben und richten es auf. Der Kutscher schirrt das Pferd wieder an. Die Männer klopfen sich den Schnee von den Jacken. Sie sehen nach, ob der Sturz der Schlittenkutsche nichts geschadet hat. Zum Glück ist alles heil geblieben.

Die Tür der Kutsche steht weit offen. Maria sieht drinnen den Schirm der Großmutter liegen. Mit einem Satz springt sie in die Kutsche, und sofort kommt sie wieder heraus. »Schirm ist kaputt! Schirm ist kaputt!« schreit sie laut und mit Entsetzen. Das Tuch ist zum Teil vom Gestänge gerissen, zerfetzt hängt es herunter. Sie hält dem Vater vorwurfsvoll den Schirm unter die Nase, und ihre Wut bringt sie zum Weinen. »Schirm ist kaputt!« schreit sie böse. Vater nimmt ihr den Schirm weg und geht einen Schritt zurück. Er nimmt ihn in beide Hände und krack – ist der Schirm in der Mitte durchgebrochen und ruck – ist der Stoff entzwei gerissen. Zwei Hälften hält er mit weit ausgebreiteten Armen hoch in die Luft, macht einen lauten Jauchzer, und mit Schwung schmeißt er die beiden Schirmstücke über den Graben, daß sie weit fliegen und in der Schneewiese landen. Schneeflocken beginnen gleich das schwarze Tuch zu bedecken.

Und nun fängt der Vater an zu lachen. Er lacht und lacht und lacht. Die beiden Männer, die dem kleinen Drama zugeschaut hatten, beginnen mitzulachen, und der Schreck mit dem umgekippten Wagen macht sich Luft in einem lauten Gelächter. Maria steht dabei und denkt bekümmert: »Das ist mein Vater!« Beim Abfahren wirft sie noch einen Blick auf den verlassenen Schirm ihrer Großmutter.

Großmutter aber hält sich nicht lange darüber auf, als Maria ihr die Geschichte erzählt. Sie hat ganz anderen Kummer, der sie quält. Sie liegt im Bett, mehr böse als krank. Sie hat sich zurückgezogen, weil sie sich nicht mehr mit Mutter Helene vertragen kann. Maria hat oft gesehen, daß die beiden Frauen miteinander streiten. Warum und worüber, sie weiß es nicht. Wenn Vater dazwischen schimpft, dann fliegen die Türen, daß das

Haus bebt. Maria denkt, daß es vielleicht auch Streit gibt, weil Mutter Helene bei der Arbeit manches übersieht, weil sie schlecht sehen kann. »Warum Mutter keine Brille?« denkt Maria. Aber eine Brille besorgen kostet Zeit und Geld. Maria liebt alle: die energische, herzliche Großmutter, den Vater, von dem sie sich geliebt weiß, und die kleine, zarte Mutter, die sie achtet, weil sie für alle anderen schwer arbeitet. Nie ist Mutter heftig oder widerspricht dem Vater. Sie ist die erste, die aufsteht, und wenn sie frühmorgens dem Vater den Kaffee ans Bett bringt, sich dazusetzt und sich mit ihm unterhält, hat sie schon eine Menge Arbeit im Stall und Haus getan. Mit Großmutter kämpft sie auf zähe, stille Weise. Warum können sie sich nicht vertragen? Maria spürt und sieht das alles. Für Großmutter ist der Hof immer noch ihr Eigentum. Hier hat sie mit ihrem Mann gearbeitet, hier ihre Kinder zur Welt gebracht und großgezogen. »Es ist schwer für alle«, denkt Maria traurig.

Im Februar hat Mutter ihr fünftes Kind geboren: einen Jungen, der Toni heißt. Vater war zur Zeit der Geburt in den Lommersdorfer Wäldern auf Saujagd. Er besitzt einen Jagdschein und eine Flinte. Der zur Spurenerkennung nötige Schnee lag frisch gefallen über der Eifel. Mit Jägern und Treibern aus den umliegenden Dörfern begann in der Frühe, nach dem ersten Hornblasen, das Einkreisen der Wildschweine. Vater schoß eine Wildsau und mußte darum nach der Jagd im Wirtshaus Schnaps- und Weinrunden ausgeben. Stolz kam er mit seiner Jagdbeute heim, wo er den neuen Erdenbürger begrüßen konnte.

Alle Kinder, die Mutter Helene geboren hat, können hören, und mit den sechs Kindern der verstorbenen Elisabeth zusammen ist sie Mutter von elf Kindern. Bei dieser großen Familie und der Landwirtschaft muß Maria als ältestes Kind schwer mitarbeiten. Sie findet das selbstverständlich, auch, daß niemand sie deswegen lobt. Nur, später so abgearbeitet auszusehen wie viele Frauen in Freilingen, die neben Haus- und Stallarbeit alle die schwere Feldarbeit verrichten, das möchte sie nicht. »Die Eifel hat schöne Mädchen, aber keine schönen Frauen«, sagen die Leute. –

Der Frühling kommt und bringt neuen Mut. Maria steht im Schuppen vom »Eve« und sägt Holz. Das Haus »Eve« schließt sich an die Ställe vom Gieferhof an. Es ist so alt, daß die Fachwerkwand einen Meter schief übersteht. Vater hat es gekauft und den Holzschuppen darin eingerichtet. Es riecht gut nach Wald. Maria hackt das zersägte Eichenholz auf dem Stubben, der über und über voll Kerben ist. Die kleingehackten Stücke schmeißt sie in einen Korb, den sie zum Herdfeuer in die Küche bringen will. Da sieht sie einen Schatten und schaut auf. Im Augenblick, als sie den Vater erkennt, hat sie mit dem Beil in ihre Hand geschlagen. Das Blut tropft auf den weichen, mit Holzspänen übersäten Boden. Erschrocken läuft sie ins Haus, um die klaffende Wunde mit Tüchern zu verbinden. Ein dickes Paket hat sie sich um die Hand gewickelt. Aber sie kann nicht aufhören mit der Arbeit. Es geht nicht. Sie muß Wasser vom Brunnen holen. Die verletzte linke Hand kann jetzt nichts mehr tun. Wie dumm und lästig.

Sie begegnet dem Herrn Pastor aus Lommersdorf, der das Mädchen nach der Ursache der verpackten Hand fragt. »Ich habe mit dem Beil geschlagen. Ich habe eine große Wunde«, gibt sie zur Antwort. Der Pastor geht mit ihr ins Haus, und sie muß den blutnassen Verband abwickeln und ihm die Wunde zeigen. Da geht er über den Hof und sucht in den Ställen, in Scheune und Schuppen nach dem Vater und spricht mit ihm. Vater geht daraufhin fort. Der Pastor verabschiedet sich von Maria mit einem aufmunternden Kopfnicken. Als Vater zurückkommt, bringt er ein Bündel Spitzwegerich mit. Die legt er in ein Schüsselchen mit warmem Wasser. Nach einer Weile nimmt er die Blätter heraus und schlägt das Wasser ab. Dann bittet er Maria, ihm die Wunde hinzuhalten. Er preßt den Spitzwegerich aus und träufelt den Saft in die Wunde. »Du das jeden Tag einmal so machen. Der Pastor hat das gesagt!« ordnet der Vater an. Das tut Maria, und sie ist erstaunt, wie schnell die Wunde heilt.

Im Frühsommer regnet es lange und viel. Mit dem Heuen wird es spät. An den ersten trockenen Sonnentagen sagt Vater zu Maria: »Komm, Heu wenden.« Klöß geht mit. Schweigend, aber vergnügt, trägt sie ihren leichten Rechen auf der Schulter. Aus weichem weißem Pflaumenholz hat Vater zwei neue Zähne geschnitzt und den Rechen damit geflickt. Hinter dem »Stein« biegen sie rechts ab und gehen am Grindelbach vorbei den Wäldern entgegen. Haselnußstauden überwölben den Wiesenpfad. Libellen stehen am klaren Bach. Tau hängt noch im Gras, und das Tal ist angenehm kühl.

Maria möchte in ihrer Zufriedenheit und ihrem Wohlbefinden sich gerne mit dem Vater unterhalten. »Vater, ich glaube, Regenzeit ist vorbei. Ich glaube, Heu wird in den nächsten Tagen gut trocken.« Sie sieht beim Sprechen den Vater an, wie sie es immer tut, wenn sie mit jemandem spricht. Sie ist ein wenig zur Seite gewichen, um den Mund des Vaters besser zu sehen, weil er vielleicht antworten wird, da tritt sie plötzlich ins Leere. Sie fällt hin und liegt im Bach. Eiskalt ist das Wasser. Heftig hat sie die linke Hand auf die glitschigen Steine aufgestützt, die rechte hält noch den Rechen in die Höhe. Sofort schmerzt das linke Handgelenk ganz fürchterlich. Vater hat verdutzt geguckt, dann lacht er, lacht sie einfach aus. Klöß grinst und zieht Maria aus dem Wasser.

Maria ist gar nicht nach Lachen zumute. Naß ist sie, das schmerzende Gelenk schwillt an. »Ich kann nicht Heu wenden! Ich kann unmöglich Heu wenden!« jammert sie. Vater sieht das ein, nachdem er die Hand betrachtet hat. Maria will zurückgehen, aber Vater hält sie fest. »Warten«, sagt er. Er gibt seinen Rechen Klöß und legt sich im Gras auf den Bauch. Den Arm streckt er über den Bach und läßt die Hand ins flutende Wasser gleiten. Im Wasser flitzen rotgefleckte Forellen. Maria seufzt. Wie lange wird es dauern, bis Vater einen Fisch gefangen hat? Vater hält die Hand ganz ruhig im Wasser. Klöß sitzt in der Hocke dabei und beobachtet gespannt. Plötzlich schnappt Vater zu, und in der Hand hält er eine dicke, fette Forelle, die heftig zappelt. Vater wirft den Fisch ins Gras und wartet, bis er ausgezuckt hat. Maria ekelt sich. Klöß ist über Vaters Kunststück begeistert. Kaum noch bewegt sich der Fisch. Vater hebt ihn auf und befiehlt Maria, das Tier mit nach Hause zu nehmen. Maria ist entsetzt und graust sich. Sie will nicht und schüttelt sich: »Nein! Ich kann Fisch nicht anfassen!« Vater drückt ihn ihr in die gesunde Hand. Sie muß! Dann geht er mit Klöß weiter. Der Fisch ist kalt und glatt, das Mäulchen und die Augen stehen offen. Gräßlich, widerlich ist es für Maria, ihn zu tragen. Gerade lebte er noch. Wenn er jetzt wieder zappelt oder zuckt, wird sie ihn fallen lassen und weglaufen.

Eben war die Welt noch so schön. Nun geht sie mit triefendem Kleid, einem stechenden Schmerz im Handgelenk und noch mit einem toten Fisch weit vor sich hergestreckt nach Hause. Es ist ihr zum Heulen. »Im Wasser ist Fisch viel schöner«, denkt Maria.

Sie ist froh, als sie zu Hause ist und den Fisch loswerden kann. Kühle Umschläge legt sie um ihr wehes Gelenk. Am Mittag darf sie mit allen anderen am Tisch zugucken, wie der Vater die in Butter gebratene Forelle allein aufißt und sich gut schmecken läßt.

38

Die Dorfleute schütteln die Köpfe. Auch Maria wundert sich. Ein Mann ist auf den Hof gekommen und hat zwanzig Schafe mitgebracht. Vater läßt sie auf die Hühnerwiese treiben, wo er aus Latten einen Pferch aufgestellt hat. Zwanzig Schafe. Aber was für Schafe! Lauter alte Mutterschafe, nackt, ohne einen Kringel Wolle, mit ausgefallenen Zähnen. Auf Marias Frage: »Warum du Schafe gekauft?« sagt er nur: »Billig, billig.«

Seit vielen Jahren hat niemand mehr im Dorf Schafe besessen. Früher hatte jeder seine zwei bis drei Schafe. Morgens zog der Gemeindeschäfer durch das Dorf, und aus allen Ställen liefen ihm die Schafe zu, die er auf die kahlen, spärlich bewachsenen Hügel führte und am Abend nach Hause zurückbrachte. Manchmal zieht eine große Schafherde aus dem Dauner Gebiet über Freilinger Land. Dann mieten einige Bauern eine längere Rast der Wanderherde auf ihren kargen Äckern, bringen dem Schäfer zu essen und haben auf diese Weise Schafdung für ihren Ackerboden. Der Dünger ist so knapp, daß manche Äcker drei bis fünf Jahre brach liegen müssen. Für Kunstdünger ist weder Geld noch Verständnis vorhanden. »Wer Weide-fahren mit Schafen?« denkt Maria. Sie glaubt, daß es Klöß tun wird, und bei dem Gedanken fällt ihr ein, daß sie ihn seit einigen Tagen nicht mehr gesehen hat. Sie fragt die Großmutter: »Wo ist mein Bruder Nikolaus?« und erfährt, daß Klöß auf einem Hof in Hillesheim arbeitet, der einem Bekannten gehört, dessen Söhne im Krieg sind und der dringend Hilfe braucht. Maria ist traurig, weil Klöß ihr nicht auf Wiedersehen gesagt hat. Sie hofft, daß es ihrem Bruder gut geht.

Vater zieht selbst mit Hund und Schafen hinaus. An seinem Hirtenstab ist ein kleines Schäufelchen und ein Haken. Mit den Schafen ist das gar keine dumme Sache. Sie werden zwar nicht fett, aber es ist doch Fleisch an ihnen, und das ist wichtig. Denn jetzt beginnt man den Krieg immer mehr zu bemerken. Hohe Ernte- und Vieh-Abgaben verlangt der Staat von den Bauern. In der Mühle darf nur eine vorgeschriebene Menge Getreide pro Kopf gemahlen werden. Aus den Städten kommen Menschen, die von Haus zu Haus gehen und betteln oder alles mögliche Zeug anbieten, um dafür im Tausch Nahrung zu bekommen. Die Bauern glauben, daß das schon schlimm genug sei. Aber ein Jahr später, 1917, wird es unerträglich. Wie eine Plage kommen die Menschen über die Dörfer und bitten um Essen. Vater hat den großen Haustürschlüssel hervorgeholt und schließt damit nachts die Türe ab. An Stall- und Scheunentüren läßt er feste Schlösser anbringen. Alle Freilinger müssen das tun, und auch wenn über Tag auf dem Felde gearbeitet wird, kann keiner mehr sein Haus unbewacht lassen. Abschließen! So etwas hat es noch nie in Freilingen gegeben. Maria sieht die mageren Gestalten, die ausgehungerten Kinder und Mütter an der Haustüre und hat Mitleid mit ihnen. »Krieg! Hungersnot!« Mehr kann sie nicht erfahren. Vater zählt am Morgen die Schnitten, die er vom großen, runden Brotlaib herunterschneidet. Jeder bekommt eine Scheibe. Das Brot ist aus Schrotmehl gebacken, dunkel und schwer. In der Futterkammer hinter dem Pferdestall steht die kleine Futtermühle, in der sonst für das Vieh Schrot gemahlen wird. Jede Woche mahlt

Maria selbst die Körner, die sie oben in den Trichter hineingibt. So können sie zusätzlich zu der erlaubten Mehlmenge, die die Mühle für sie mahlt, aus dem Schrotmehl Brot backen. Vater sitzt manchmal in der Futterkammer nachdenklich stumm dabei. Hin und wieder hat er im Laufe des letzten Jahres ein Schaf als gute Nahrung für all die hungrigen Mägen in der Familie geschlachtet. Neue Schafe kauft er zu. So hat er immer eine kleine Herde.

Wieder hat Maria stundenlang Getreide durch die Futtermühle gedreht. Ihr Rücken schmerzt. Mutter verbackt das Schrotmehl gleich zu zehn Brotlaiben, die am Abend in das dunkle Kellergewölbe gebracht werden. Großmutter hat einen Klumpen Butter frisch geschlagen. Noch glänzen die salzigen Wassertröpfchen darauf. Auch er kommt in den Keller. Am anderen Morgen ist große Aufregung. Die Mutter steht in der Diele, hat ihre Schürze vor den Augen und weint. Großmutter schaut ganz böse, und die Kinder, so früh schon auf, sind verstört. »Was ist los?« fragt Maria erschrocken. Setta, die elfjährige Schwester, nimmt sie bei der Hand. Sie spricht nur selten mit der Großen. Draußen im Hof zeigt sie auf das niedrige Kellerfenster. Zerschlagen liegt das Glas in Scherben auf dem Pflaster. Maria begreift sofort. Mit Entsetzen schlägt sie die Hand vor ihren Mund. Sie hat laut aufgeschrien. »Still!« sagt Setta, »Vater schläft oben. Nicht stören!«

Maria will die zornige Großmutter nicht fragen und läuft zu Tante Barbara, um zu erfahren, was geschehen ist. Vater hat in der Nacht den Hund bellen hören und hat zum Fenster hinausgerufen: »Wer ist da?« Aber es blieb still. Vater legte sich wieder zu Bett, fand aber keine Ruhe. Schließlich zog er sich an und ging mit der Lampe über den Hof. Da sah er die zerbrochenen Glasstücke. Böses ahnend ist er in den Keller gelaufen – Brot und Butter waren verschwunden. Da nahm er den Hund und eilte zum Bahnhof, um den Dieb aus der Stadt zu erwischen, ehe er mit dem ersten Zug wegfahren konnte. Aber er fand niemanden, der seine zehn Brote und die Butter gestohlen hatte. Maria staunt. Noch niemals ist ihnen etwas gestohlen worden! In der Futterküche muß sie nun wieder mahlen, aber viel weniger als am Tag vorher. Keiner wird in der kommenden Woche satt. An Butter ist nicht zu denken. Es ist noch kein Rahm auf den Milchtöpfen. Sie essen, wie meist, Klatschkäse auf dem Brot und ausnahmsweise auch Rührei.

Wochen vergehen. Da kommt ein Mann zu Vater, der von seinem Gewissen geplagt wird. Er beichtet den Diebstahl. Es ist kein Mann aus der Stadt, sondern ein Korbmacher aus Lommersdorf, »ein Faulenzer«, wie Vater sagt, der elf Kinder zu ernähren hat. Vater hört ihn an und sagt kein einziges Wort. Ungeschoren läßt er den Mann laufen. Maria wundert sich darüber.

39

Gegen Fett und Fleisch tauschte Vater eine Nähmaschine ein. »Vater ist klug«, denkt Maria, »Nähmaschine ist sehr nötig.« Was sie in der Schule, bei Fräulein Käthe Rögert und bei der Näherin in Hüngersdorf gelernt hat, das kann sie nun gut gebrauchen. Jeden Tag sitzt sie an der Nähmaschine. Sie dreht das Rädchen mit der Hand, und die Nadel springt. Erst staunen die Kinder und stehen um die Maschine herum. Setta würde am liebsten Marias Platz einnehmen. Nachher haben sie sich daran gewöhnt und kommen nur noch, wenn sie etwas zerrissen haben. Wunderbar, daß jemand da ist, der schnell wieder alles in Ordnung bringen kann. Nichts an Wäsche und Kleidung verkommt in dem großen Haushalt. Aus abgetragenen Stücken versucht Maria Neues zu nähen. Es gelingt ihr, und die Arbeit macht ihr Freude. Ihre Schwester Lena, ein Kind mit feinem Gesichtchen, unaufdringlich und hilfsbereit, sitzt stundenlang an Marias Seite und läßt sich gerne das Nähen mit der Hand und an der Maschine zeigen. Maria fühlt dabei Wohlbehagen. Nachbarn kommen und bitten um ihre Hilfe. Sie staunen über Marias Fleiß und Können und über ihre Sorgfalt, mit der sie näht. Wenn sie gelobt wird, strahlt sie mit ihren hellen Augen und lacht vergnügt. Zur Erntezeit steht die Nähmaschine oben in der Schlafkammer am Fenster. Dort näht und flickt sie aus Zeitmangel nur an den Sonntagen.

Einmal kommt eine verhärmte Frau, die in einer ärmlichen Hütte wohnt. Niemand im Dorf hat gerne mit ihr zu tun, weil sie schmutzig ist. Sie stinkt. Die abgearbeitete, arme Frau hat viele Kinder und einen nichtsnutzigen Mann. Maria sitzt an der Nähmaschine, als die Frau mit dem Vater in die Stube tritt. Die Frau lächelt sie an und Maria erschrickt über das verzerrte Gesicht. »Du Bluse ausbessern!« sagt der Vater und zeigt auf das Kleidungsstück, das ihr die Frau entgegenhält. Flehend sieht Maria ihren Vater an. Kann er das verlangen? Vater nickt streng und geht. Maria nimmt die Bluse, sie ist ungewaschen. Sie sagt: »Ja, ich werde Bluse ausbessern. Heute abend abholen.« Die Frau nickt erfreut und geht. Maria seufzt. Sie will schnell die unangenehme Arbeit hinter sich bringen. Das übrige Nähzeug räumt sie beiseite. Widerwillig nimmt sie die Bluse vor und prüft den Schaden. Sie zwingt sich, das schmierige Stück auszubessern. Doch plötzlich wird ihr so übel, daß sie schnell hinausrennen und sich am Misthaufen übergeben muß. Bleich und mit zitternden Knien geht sie sich die Hände waschen. Dann sucht sie den Vater und sagt ihm: »Ich kann die Bluse nicht nähen. Bluse stinkt!« Das findet der Vater komisch und zum Lachen. Maria wird zornig auf ihn. Wütend geht sie an ihre Arbeit zurück und näht die Bluse fertig. Nein, mit Vater kann man darüber nicht reden. Er hat kein Mitleid mit ihr. Die Bluse hängt sie an einen Nagel und wäscht sich wieder gründlich die Hände.

Am Abend holt die Frau ihre Bluse ab. Sie setzt sich noch ein Weilchen hin und plaudert mit der Mutter. Dann bedankt sie sich und geht. Vater winkt Maria zu sich und zeigt auf den Stuhl, auf dem die Frau gesessen hat. »Du Stuhl auf den Hof tragen. Stuhl muß lüften!« Sein Gesicht ist streng dabei. Maria wagt nicht zu widersprechen. Sie trägt den Stuhl auf den Hof, da steht er dann die ganze Nacht. Sie begreift den Vater: Er wollte der armen Frau helfen. Aber er hat gezeigt, daß er ihren Schmutz nicht will. –

Willi trägt mitten in der Woche seine Sonntagskleider. Es ist Anfang August und Arbeit in Fülle. »Warum Willi nicht arbeiten?« fragt Maria die Mutter. »Willi wird morgen Soldat.« Sie sieht Willi, ihren ältesten Bruder, ausgelassen mit den kleinen

Geschwistern herumlaufen. »Ich habe Willi noch nie gesehen so froh«, denkt Maria. »Gesicht ist glücklich.« Mutter packt am Abend die Wäsche für ihn ein. Maria hat nachgesehen, ob sie in Ordnung ist. Am anderen Tage schmiert sie für ihn ein dickes Paket Butterbrote. Nach dem Mittagessen holen ihn seine Freunde. An Willis Jacke steckt ein kleiner Blumenstrauß. Er verabschiedet sich von Eltern und Geschwistern, schüttelt im Hof die Hände der Nachbarn, und lachend zieht er mit den Freunden zur Bahnstation. Vater sieht seinem Sohn nur kurz nach, dann geht er in den Stall, schirrt das Pferd vor den Wagen, lädt die Egge auf und deutet Maria, die Haue zu nehmen. »Du mitgehen!« sagt Vater und fährt los. Maria geht mit der Haue hinterher. Vater will ein kleines Feld auf dem »Stein« vorbereiten, um später Raps zu säen. Dieser wird erst im nächsten Juli reif sein. Dann werden sie die Schoten ernten. Raps bedeutet Öl. Die Sonne brennt auf die weite Höhe. Hier oben weht immer Wind. Aber heute bringt er keine Kühlung. Vater und Maria können die fröhliche Gruppe mit dem hinausziehenden Willi am »Zollstock« sehen, bis sie im Hüngersdorfer Tal verschwunden sind.

Auf dem Felde geht Vater mit müdem Schritt und finsterer Miene neben der Egge her und hält die Zügel. Maria stapft hinterdrein. Die Erde ist grob und staubig trocken. Sommersonne hat sie zusammengebacken. Mit der Haue schlägt das Mädchen die dicken Klumpen klein. Reihe um Reihe zieht die Egge durch den Boden. Da sieht Maria, wie Vater sein Pferd anhält, die Zügel hinschmeißt und zum Feldrand geht. Unter den Schlehenbüschen legt er sich auf die Erde, zieht seinen Hut über das Gesicht, verschränkt die Hände auf dem Leib und rührt sich nicht mehr. Maria weiß nicht, was sie davon halten soll. So hat sie den Vater noch nicht erlebt. Nicht einmal ungedreht hat er sich nach ihr. Als sei sie gar nicht vorhanden gewesen. Schmeißt sich da einfach hin und schläft. Sie hackt weiter Erdklumpen klein. Ihre Gedanken begleiten Willi auf seinem Weg. Nichts hat sie vorher gewußt, daß auch er in den Krieg muß. Niemand hat ihr etwas gesagt. Wie glücklich der Bruder war! Wie froh er war, von zu Hause fort zu können! Aber der Krieg ist doch furchtbar! denkt Maria, weiß Willi das nicht? Er wird Angst bekommen – und wenn auch er sterben muß, wie die andern aus dem Dorf, die gefallen sind? Aus den zwei Gefallenen zu Anfang des Krieges sind schon viel mehr geworden. Willi zog fort, als zöge er in die Freiheit. Und Nikolaus? Wenn Klöß von dem fremden Bauernhof zu Besuch nach Hause kommt, geht er auch gerne wieder zurück.

Maria kann die Brüder verstehen. Vater ist sehr streng mit ihnen. Kaum haben sie Freiheit. Nie bekommen sie Geld von Vater. »Willi ist achtzehn Jahre«, denkt Maria. »Und ich? Ich bin zwanzig Jahre alt.« Verlassenheit kommt über sie. Wehmut steigt in ihr auf. Sie ist ganz einsam. Sie beginnt zu weinen. Während sie weiterarbeitet, laufen ihr die Tränen ohne aufzuhören. Sie fühlt und erkennt, wie mutterseelenallein sie ist: Sie kann nicht hören. Sie ist taubstumm. Sie wird immer ausgeschlossen bleiben, immer am Rande leben und nie richtig zu jemandem gehören, der sie ganz versteht, der so ist wie sie selbst. Die andern sprechen und lachen miteinander. Sie muß dankbar sein für eine geduldige Antwort.

Seit Jahren ist sie fleißig auf Vaters Hof. Jahre harter Arbeit von früh bis spät. Was hat sie für eine Zukunft? Es wird immer so weiter gehen. – Sie will ja gerne arbeiten. Ohne Arbeit kann sie gar nicht leben. Aber wenn sie denkt, daß es immer so bleiben soll, immer nur so? Willi geht fort, Nikolaus ist fort, Christina ist in Aachen. Wer wird noch fortgehen? Was wird aus ihr?

Da liegt der Vater und schläft. Sie sehnt sich nach seiner Liebe, nach einem Gespräch mit ihm, ganz allein und lange. Aber er legt sich hin, als sei sie nicht auf der Welt. Vielleicht würde niemand sie vermissen? Nur ihre Arbeit? Vater kann ohne sie leben, alle können ohne sie leben. Sie kommt sich überflüssig vor. Sinn- und nutzlos ist ihr taubstummes Leben. Sie ist für niemand notwendig, und niemand ist für sie auf der Welt. Sie weint bitterlich. Lange, lange, bis sie keine Tränen mehr hat. So viel hat sie noch nie geweint.

Die Sonne neigt sich zum Westen. Die ersten Bauern kommen von den Feldern heim, da reckt sich Vater und steht auf. Er geht zu dem geduldigen Pferd und klopft es auf den Hals. Die Egge löst er und läßt sie auf dem Feld zurück. Mit dem Pferd geht er nach Hause. Wieder hat er Maria nicht beachtet. Sie trägt die Haue über der Schulter und geht auch. Menschen begegnen ihr. Zu Hause ist Betriebsamkeit. Lena und Anna wollen sie liebevoll necken. Der kleine Toni freut sich, sie wiederzusehen. Josef hängt sich an ihre Schürze. Geborgenheit in der gewohnten Umgebung löst ihre Not. Und doch bleibt eine Spur von Wehmut zurück.

40

Das erste Stroh von einem frischgerodeten, bebauten Feld ist feindünn wie Gras. Mit dem Dreschflegel gedroschen und zu »Puppen« gebündelt, deckt es manche Dächer in Freilingen.

Stroh ist in der hohen Eifel knapp. Die Äcker sind mager und steinig. Der Frühling kommt spät und der Winter früh. Das spärliche Getreide bekommt keine langen Halme. Die Bauern brauchen das Stroh im Winter als Beimischung zum Viehfutter. Für Stallstreu nehmen sie Ginster und Heidekraut. Um Dächer zu decken, hat man auch im reichen Jülicher Land – im Niederland wie die Freilinger sagen – mit Gespannen handgedroschenes, langes Roggenstroh gekauft.

Mit dem Jülicher Stroh kamen die Ratten, die sich in den Strohdächern einnisten und sie undicht machen. Sie gehen auch an Vorräte in den Kellern und auf den Dachböden. Maria fürchtet die Ratten und ekelt sich sehr vor ihnen. Vater hat ein paar Katzen, von denen zwei auch Ratten jagen. Nicht jede Katze springt den scheußlichen Nagern in den Nacken und beißt sie tot. Gegen die Ratten sind Mäuse beinahe schön, obwohl auch sie genug Schaden anrichten. Die meisten Mäuse gibt es zur Erntezeit, wenn Vater mit der Sense das Korn mäht. Da huschen die Feldmäuse verstört durch die frischen Stoppeln. Hunderte von Mauselöchern werden sichtbar. Der kleine Hund, der aufgeregt hinter Vater wartet, bis die Halme gemäht sind, steckt seine Nase in die Löcher, schnuppert kurz und beginnt mit der Vorderpfote das Mauseloch aufzukratzen. Dicht unter der Erde findet er die Nester, mit trockenem Gras und Moos gepolstert, in denen die jungen Mäuse liegen. Der Hund verspeist die Mäuschen, wenn Vater ihn nicht fortjagt und die Tiere mit seinen schweren Nagelschuhen tottritt. Marias kleine Brüder stecken die hellen, nackten Mäuschen in ihre Hosentaschen und werfen sie zu Hause auf den Hof. Dann stürzen sich die Hühner auf das Gekrabbel und fressen es auf.

Auch im Haus gibt es Mäuse. Maria sieht manchmal, daß eine Katze eine Maus im Maul in die Stube trägt. Die Katze legt sich unter die lange Bank oder unter den Schrank und läßt die Maus wieder laufen. Die Maus will entwischen – aber da hat die Katze sie schon wieder in den Pfoten. Immer wieder spielt die Katze das grausame Spiel des Fangens. Maria mag das gar nicht sehen. Gegen die Ratten und Mäuse hat Tante Barbara Fallen zu verkaufen und auch aufgestellt. Die muß sie immer erst selbst wegräumen, ehe Maria ihren Laden putzt.

Seit vielen Jahren, jeden Samstag, macht Maria den Laden sauber. Für das Reinemachen schenkt ihr Tante Barbara einen Kleiderstoff. Maria ist glücklich darüber. Seit sie aus Aachen weggegangen ist, hat sie kein einziges neues Teil zum Anziehen bekommen. Aus allem ist sie längst herausgewachsen, obwohl sie immer wieder geändert und angestückelt hat. Mit dem Stoff geht sie nach Lommersdorf zur Näherin Appels. Sie bittet darum, den Stoff für ein Kleid zuzuschneiden. Maria wagt das nicht allein bei einem neuen Stoff. Das Kleid näht sie selbst. Endlich hat sie wieder etwas Schönes zum Anziehen, für sonntags. Mit dem neuen Kleid spaziert sie auch zu Onkel Luppertz. Das ist ein Bruder ihrer verstorbenen Mutter. Er hat sei einigen Jahren eine Gaststätte im Unterdorf. Erst sieht man den mächtigen Misthaufen auf dem Hof liegen, dahinter das kleine Steinhaus mit der Gaststätte. Daneben ist ein Saal angebaut worden. Getanzt wird dort aber nicht mehr. Vor dem Saal sitzen deutsche Soldaten, mit Gewehren. Sie bewachen gefangene Russen. An den Anblick der Gefangenen in Wattejacken und Drillichzeug hat Maria sich erst gewöhnen müssen. Die Gefangenen bewegen sich im Dorf ziemlich frei. Sie sind freundlich und gutartig. Wo Hilfe nötig ist auf den Höfen, weil die Männer im Krieg oder gefallen sind, da helfen die Russen auf den Feldern und in den Ställen fleißig mit.

Maria hat sich gewundert, daß jeder, der mit den Gefangenen sprechen will, eine Zeichensprache gebrauchen muß. Sie kann alles mitverstehen, was gemeint ist. Großmutter sagt: »Die Gefangenen haben eine andere Sprache.« Die kriegsgefangenen Russen und die bettelnden Städter haben das Dorfleben verändert.

Am Sonntagmorgen läßt Vater die sechzehn-, siebzehnjährigen Dorfburschen hinter dem »Reech« in den Wiesen exerzieren. Mit einem Holzstock müssen sie üben: »Gewehr – über!« Sie müssen über den Boden kriechen und lernen an einem einzigen richtigen Gewehr das Schießen. Eine große Zielscheibe ist aufgestellt. Maria schaut einmal von fern zu und sieht das Mündungsfeuer aufblitzen und leichten Rauch aufsteigen. Vater ist sehr stolz darauf, daß er die Burschen vormilitärisch ausbilden soll. »Ich bin ein alter Soldat«, sagt er zu Maria.

Ist er schon einmal in einem Krieg gewesen? fragt sie sich. Tante Barbara versucht ihr eine Antwort zu geben und schreibt auf einen Zettel: »Regiment Horn in Trier.« Da sei Vater gewesen, bevor er nach Amerika ging. Maria weiß nicht, was sie mit »Regiment Horn« anfangen soll. Sie will aber niemand mit weiteren Fragen belästigen. Die Menschen in Freilingen gehen immer bedrückter an ihre schwere Arbeit. Sechzehn Männer und Söhne aus dem Dorf sind schon gefallen. Der Hunger wird größer. Der Strom der Bettler und derer, die etwas eintauschen wollen, reißt nicht mehr ab. Mittags gibt es oft Steckrüben, die sonst als Viehfutter gebraucht werden. Im Spätherbst sind die Rüben mit Blättern und Stielen wie Sauerkraut oder grüne Bohnen oder wie zarter Rübstiel zum Einsäuern in große Steintöpfe eingelegt worden. An das Vieh wird im Winter, unter Heu und Stroh gehäckselt, nun noch trockenes Kartoffelkraut dazu verfüttert. Schlimm ist für Maria, daß die liebe Großmutter auszieht. Sie will bei ihrer Tochter Barbara wohnen. Sie kommt mit Mutter Helene nicht aus. Obwohl sie nun doch nur um die Hausecke herum wohnt, weint Maria und vermißt sie. Auch

Klöß weint. Das Haus ist plötzlich leer geworden. Sooft Maria nur kann, läuft sie schnell mal hin zur Großmutter. Meist nimmt sie ihren Lieblingsbruder Josef mit. Großmutter kocht manchmal ein Ei für die beiden. Wie lange haben sie daheim kein einziges Ei mehr gegessen? Wie gut das schmeckt! Großmutter sitzt dabei und freut sich.

41

Der Spätsommer geht zur Neige. Die Schwalben sind fortgezogen, und in der goldenen Septembersonne spinnen die Altweiberfäden. Lange Schatten wirft das Gieferhaus am Abend über den Hof bis auf die Straße. Maria will am Brunnen Wasser holen. Da sieht sie Pferde und Wagen mit deutschen Soldaten ins Dorf einziehen, mehr und noch mehr. Ein ganzer Treck. Kein Ende ist abzusehen. Die Soldaten sind mager und müde. Die Pferde sehen noch elender aus. Ihre Rippen stehen in Bogen heraus unter dem dünnen Fell. Die Soldaten halten an, als sie die Kapelle erreichen. Ihre Stiefel sind kaputt, die schlotternden Uniformen verstaubt. Die Männer sind unrasiert, blicken aus großen Augenhöhlen.

Als Maria mit ihren schwappenden Wassereimern zum Gieferhof zurückgeht, kommt auch Setta vom Weidefahren mit der Schafherde und dem Hund heim. Setta muß oft die Herde betreuen. Die Schafe suchen blökend ihren Weg durch die verstopfte Straße zum Stall. Die Mädchen sehen, wie sich auf den Steinstufen, auf der Bank vor dem Haus Soldaten niederlassen. Auch in der Stube und Diele hocken sie auf Treppen, Stühlen, auf dem Fußboden oder lehnen sich gegen die Wand. Manche haben ein freundliches Wort für Maria, sie sieht es. Aber sie kann keine Antwort geben und befürchtet, es könne sie jemand für ein unfreundliches, unhöfliches Mädchen halten. Vater schickt Maria und Setta hinaus, Stroh aus der Scheune zu holen und in der Stube auszubreiten. Die Soldaten legen sich dicht nebeneinander und schlafen gleich ein. Überall nehmen die Dorfbewohner für die Nacht Soldaten auf. Nicht nur in Stuben und

Kammern, auch in Scheunen und Ställen übernachten sie. Am anderen Morgen mustert Vater die elenden Pferde. Eines ist am Bein sehr verletzt, und das Gehen bereitet ihm starke Schmerzen. Vater und ein Nachbar schlachten das Pferd auf dem Hof. Das gibt Arbeit. Mutter kocht Suppe vom Pferdefleisch und brät große Mengen davon. Mittags können sich die ganze Familie und alle Soldaten, die bei Giefer Obdach gefunden haben, sattessen. Maria sieht, daß der Vater mit den Soldaten über die übrigen Pferde verhandelt. Vier der mageren Tiere führt er in den Stall und gibt den Soldaten Geld dafür. Maria denkt, daß die Pferde dem Kaiser gehören. Aber zum Fragen kommt sie nicht. Nach dem Schlachten, Kochen, Braten und Essen braucht Maria ein paar Stunden zum Spülen. Den ganzen Tag bleiben die Soldaten, ruhen sich aus, waschen sich und sprechen mit den Leuten aus dem Dorf. Am Abend, als Maria schlafen geht, sieht sie die Soldaten von ihrem Fenster aus noch über den Hof und die Straße gehen. Sturmlaternen leuchten an den Wagen. Manchmal blitzt ein Feuer auf, wenn jemand eine Pfeife anzündet. Am anderen Morgen ist alles verschwunden. Nur der Schmutz vom Stroh und die Wagenspuren erinnern an den Kriegsspuk. Maria fragt die Großmutter: »Woher kommen die Soldaten? Was ist mit Krieg?« Die Großmutter antwortet: »Alle Soldaten wollen nach Hause. Deutschland wird den Krieg verlieren. Deutsche Soldaten kommen von Frankreich zurück. Der Krieg ist sehr schlimm, Soldaten haben es erzählt.«

Der Oktober ist kalt. Vorbei ist es mit dem milden Herbst. Regen setzt ein und Wind. Wolkenfetzen jagen niedrig über die Eifelberge. Maria fröstelt. Sie schüttelt sich. Von innen her ist ihr kalt. Sie niest und hustet. Am liebsten möchte sie schlafen. Verstohlen geht sie in ihre Kammer und kriecht ins Strohbett. Es wird ihr nicht wärmer. Sie klappert mit den Zähnen und zittert. Es dauert nicht lange, da steht Vater an ihrem Bett. Er befiehlt: »Aufstehen!« »Ich krank. Mir nicht gut«, sagt Maria. Aber Vater ist ärgerlich. »Weide fahren! Weide fahren! Keine Zeit krank sein. Josef mit!«

Die Geschwister treiben die Kühe zum Dorf hinaus, an der Mühle vorbei und einen Berg hinauf. Da oben ist es weit und kahl bis auf ein kleines Wäldchen gegenüber, in dem Himbeeren und Brombeeren wachsen. Von hier aus schaut man auf die Berge jenseits des Ahrtales, die voll dunkler Tannen stehen. Wie ein mahnender Finger zeigt die Ruine eines Rundturmes in den Himmel, auf senkrecht aufragendem Fels gebaut: der Rest der Dollendorfer Burg. Maria und ihr Bruder sehen, wie die Raubvögel über dem Wäldchen kreisen. Die beiden frieren sehr. Sie tragen alte, lange Männermäntel, aber die geben keine Wärme. Stöcke haben sie mit, um das Vieh zu treiben. In einer kleinen Mulde mit bemoosten Steinen wuchern Holunder und Haselnußsträucher, ein paar Ranken dazwischen, gelb und stachelig, und ein zäher Ginsterstrauch. Die Geschwister hocken sich in die Mulde, damit sie etwas Schutz vor dem Wind finden, und sitzen dicht beieinander. Friedlich grasen die braunen Kühe im nassen Gras.

Maria kennt das Wetter, sie kann es für Tage voraussagen. In all den Jahren hat sie die Winde, den Himmel und das Licht beobachtet. Sie erzählt es Josef und zeigt: »Kommt Wind aus Osten, wird sehr kalt und trocken, kommt Wind aus Süden, wird warm. Kommt Wind aus Westen, gibt bald Regen. Kommt Wind aus Norden, wird kalt und rauh. Wenn Hühner immer Federn sauber machen, gibt Regen. Wenn Kühe bergab weiden, gibt Regen. Wenn du kann weit sehen, sehr klar – kommt Regen.«

Maria kann nicht mehr in vollständigen Sätzen sprechen. Längst hat sie es verlernt. Sie kann auch nicht mehr in ordentlichen Sätzen schreiben. Wann hat sie das letzte Mal geschrieben? Und lesen? Bei Tante Barbara und Großmutter, da liest sie manchmal, wenn eine Zeitung herumliegt. Aber sie kann das alles nicht mehr so verstehen wie in der Schulzeit. Die Satzgebilde erscheinen ihre verworren und schwer begreiflich. Sie ist darüber traurig. Soviel Mühe in der Schule, wozu?

Josef friert jämmerlich und hat seltsam glänzende Augen. Maria, obwohl sie selbst zittert, nimmt ihn in den Arm und hat Mitleid mit ihm. Er ist so zart. Mutter ist durch seine Geburt gestorben. Sie weiß nicht, ob sie ihn deshalb so besonders liebt. Josef lehnt sich in ihren Arm und bebt. Er sollte nach Hause gehen, denkt Maria. Aber sie fürchtet, daß es dem Vater nicht recht ist, und behält ihn bei sich und erzählt ihm, was ihr so in den Sinn kommt. Dann denkt sie, daß es besser ist, sich zu bewegen und zu laufen. Aber Josef will nicht und bittet sie, sitzenzubleiben. In der ersten Dämmerung treibt Maria die Kühe zusammen, und sie gehen in dem trüben, grauen Licht nach Hause. Stocksteif fühlen sich beide, klamm und feucht. Sie sehnen sich nach Wärme und Schlaf.

In den nächsten Tagen sind Maria und die Gieferkinder alle krank. Aber nicht nur sie. Die Grippe bricht aus und grassiert als Seuche im ganzen Land. Die Gieferkinder liegen in den kalten Kammern, fiebernd und mit Kopfschmerzen, Halsschmerzen, Schnupfen und Husten, bis sie es durchgestanden haben. Einer will nicht gesund werden. Er liegt in seinem Bett, das Fieber hat ihn ausgezehrt, er ist sehr schwach und schläft fast immer. Mutter Helene hat wirklich keine Zeit, sich um ihn zu kümmern. Maria, noch matt von der Krankheit, sieht überall liegengebliebene Arbeit. Die Kleinen weinen herum und sind noch nicht wieder die alten. Frierend geht Maria hinauf, um in den Schlafkammern die Betten zu machen und aufzuräumen. In der Kammer der Jungen steht Mutter vor Josefs Bett mit einem Stück Brot und einer Tasse Milch. Maria sieht, daß Mutter Josef bittet, sich aufzurichten, um zu essen. Aber der kleine Junge ist zu schwach, um den Kopf zu heben. Die Mutter aber bleibt mit Brot und Milch vor dem Bett stehen. Da packt Maria panische Angst.

Mit zitternden Knien läuft sie die Treppe hinunter, eilt über den Hof ums Haus zur Großmutter und schreit: »Großmutter, du kommen, bitte sofort kommen! Mit Josef nicht gut, ich bange! Komme sofort! Bitte!«

Die Großmutter hat seit dem Auszug das Haus ihres Sohnes nicht mehr betreten. Aber sie erkennt Marias Angst. Schnell greift sie nach einem Tuch, bindet es im Gehen um ihren Kopf und eilt mit Maria in die Kammer hinauf. Aber Josefs Bett ist leer. Sie erschrecken und laufen hinunter in die Stube. Mutter Helene hat Josef in Decken und Kissen gepackt und auf die hölzerne Bank gelegt. Die Großmutter beugt sich besorgt über den bleichen Knaben. Nein, winkt er kaum merklich, er will nicht essen und trinken. Elf Jahre hat Maria ihn geliebt. Kurz nach Mitternacht verlischt sein Leben. Großmutter nimmt die bitter weinende Maria in ihren Arm.

Naßkalt kommt der November. Die Hörenden sagen Maria, daß sie für die armen Seelen beten solle, wie alle es tun. So viele Menschen hat der Krieg getötet – und Millionen sind in Europa an der Grippeepidemie gestorben. Wo sind ihre Seelen geblieben? Maria hat in der Schule gelernt, daß die Seelen für ihre Sünden erst im Fegefeuer büßen müssen, bevor sie in den Himmel kommen können. Maria hat Mitleid mit den armen Seelen und Angst vor Gott. Aber auch Ehrfurcht.

Tante Barbara sagt ihr einige Tage später, daß der Krieg zu Ende sei, daß Deutschland den Krieg verloren hat. »Gott sei Dank!« sagt Maria, »jetzt kommt besser werden.«

Sie hat tausend Fragen: was denn nur »verloren« ist, was der Kaiser und seine Familie machen, warum und wofür alles war? Aber sie fragt nicht. Sie spürt, daß es mühsam ist, ihr viel zu erklären. Sie scheut sich und will nicht lästig fallen.

In einer Februarnacht 1919 schlafen die Giefer einen tiefen Schlaf. Den ganzen Tag über haben sie gelagertes Getreide gedroschen. Darum muß Willi lange vor dem Gieferhaus stehen und »Vater! Vater!« rufen, muß an die Tür klopfen und warten, bis er endlich gehört wird. Er ist aus der Gefangenschaft in Frankreich zurückgekommen.

42

»Du nach Neuwied nähen!« sagt der Vater zu Maria. »Wo Neuwied?« Sie wundert sich sehr. »Am Rhein.« Später erfährt Maria von Tante Barbara, daß einer der Soldaten, die die Russen bewacht hatten, aus Neuwied gewesen sei. Die Frau dieses Soldaten ist Schneidermeisterin. Vater hat von ihr einen Brief bekommen, daß Maria dort arbeiten kann. Maria freut sich. Sie erzählt es allen Bekannten. Sie bringt ihre wenige Wäsche und Kleidung in Ordnung und wartet ab. Kurz nach Weihnachten fahren Vater und Maria in Ahrdorf mit dem Zug ab, steigen in Remagen um und nähern sich dem kleinen Städtchen Neuwied. Allein sitzen sie im Abteil auf den Holzbänken. Vater hält seinen Stock zwischen den Knien. Er hat die Reise über kein Wort gesprochen. Plötzlich wendet er sich Maria zu und sagt: »Du nie Bauern heiraten! Ist zu schwere Arbeit für dich und nicht gut. Du keinen Bauern heiraten!« Verwundert und erschrocken antwortet Maria: »Oh – ich denken nicht an Heiraten!« Vater bleibt auch den Rest der Fahrt wieder stumm. Sie schauen hinaus, wo die Landschaft verübereilt. Maria kann nur noch an Vaters Worte denken.

Frau Raschke, die Schneidermeisterin, wohnt mit ihrem Mann in einem kleinen Haus. Maria bekommt ein Zimmer für sich allein. Außer ihr nähen noch vier andere Mädchen bei Frau Raschke. Die Schneiderin hält auf Ordnung und Pünktlichkeit. Das Nähzimmer ist zugleich die Wohnstube. Zwei Nähmaschinen hat Frau Raschke, beide zum Treten. Die Mädchen reinigen die Maschinen jede Woche mit Lappen und Pinselchen und versorgen die Nippel mit Öl aus einem kleinen Kännchen. Sie tragen zur Arbeit dunkle Kleider und weiße Schürzen mit Spitzen und Rüschen. Die Mädchen sind freundlich zu Maria. Vom ersten Tag an fühlt sie sich wohl. Viele Damen kommen, suchen aus Journalen aus, kleiden sich hinter einem Vorhang um, probieren an und drehen sich vor einem großen Spiegel.

Einmal fragt Maria Frau Raschke, woher die Mädchen kommen und wie sie heißen. »Alle kommen aus Neuwied, das eine ist Judenmädchen.« Maria wundert sich. Warum sagt es Frau Raschke besonders? Maria schaut immer wieder während der Näharbeit zu der Jüdin, beobachtet, wie sie sich bewegt und wie sie arbeitet. Ein Judenmädchen? Maria kann nichts Auffallendes entdecken. Sie und die Jüdin sind anders für die anderen. Sie, weil sie taubstumm ist, und warum das Judenmädchen? Maria denkt an den Viehhändler, der zu Vater kommt. Er ist auch Jude; Großmutter hat es ihr mit unfreundlichem Gesicht gesagt. In der Gebärdensprache zeigen die Taubstummen eine gebogene Nase mit dem Zeigefinger, wenn sie Jude meinen, und immer ist Mißachtung dabei. Sie weiß nicht, warum. Ist es schlimm, Jude zu sein? Warum ist es schlimm? Was ist schlimmer für die Menschen, Jude sein oder taubstumm sein?

Der Winter zum Jahre 1920 kommt mit einer schrecklichen, grimmigen Kälte. Nur sonntags geht Maria hinaus, ganz schnell mit Herrn und Frau Raschke durch die verschneiten Gassen zur Kirche. Bei diesem eisigen Wetter kann man kaum atmen, und die Kälte beißt ins Gesicht. Frau Raschke füllt immer wieder den eisernen Ofen mit Kohlen und Briketts nach. Maria hat die Aufgabe, täglich die Asche hinauszutragen. Neben der Näherei hilft sie noch im Haushalt mit. Frau Raschke hat gerollte Decken vor die Türritzen gelegt und breite Wolltücher vor die Fensterbänke gespannt. Sie sagt zu Maria: »Der Rhein ist zugefroren.« Maria bittet, ob sie am Sonntag zum Rhein gehen kann und schauen. Frau Raschke leiht ihr ihren Pelzmuff. Als Maria den Fluß erblickt, liegt er gleißend und glitzernd in der Morgensonne. Von Ufer zu Ufer ist starres Eis. Eisschollen von bizarren Formen sind terrassenartig aufeinandergetürmt. Möwen spazieren darauf oder fliegen über den verschlossenen Strom. Ein Mann füttert die Möwen. Die Vögel stürzen sich nieder, fangen im Flug Brotkrumen auf und picken sie schnell aus dem harten Schnee. Maria sieht eine Weile zu. Dann treibt sie die Kälte nach Hause. Sie hat wirklich kein Wasser gesehen, nur festes Eis!

Einmal will sie Fenster putzen. Sie bereitet in der Küche heißes Wasser und will ganz schnell die Scheiben wischen. Aber, wie flink sie auch wäscht, fast friert der Lappen am Glas fest. Alles Wasser am Fenster wird gleich zu Eis. Frau Raschke schüttelt den Kopf. Nein, Fenster putzt man nicht bei dieser Kälte! Das ist dumm! Den ganzen Winter über bleiben alle Fenster in den ungeheizten Zimmern undurchsichtig. In den geheizten Räumen schmilzt es an den Rändern der Scheiben auch nicht. Nur in der Mitte bleibt ein bißchen zum Durchschauen frei.

Maria ist zufrieden, wenn auch manchmal traurig. Die Mädchen unterhalten sich und lachen miteinander. Nur sie sitzt dabei und kann nicht teilhaben. Und fragen: »Wovon sprechen?« oder »Warum lachen?«, das kann sie ja nicht immer. Außerdem können die Mädchen sprechen und doch dazu arbeiten; aber wenn sie ihr was sagen, müssen sie solange die Näharbeit unterbrechen. Auch versteht sie es nicht immer sofort. Den Mädchen ist es lästig, zu wiederholen. Sie schwatzen lieber unter sich. Das macht Maria oft das Herz schwer, daß sie so taub und stumm dabeisein muß.

Frühjahr! – Sie sieht von der Näharbeit auf, und Vater ist im Zimmer. Maria springt auf, sie ist glücklich, den Vater zu sehen. Er sagt ihr: »Einpacken! Du nach Hause.« Frau Raschke nickt dazu und hebt die Hände und die Schultern zum Zeichen, daß sie nichts machen kann. Vater bleibt zum Mittagessen, dann verabschiedet sich Maria von den Mädchen und Frau Raschke. Ein Foto nimmt sie zum Andenken mit; Maria und die Mädchen mit Frau Raschke in der Mitte.

In der Eisenbahn fragt Maria ihren schweigsamen Vater: »Warum ich muß nach Hause?« »Wir Geld sparen, wenn du zu Hause bleibst.« Maria denkt nach, was das bedeuten soll. Geld sparen, wenn sie zu Hause bleibt? Geld? Sie hat noch nie Geld gehabt außer den Pfennigen von Papa Bunden. Frau Raschke gab ihr auch keines. Da hat sie das Essen und Schlafen frei gehabt. Oder hat Vater etwas bezahlen müssen?

Von Ahrdorf wandern die beiden über Lommersdorf nach Freilingen. Den Reisekorb tragen sie an einem Stecken zwischen sich. In Neuwied war schon milder, warmer Frühling. Hier in der Eifel sind kaum die Knospen aufgesprungen. Noch kein einziger Obstbaum blüht. Maria freut sich, ihre Lieben wiederzusehen. Aber sie sieht mit anderen Augen: die Wege sind ausgefahren und ungepflegt, die Häuser und Hütten ärmlich. So viele Kinder! Vieh, Stall und Feld schreien nach Arbeit.

Maria zieht die Schnürstiefelchen aus und die derben Schuhe an. Sie hängt ihr gutes Kleid fort. Das weiße Kopftuch bindet sie um und beginnt die gewohnte Arbeit zu tun.

Vater pflügt und eggt. Maria setzt Kartoffeln und Rüben. Der Garten wartet auf ihr Graben und Säen. Der Stall wird zweimal täglich ausgemistet, Wäsche und Kleidung müssen geflickt werden. Toni, das fünfjährige, jüngste Geschwisterchen läuft immerzu hinter Maria her. Maria tut es gut, daß Toni sie gern hat.

Maria weiß, wie das Jahr vergeht: Rüben vereinzeln, Kartoffeln häufeln, Hackfrüchte hacken, Heu ernten, Getreide einbringen, Rüben und Kartoffeln ausmachen, Stallmist auf die Stoppelfelder fahren, pflügen – im Frühling Hafer und Klee, im Herbst Korn und Weizen säen, Gemüse auf den Feldern pflanzen – es ist ein ewiger Rhythmus, vom Wetter, von der Natur bestimmt. Zum Ende des Herbstes schickt der Vater sie nach Lommersdorf, damit sie dort das Zuschneiden erlernt. Zuschneiden in neuem Stoff hat sie bisher noch nie probiert. Auch ihre Freundin Traudchen lernt bei Frau Gossen. Sie treffen sich morgens und gehen gemeinsam den Weg.

Maria hat eine Bluse allein zugeschnitten und mit Biesen und Spitzeneinsatz genäht. Frau Gossen ist von ihrer feinen Arbeit so begeistert, daß sie Maria die Bluse selbst zur Kundin bringen läßt. Frau Gossen hängt sie ihr sorgfältig über den Arm und sagt: »Du mußt sagen: Ich habe die Bluse allein genäht.« Maria ist stolz und glücklich. Sie bringt der Bäuerin die Bluse ins Haus und sagt laut, daß sie sie ganz allein gearbeitet hat. Aber die Frau nimmt die Bluse ohne ein Lächeln und ohne sie anzuschauen, bringt sie fort und geht an ihre Arbeit. Maria ist enttäuscht. Vielleicht hat die Bäuerin sie nicht verstanden? Vielleicht kann sie sich nicht mehr freuen, weil ihr Mann im Krieg in Rußland gefallen ist? »Arme Frau«, denkt Maria.

Den ganzen Winter marschiert sie früh nach Lommersdorf hoch. Mittags bringt ihre Schwester Setta für sie das Essen in zwei Henkeltöpfchen am Bügel. Abends nach der Heimkehr hilft sie noch der Mutter, versorgt die Geschwister und geht zur Großmutter und Tante Barbara. Wie schön, daß sie nicht den ganzen Tag nur auf dem Gieferhof sein muß! Als das Frühjahr kommt und Maria auf dem Feld gebraucht wird, hat sie das Zuschneiden gut gelernt.

43

Vater muß ein kluger Mann sein. Trotz der schweren Zeit hat er zwei Ackergäule. Die großen Brüder putzen und striegeln die Pferde. Das Fell muß glänzen, die Mähne wird gekämmt und geschnitten, und auch der Schwanz ist sauber und gepflegt. Es macht Freude, die Tiere anzuschauen. Bei den Kühen gibt sich keiner Mühe. Sie haben schmutzige Schenkel. Jeden Morgen, ehe die Gäule angeschirrt werden, stellen sie sich vor den Hauseingang und stecken die Köpfe in den Flur hinein. Die Mutter oder Maria geben ihnen dann eine Scheibe Brot. Maria tut das gern. Auf der flachen Hand spürt sie die weichen, warmen Lippen der Pferdemäuler. Oft reiten die Brüder zum Feld hinaus. Sie sind sehr stolz, denn die Leute im Dorf müssen eine Kuh oder einen Ochsen vor den Wagen oder den Pflug spannen. Sie aber haben zwei Pferde! Dazu zwei Schweine und ein Ferkel. Mutterschweine mit kleinen Ferkeln, die gibt es in Freilingen nicht. Wer das Geld hat, kauft ein Ferkel auf dem Markt, trägt es im Sack nach Hause und füttert es groß. Vater kaufte sein Ferkel, als es sechs Wochen alt war und zwei Handspannen lang und rosig. Später erst besitzt Vater zwei Säue, und Setta muß sie den langen Weg über die Ahr hinüber zum Gutshof Vellerhof zum Eber treiben.

In dem Stall neben der Dreschmaschine hat Vater über hundert Schafe untergebracht. Auf dem Viemarkt in Mayen kaufte er die meisten Schafe ein. Er und sein Sohn Mäthes haben sie 58 Kilometer weit an zwei Tagen nach Freilingen getrieben. Andere Schafe kaufte Vater in weiter umliegenden Dörfern auf. Nun gedeihen die genügsamen und anspruchslosen Tiere auf dem Freilinger Ödland besonders gut, weil der Kalksteinboden kräftigeres Futter hergibt als im weiteren Umkreis der Eifel. So versteht es Vater, abgemagerte Schafe billig einzukaufen und sie gekräftigt teurer weiterzuverkaufen. Klöß muß die Herde hüten. Er tut das nicht gern. Ihm ist es zu einsam. Wie eine helle, dichte Wolke zieht die Herde in der Frühe auf dem Gieferhof los. Weiße Schafe mit schwarzen Beinen, schwarzen Schwänzen, schwarzen Ohren und schwarzen Mäulchen. Die Lämmer drängen sich zwischen die großen Schafe, sie fürchten die beiden Hunde, die Klöß mitnimmt. Hinter sich läßt die trippelnde Herde eine breite Spur von schwarzen Mistkügelchen.

Im Mai und Juni ist Schafschur. Im niedrigen Wasser der Ahr wird den Schafen die Wolle gewaschen. Dazu muß Vater seine großen Söhne und auch Maria mitnehmen. Die Tiere gehen nicht freiwillig ins Wasser. Man muß schon seine ganze Kraft anwenden, um sie hineinzuschieben und festzuhalten. Naß stehen sie hinterher auf der Wiese und blöken. Auf dem Heimweg von der Ahr zum Dorf hinauf trocknet die Sonne ihr sauberes Fell. Ein fremder Schäfer ist auf dem Hof und erwartet die Herde. Erst kommen die Tiere in den Stall und werden einzeln herausgeholt. Vater und der fremde Schäfer sitzen auf Schemeln im Hof. Jeder nimmt ein Schaf zwischen die Knie. Das Tier wird mit einem Griff auf den Rücken gelegt. Maria hilft mit, die Schafbeine zu binden und festzuhalten. Geschickt und schnell führen die beiden Männer die große Schafschere über die Haut des Tieres. In Streifen fällt die Wolle ab. Nackte Schafe eilen aufgeregt in den Stall zurück.

Dorfleute, die vorbeikommen, schauen eine Weile dem Schafscheren zu. Es riecht gut nach Frühling, nach Tieren und Wolle. Die Hühner und der Hahn spazieren herum, picken und lassen sich nicht stören. Die Küchlein laufen mit flatternden Flügelchen der Gluckenmutter nach. Die Wolle häuft sich in der Sonne zu einem weichen, warmen Berg. Wie gerne würden sich die Kinder da hineinfallen lassen!

Die Hände von Vater und dem Schäfer sind am Ende der Schur ganz sauber, aber fettig. Die Wolle wird in Säcke verpackt und zum Wollmarkt nach Mayen gebracht, wo die Ankäufer der Spinnereien sie kaufen. Was die Giefers selbst brauchen, für Strümpfe und Wolljacken, das läßt Vater in Schönau in der Spinnerei spinnen. Im Winter wird Mutter an einem Rahmen sitzen, der einen Meter breit und zwei Meter lang ist. Tücher sind doppelt darauf gespannt und mit Schafwolle gleichmäßig gefüllt. Nun kann sie kleine Felder mit der Hand absteppen und hat warme Steppdecken für die Winterbetten.

Zweimal im Jahr, im Frühling und im Herbst, kommt der Schuster Heinrich Heinrichs auf den Gieferhof und bringt sein Handwerkszeug mit. Dann muß Marias Nähmaschine in das elterliche Schlafzimmer hinauf, denn der Schuster baut sein Tischchen in der Stube unter den Fenstern auf. Darauf ordnet er Holzleisten, Messer, Hammer und Nägelchen verschiedener Sorten, auch die Zange, die er später zwischen seine Knie klemmt, damit sie das Leder festhält beim Nähen. Rechts am Rahmen der Stubentür befindet sich die Lederschlaufe, durch die der Schuster seine Hanffäden zieht. Mit Pech reibt und rollt er den Hanf auf der Schürze über seinem Knie und zieht sie durch seine Pechfinger, bis aus den gepechten Hanffäden festgedrehter »Pechdraht« geworden ist, in dessen einem Ende er eine Wildschweinborste mit einrollt, um mit der Spitze der Borste das Einfädeln in die Nadel zu erleichtern. Mit einer spitzen Nadel sticht der Schuster ein Loch ins Leder vor. Das Leder hat Vater in Hillesheim beim Gerber Zinzius gekauft. Das Sohlenleder ist aus schwerer Ochsen- oder Bullenhaut, das Oberleder aus der Haut vom zweijährigen weiblichen Rind. In Freilingen ist niemand sonst, der solche Lederschätze einkauft. Eine Woche lang flickt der Schuster Gieferschuhe und arbeitet jedem der Familie ein Paar neue Schuhe mit schweren Nägeln, jedes Paar auf ein und demselben Leisten. Wenn die Schuhe getragen werden, stellt man sie am Abend umgekehrt vor das Bett, wechselt so täglich den linken mit dem rechten Schuh, und sie werden gleichmäßig abgenutzt. Vater achtet darauf. Die Brüder Hubert, Toni und vor allem Mäthes stibitzen dem Schuster die begehrten Nägelchen und hämmern sie draußen mit Hingabe in allerlei Holz. Mittags ißt der Schuster mit am Tisch, an dem es den Kindern, wie immer, streng verboten ist, ungefragt etwas zu sagen. Die fertigen Schuhe für die ganze Familie stellt der Schuster in Reihen auf. Niemand darf sie anfassen, auch wenn jemand barfuß laufen müßte. Er will seine geleistete Arbeit am Ende zusammen sehen, wenn er den Hof verläßt. Für seine Arbeit bekommt der Schuster von Vater etwas Geld und außerdem als Gegenleistung die Hilfe seiner Söhne bei der Feldarbeit mit Zugtieren, Acker- und Wagengeräten.

Wohl sieht es auf dem Gieferhof aus, als würde es aufwärtsgehen, aber von Tante Barbara weiß Maria, daß auch Vater, wie alle Bauern, immer wieder Vieh abgeben muß, weil Deutschland den Krieg verloren hat. Das Vieh bekommen die Franzosen, deren Land im Kriege verwüstet wurde. Es ist hart für die Bauern, und wer nicht so geschickt ist wie Marias Vater, kommt nicht aus der größten Not heraus.

Vater beauftragt Maria am frühen Morgen, mit Willi nach Münstereifel zu gehen. In Münstereifel, einem alten Städtchen, arbeitet Setta seit ihrer Schulentlassung im Haushalt eines jüdischen Viehhändlers, mit dem der Vater Geschäfte macht.

Der Weg dahin führt über die »Luck«, einen bewaldeten Höhenkopf, hinaus, ein Stück über die Römerstraße nach Rohr und Tondorf weiter, einen halben Tag lang zu Fuß. Neben Willi geht Maria mit festen Schritten durch die Wälder über Höhen und durch Täler. Stundenlang begegnet ihnen kein Mensch. Nur wenn sie durch die Dörfer kommen, treffen sie Leute. Sie tragen beide Fleisch und Speck, Butter und Brot. Das sollen sie Settas Herrschaft zum Geschenk bringen und sie wissen lassen, daß der Gieferhof sich um Setta kümmert.

Schweigend geht der Bruder neben Maria her, schaut mal hierhin und dorthin, aber nie zu ihr. Sie versucht, mit ihm zu sprechen, zwischendurch, immer wieder einmal. Aber Willi gibt keine Antwort. Sie ist es gewöhnt, daß die Geschwister sich kaum mit ihr unterhalten, aber so allein zu zweit auf einem langen Weg, da ist das besonders schmerzlich zu spüren. Je länger der Weg wird, um so trauriger werden ihre Gedanken, um so einsamer fühlt sie sich. In Münstereifel öffnet ihnen lächelnd die Frau des Hauses. Maria sieht entsetzt, daß die Frau alle Zähne aus Gold hat, ein goldenes Gebiß! Da ist es um ihre Fassung geschehen. Das Leid unterwegs und jetzt dieser Schreck! Sie beginnt zu weinen. Weinend packt sie die mitgebrachten Sachen aus. Setta steht dabei und weiß nicht, was sie von ihrer Schwester halten soll. Setta hat ihre älteste Schwester immer als seltsam empfunden. Spröde und gleichgültig hat sie sie ertragen und manchmal die Eigenheiten der Taubstummen belächelt. Warum weint sie jetzt? – Sie ist eben komisch.

Der Hausherr lädt Maria und Willi zum Mittagessen ein. Maria sitzt in ihrem einsamen Leid am Tisch, während sich die anderen unterhalten. Niemand richtet ein Wort an sie, und von sich aus die anderen anzusprechen, das bringt sie heute und jetzt gar nicht fertig. Setta wird hier den Haushalt zweieinhalb Jahre versorgen, die vielen Kühe auf der Weide und im Stall melken und hinter dem Haus neunundzwanzig Stufen steil hinauf das tägliche Waschwasser tragen, um die Beerensträucher zu begießen. Setta bekommt keinen Lohn, keine Seife, um sich damit zu waschen, und nicht einmal einen Groschen für eine Briefmarke, um nach Hause zu schreiben, weil sie Heimweh hat. Trotzdem achtet Setta ihre Herrschaft.

»Arme Setta«, denkt Maria öfter, als sie mit Willi gleich nach dem Essen den weiten einsamen Weg zurückgeht.

Maria ist ruhiger geworden. Sie versucht auch kein Gespräch mehr. Sie muß ihr Schicksal allein tragen. Am späten Abend kommen die beiden zu Hause an. Willi hat den ganzen langen Tag über, den ganzen langen Weg über nicht ein einziges Wort mit ihr gesprochen.

44

Maria bittet Vater, er möge grüne Holzkästen für Blumen vor die Fenster des Gieferhauses hängen. Vater schüttelt verneinend den Kopf: »Nicht notwendig!« Was ist das »notwendig«? Maria denkt über das Wort nach. Sie ist traurig, daß sie das Haus nicht schmücken darf. Es sieht so freundlich aus, wenn an der weißgekälkten Wand rote Blumen in grünen Holzkästen blühen. »Nicht notwendig«. Was ist notwendig?

Maria sieht an einem späten Abend, wie Klöß und Willi heimlich aus dem Fenster klettern und über eine Leiter in die dunkelgrünen, streng duftenden Brennesselbüsche hinter dem Haus hinabsteigen. Sie sieht auch, wie sie mit anderen Burschen fortgehen. Sicher werden sie sich vergnügen. Sie werden es wohl oft so machen. Dem strengen Vater erscheint Vergnügen der Kinder nicht notwendig, nur ihre Arbeit auf dem Hof. »Vater ist sehr streng«, denkt Maria, »aber doch gut.« Genügt es, wenn man das hat, was man notwendig braucht?

Die Kleinen, Hubert und Toni, bereiten sich selbst ihren Spaß. Sie sitzen hinter dem Misthaufen, spielen mit grünen Kiefernzapfen und legen sie zu einem Dorf zusammen. Kiefernzapfen sind Kühe und Pferde, Fuhrwerke und Eisenbahn. Maria kommt vorbei, und Toni erklärt ihr, was sie spielen. Er ist der einzige, der gern mit ihr spricht. Er kommt immer freundlich zu Maria, bittet um eine Schnitte Brot, um einen Flicken für seine zerrissene Hose, um dieses und jenes. Er ist zärtlich und läßt sich in den Arm nehmen und streicheln. Was ist »nicht notwendig«? Blumenkästen am Haus? Vergnügen haben? Spielen? In den Arm nehmen und zärtlich streicheln?

In manchen Gärten wuchert am Lattenzaun leuchtende Kapuzinerkresse, blühen Stockrosen bis zu den Dachtraufen. In Giefers Garten duftet süß der Phlox im Hochsommer und hat drei Farben. Ist das notwendig? Was ist notwendig? Was die Not wendet, das ist notwendig. Notwendig ist, was nötig ist. Maria denkt, daß jeder Mensch eine andere Not hat. Die Freude? Ist sie notwendig? Und ist das, was nicht nötig ist, doch notwendig?

45

Im Sommer und Herbst füllen sich die Scheune und der Keller. Aussortiert liegen die trockenen Kartoffeln unter dem dunklen Gewölbe. Da können sie nicht keimen. Die Kornhaufen auf dem Dachboden werden immer kleiner. Das neue Getreide wird erst im Winter gedroschen.

Der Eifelwinter ist hart und kalt. Die Kammerfenster vereisen. Ritzen und Löcher in den Ställen sind mit Säcken und Stroh zugestopft. Ende November schon fällt Schnee. Wie angenehm doch, einem Winter mit elektrischem Licht entgegenzusehen. Erst der Sommer 1921 brachte Lommersdorf und Freilingen nach langen Kämpfen die Elektrizität, denn die Landleute fanden sie erst überflüssig.

Vaters Schafe bleiben so lange draußen, wie es nur geht. Unermüdlich scharren sie im Schnee mit den kleinen Füßen und suchen Futter. Abends bringt Klöß die Herde heim in den Stall. An einem der ersten Januarmorgen des Jahres 1922 beginnt es stetig zu schneien, als die Schafe schon weit draußen sind. Maria sieht hinaus. In dichten Schauern weht der Schnee heran, unaufhörlich. Höher und höher legt er sich auf die schon verschneiten Wege und Höfe und das Land. Ein scharfer Wind bläst dazu. Maria macht sich Sorgen um die Schafe. Wie sollen sie bei diesem Schneetreiben Futter finden?

Vater schaufelt im Hof den Weg zu den Ställen und zur Scheune frei. Willi hilft, die Pfade zur Straße immer wieder neu frei zu machen. Früh wird es dämmrig. Vater nimmt die Laterne und den Stock und geht fort. Maria fragt ihre Schwester Anna: »Was ist los? Wohin Vater?« Annas Worte kann Maria gut vom Munde ablesen. Anna spricht langsam und formt die Lippen gut: »Nachsehen, wo Klöß.«

Es dauert gar nicht lange, da kommt Vater zurück und spricht sehr aufgeregt mit Mutter. Es muß etwas passiert sein! Vater geht gleich wieder. »Was ist los?« möchte Maria wissen. »Vater geht zum Gemeindediener«, erklärt Anna ihr, »Schafe sind eingeschneit!« Der Gemeindediener stapft durch die Dorfstraße. Er läutet mit einer Glocke die Leute aus den Häusern und ruft sie auf, mit Schaufeln und Laternen zum Gieferhof zu kommen. Bald sind die Männer aus dem Unterdorf versammelt, ihre Frauen, in Wolltücher gehüllt, tragen die Sturmlaternen. Vater Giefer geht voran, dem Dorfeingang zu, zum »Stein«. Mühsam müssen die Leute durch den knietiefen Schnee. Die letzten in der langen Reihe finden schon eine ausgetretene, schmale Spur. Vor dem Dorf weht der Wind ungehemmt aus Nordosten. Er bläst den Schnee vom »Stein« in das Tal, das zum Grindelbach hinunterfällt. Übermannshoch ist hier die Wehe. Klöß ist mit den Schafen darin steckengeblieben. Die Männer beginnen eine Gasse zu schaufeln. Das Licht der Laternen leuchtet ihnen kaum. Maria kann erkennen, daß die Leute Freude haben an der gemeinsamen Arbeit. Sie nimmt den kleinen Toni unter ihr schützendes Umhangtuch. Der Bruder schaut nur noch mit dem Kopf heraus. So warten sie. Als Toni auf Marias Arm klopft, beugt sie sich zu ihm nieder, wendet sein Gesicht zu einer der Laternen und liest von seinem Munde ab: »Ich höre Schafe kommen!«

Da sieht Maria das Leitschaf heraufstapfen, direkt dahinter mit dem dunklen Mäulchen fest auf dem Rücken des ersten ein zweites. Dicht bei dicht kommen sie heraus aus der engen Schneeschlucht. Mehr als hundert Tiere freuen sich, befreit zu sein und eilen nach Hause. Da wird es Maria ganz komisch. Am liebsten würde sie weinen. Sie wundert sich darüber, daß ihr so ist.

Klöß hat die Hunde bis zuletzt festgehalten. Die Männer mit den Schaufeln, die Frauen mit den Laternen, die Kinder stapfen vergnügt zum Gieferhof. Da ist Gedränge und Gerede. Vater holt eine Flasche mit Kornbranntwein, und das Glas geht reihum. Erst als die Flasche leer ist, gehen die Helfer durch den dichten Schneefall nach Hause.

46

Ende Januar 1923 ist Großmutter tot.

Mit ihr sind Liebe und Wärme fortgegangen, ein Mensch, der gut zu Maria war und der mit ihr gesprochen hat. Für immer fort –. Maria ist sehr traurig und still. Warum sterben die Menschen? Wo gehen sie hin?

Einige Tage später hilft Maria einer Cousine beim Nähen eines Kleides. Als sie am Abend zurückkommt, sagt der Vater: »Du hast einen Brief bekommen!« Maria versucht, das zu begreifen. Sie spricht dem Vater nach: »Du hast einen Brief bekommen. – Brief? Für mich? Ich glaube nicht!« Vater zeigt auf die Fensterbank. Da liegt der Brief. Wer soll ihr schreiben? Nie hat sie einen Brief erhalten! Auf dem Umschlag steht tatsächlich: Fräulein Maria Giefer, Freilingen Eifel, Post Blankenheim Land. Maria wendet den Umschlag und liest den Absender: Professor Heumann, Aachen, Hasselholz 16. Sie weiß nicht, wer das ist. Fassungslos öffnet sie den Umschlag und liest mit

Herzklopfen den Brief. Sie reicht den Bogen dem Vater. Hat sie den Brief richtig verstanden? Und was wird Vater dazu sagen? Sie sieht an Vaters Lippen, daß er den Brief vorliest: »Sehr geehrtes Fräulein Giefer! Von Herrn Taubstummenlehrer Wirtz habe ich Ihre Adresse erfahren. Ich suche eine Hilfe im Haushalt. Herr Wirtz hat Sie mir empfohlen. Können Sie am 15. Februar bei mir anfangen? Ich wäre Ihnen dankbar für eine baldige Antwort. Mit freundlichen Grüßen Frau Heumann.« Vater wendet sich zu Maria: »Du sofort schreiben: Ja! Du kannst am 14. Februar fahren.« Laut jubelt Maria: »Danke! Ich sehr gerne fahren nach Aachen, sehr gerne!« Sie ist außer sich vor Freude. Aachen wiedersehen! Nach zehn Jahren! Sie besorgt Papier und Tinte und schreibt einen Antwortbrief. Dreimal schreibt sie ihn neu. Vater sagt, daß der Brief gut sei. Er gibt ihr Geld für Briefmarken. Sie bringt den Brief zur Post bei Tante Barbara. Maria hat geschrieben: »Sehr geehrte Frau Heumann! Ich werde am 14. Februar hier abfahren. Ich komme gerne in Stellung im Haushalt helfen. Viele Grüße. Maria Giefer.«

Einen zweiten Brief schreibt sie an die Damen Rögert. Darin bittet sie, jemand möge sie am Zug abholen.

Von Tante Barbara erfährt Maria, daß zuerst der Vater einen Brief an Herrn Lehrer Wirtz geschrieben hat, ob er seiner Tochter eine Stelle in Aachen besorgen könne. Maria staunt sehr, daß Vater so viel für sie tut, und ist ihm dankbar.

Gleich beginnt sie mit den Vorbereitungen. Sie ändert Großmutters Kleidungsstücke für sich um und denkt, daß sie seit ihrer Schulentlassung vor zehn Jahren nur einmal ein neues Kleid bekommen hat.

In den ersten Februartagen sagt Vater ihr, daß sie vielleicht doch nicht fahren kann. »Warum nicht?« fragte Maria erschrocken. »Eisenbahn fährt nicht: Widerstand!« ist seine Antwort. Sie erkundigt sich bei Tante Barbara, was das ist. »Die Männer von der Eisenbahn arbeiten nicht, aus Protest gegen den Einmarsch französischer Truppen in das Ruhrgebiet.« Maria kann mit dieser Auskunft nicht viel anfangen. Jeden Tag geht sie nun zur Tante, erkundigt sich unruhig, ob die Eisenbahn wieder fährt, und ist erleichtert, als es endlich bejaht wird. Tief atmet sie auf. Jetzt kann sie also doch fahren!

Ein Mann aus dem Dorf muß am 14. Februar nach Köln reisen. Vater hat mit ihm gesprochen, daß er Maria bis Euskirchen begleitet. Ihre Sachen trägt sie in einer verschnürten Schachtel. In dem gleichen Korb, den Mutter Elisabeth mitnahm, als sie beide zum ersten Mal – 1905, vor achtzehn Jahren – gemeinsam nach Aachen fuhren, sind Butterbrote, zwei hartgekochte Eier, zwei Pfund Butter und ein Dutzend frische Eier. Vater hat es gewollt, daß sie die Sachen für die Damen Rögert und für Heumann mitnimmt.

Der Bekannte spricht bis Euskirchen kein Wort mit ihr. Nun fährt sie allein weiter. Sie gibt auf die Namen der Bahnhöfe acht und freut sich, das Land wiederzuerkennen. Freudig erregt sieht sie die Stadt vor dem Lousberg ausgebreitet liegen. Wälder, Kirchen und Türme, Berge und Straßen erkennt sie wieder. Über den hohen Viadukt läuft der Zug in die vertraute Stadt ein. Aachen!

47

Das Hasselholz liegt oben am Stadtrand vor dem Aachener Wald. Von der großen Straße, die hinaus nach Lüttich führt, zweigt der Hasselholzer Weg ab: prächtige Häuser, mit holzgeschnitzten Giebeln und Balkongeländern, Erkern und gepflegten Vorgärten. Alte Bäume laden breit aus über Goldregen, Flieder und Rosen. Es ist eine stille Straße, die in einen Weg zum Wald ausläuft. In einem dieser herrschaftlichen Häuser wohnt der Professor Heumann. Er arbeitet an der Technischen Hochschule in Aachen. Trotz seines Magenleidens ist er ein freundlicher Herr. Maria sieht ihn selten. Die Frau des Professors kleidet sich sehr einfach. Die Haare kämmt sie streng und glatt zu einem Knoten. Sie gibt sich Mühe, bei der Unterhaltung mit Maria ihren Mund langsam und deutlich zu bewegen. Wahrscheinlich hat ihr das Herr Lehrer Wirtz erklärt. Frau Heumann und Maria können sich schon bald gut verständigen. Maria erfährt von ihr, daß sie bei Tilsit auf einem großen Gut aufgewachsen ist. Sie hat mit ihrem Mann erst in Berlin, dann in Metz und wieder in Berlin gelebt, ehe sie nach Aachen gekommen ist. »Aachen ist am schönsten. Es gefällt uns hier am besten. Aachen ist eine sehr schöne Stadt!« Maria bekräftigt mit leuchtenden Augen: »Ja, stimmt. Aachen ist sehr schöne Stadt!«

Das Ehepaar Heumann hat drei Söhne: Hermann, Heiko und Wolfram. Sie sind einverstanden mit Maria. Immer hat sie Angst vor einer neuen Begegnung. Wird sie verstanden? Kann sie verstehen? Wird man befremdet, abgestoßen, verächtlich oder verlegen sein durch ihre Stimme? Wie wird das neue Gegenüber sich verhalten, wenn sie zu sprechen beginnt?

Die Küche, in der Maria arbeitet, liegt im Souterrain. Als Maria zum ersten Mal da hinuntergeht, denkt sie: »Schade! Küche im Keller. Ist nicht schön.« Aber die Küche hat ein breites Fenster; nur, es liegt hoch, und Maria berührt mit der Nase die Fensterbank, wenn sie in den Garten hinausschauen will, der rings von einer alten Hecke abgegrenzt ist. Durch das Fenster fällt genug Licht auf den Steinboden, auf die blau-weiß gekachelten Wände, auf die Kücheneinrichtung und auf das Bett in der Nische, das für Maria bestimmt ist.

Morgens um halb sieben Uhr weckt Frau Heumann Maria. Den Wecker kann sie nicht hören. Maria kocht jeden Morgen einen Brei aus Wasser, Salz und Haferflocken. Das ist das Frühstück für die Familie. Sie läßt es mit dem Aufzug hinauf ins Eßzimmer fahren. Maria darf sich in der Küche ein Brot streichen, denn sie mag zum Frühstück solch einen Brei nicht essen. Vormittags räumt sie das Haus auf. Im Wohnraum staubt sie auch das Klavier ab, dessen Nutzen sie nicht begreifen kann. Manchmal sitzt Frau Heumann davor und läßt ihre Finger schnell über die weißen und schwarzen Tasten laufen. Maria kann sich nicht vorstellen, warum man so etwas tut. Es passiert doch nichts dabei. Hinterher ist nichts fertig und nichts gemacht, nur die Tasten haben sich bewegt. Maria macht die Betten im Elternschlafzimmer und im Zimmer der Söhne, wischt über drei hohe Pulte, woran die Jungen am Nachmittag stehend ihre Aufgaben machen. Wenn sie in die Küche hinuntergeht, ist Frau Heumann vom täglichen Einkauf zurück. Sie beginnen, für das Mittagessen zu sorgen. Frau Heumann ist eine sehr sparsame, tüchtige Hausfrau. In ihrem Haushalt ist alles einfach, aber gut. Im Garten hält sie Hühner hinter einem Zaun. Das gibt täglich frische Eier. Jeden Mittag, auch sonntags, werden Pellkartoffeln gekocht. Maria muß sich an den herben, salzlosen Geschmack gewöhnen. Zu Hause gibt es nie Pellkartoffeln, das bekommen nur die Schweine. Maria lernt äußerste Sparsamkeit. Frau Heumann zeigt ihr, wie man das Gemüse putzt, ohne den geringsten überflüssigen Abfall. Auch übriggebliebenes Essen wird verwertet, nichts darf verlorengehen. Daheim ist das nicht so schlimm, da kommen alle Reste in den Vieheimer zum Füttern.

Jedes Jahr bekommt Frau Heumann vom elterlichen Gut bei Tilsit ein ganzes Schwein, fertig in Büchsen und zu Wurst verarbeitet, zugeschickt. Selbst die Knochen kommen mit. Frau Heumann pökelt sie in einem Tontopf ein. Gemüse, Obst und Beeren werden in Krüge, Steintöpfe und Gläser gefüllt. Es gibt nichts, was nicht einzumachen, einzulegen oder zu trocknen ist, alles kommt in den großen Vorratskeller.

Bei den Mahlzeiten sitzt Maria allein unten in der Küche; es ist einsamer als zu Hause, wo die große Familie zusammen am Tisch sitzt und der eine und der andere hereinkommt, »Guten Tag« zu sagen. Aber sie hat kein Heimweh.

Jeden Abend, wenn Maria das Geschirr spült, macht das Ehepaar Heumann einen Spaziergang; bei jedem Wetter, zu jeder Jahreszeit. Sie gehen dem Wald entgegen, durch ein Tal, wo Wiesenhügel drei verstreute Bauernhöfe umschließen. Enten gründeln in Teichen, und die Kopfweiden recken ihre Äste in den Abendhimmel. An den Teichen kehren Herr und Frau Heumann um und spazieren langsam nach Hause. Manchmal sieht Maria sie weggehen oder heimkommen: Arm in Arm. Sie findet das sehr schön. So hat sie ihre Eltern noch nie gesehen.

An einem Morgen sieht Maria im Vorbeigehen den Professor mit seinen drei Söhnen nackt vor einem offenen Fenster turnen. Sie erschrickt heftig. Noch nie hat sie einen erwachsenen Menschen nackt gesehen. Bestürzt und erstaunt überlegt sie, wie es möglich sei, daß diese vier Männer sich so selbstverständlich frei bewegen. Sie kommt zu keinem anderen Schluß als dem, daß sie evangelisch sind. Katholiken würden so etwas nie tun. Da ist sie sich sicher.

Maria hat am Sonntagnachmittag einige Stunden frei. Dann geht sie zu den Damen Rögert, wo sie auch ihre Schwester Christina trifft. Christina arbeitet und wohnt sehr zurückgezogen in einem Villenhaus im Wald. Bei Rögert gibt es Kaffee mit Reis- oder Obstfladen, und sie unterhalten sich, handarbeiten oder machen alle gemeinsam einen kleinen Spaziergang. Christina ist siebzehn Jahre alt gewesen, als sie aus der Schule entlassen wurde. Immer noch hängt die Schulter, immer noch sind Wunden offen. Sanft ist Christinas Gesicht und ohne das Wache, das Feuer in den Augen, das Maria hat.

Alles ist gut und schön für Maria. Eines nur macht ihr Kummer. Die Damen Rögert sagen ihr, daß sie nicht mehr in richtigen Sätzen spricht wie im letzten Jahr ihrer Schulzeit. Maria weiß nicht, wie sie es besser machen soll. »Ich nicht mehr kann, habe verlernt. Schade, vielleicht kommt zurück, wenn mehr sprechen, mehr unterhalten.«

Wochen vergehen. Frau Heumann sagt ihr: »Du sollst am Donnerstagnachmittag Herrn Taubstummenlehrer Wirtz besuchen.« »Sooo?« sagt Maria sehr erstaunt. »Warum?« »Du sollst ihn besuchen.«

Am Donnerstagnachmittag ist Maria in der Hubertusstraße im Hause von Herrn Lehrer Wirtz. Er sitzt mit seiner Frau in der Küche. Maria wird nach der Begrüßung gebeten, sich zu setzen. Gertrud, das älteste von vierzehn Wirtzkindern, setzt ihr freundlich Kaffee und Kuchen vor. Herr Wirtz sagte zu Maria: »Du bist ein schönes Mädchen geworden«, und er fragt, wie es ihr bei Professor Heumann gehe. Maria bedankt sich und erzählt. Nach dem Kaffeetrinken zieht Herr Wirtz seine Jacke aus, sie ist am Ärmel zerrissen. »Bitte flicke für mich diese Jacke. Mache es gut«, sagt er und gibt sie dem verwunderten Mädchen. Gertrud bringt Flickstoff, Nadel und Faden, und still beginnt Maria ihre Arbeit. Als sie fertig ist, sieht der Lehrer den heilen Ärmel an und sagt: »Danke, es ist gut« und zieht den Rock wieder über. »Komisch«, denkt Maria, »Ich dafür kommen? Oder will Herr Wirtz sehen, was ich kann?« »Wie alt bist du jetzt?« fragt er das Mädchen. »Ich jetzt vierundzwanzig Jahre alt. Im August fünfundzwanzig Jahre alt.« »Warst du schon im Taubstummenverein?« »Nein, ich habe noch nie davon gehört.« »Dann mußt du hingehen, einmal im Monat.« »Wo ist das?« »Weißt du, wo der Seilgraben ist?« »Nein, ich weiß nicht, ich vergessen.« »Dann kommst du am Sonntagnachmittag hierher. Ich gehe mit dir zum Taubstummenverein. Er beginnt um fünf Uhr.« »Danke schön. Ja, ich komme! Ich große Freude!« Maria zählt die Tage bis zum Sonntag. Sie kann ihn kaum erwarten. Ein Verein für Taubstumme! Wird sie Bekannte aus der Schulzeit treffen?

Am Sonntag geht sie mit Herrn Lehrer Wirtz in ein Gasthaus am Seilgraben, neben dem Zunfthaus. Durch die Gaststuben steigen sie hinauf in ein kleines Sälchen. Das erste, was Maria sieht, sind lauter weißgedeckte Tische in langen Reihen. Am Ende des Sälchens ist eine kleine, offene Bühne. Viele Leute sitzen an den Tischen, und ein Kellner trägt Kaffeetassen und Gläser herum. Alle sprechen miteinander in der Gebärdensprache. Der Kellner hört davon nur hin und wieder ein paar seltsame, unmodulierte Laute. Maria sieht die verwirrenden Bewegungen der Hände, sieht, wie sich viele Münder übertrieben bewegen. Um sich gegenseitig zu rufen, wird auf den Boden gestampft oder mit der Hand auf den Tisch geschlagen. Es ist ein aufgeregtes und aufregendes Bild. Maria ist es nicht gewöhnt. Der Lehrer hat ihre Garderobe abgegeben. »Komm«, sagte er zu ihr und will an den Tischreihen vorbeigehen, um sie am Vorstandstisch vorzustellen. Aber so weit kommen sie nicht. Maria wird erkannt. Einige Taubstumme springen auf, stoßen andere an und zeigen auf den neuen Besuch: »Maria Giefer! Maria Giefer!« Im Nu ist Maria umringt. Viele Hände strecken sich ihr entgegen. Sie wird umarmt. Viele reden auf sie ein, sie müßte gleichzeitig auf zehn und mehr Münder schauen. So viele Gesten und Gebärden! Maria ist verwirrt. Sie lacht und kann gar nichts sagen. Das hat sie nicht erwartet! Als Kinder sind sie auseinandergegangen, als Erwachsene treffen sie sich wieder. Sie erinnert sich, erkennt, entdeckt, es ist ein großes Wiedersehen.

Adelheid ist da und Gertrud und Juliane. Sie haben Freudentränen in den Augen. Viele, viele Fragen stürmen auf Maria ein. Jeder will wissen, wo sie so lange gewesen ist, ob sie in Aachen bleiben wird, wo sie wohnt, was sie macht. »Hast du einen Schatz? Hier ist ein Schatz für dich!« Maria lacht und kann nicht antworten. So schnell kann sie gar nicht folgen. Es dauert eine ganze Weile, bis sie den Vorstand und die Lehrer begrüßt hat und sich irgendwohin auf einen Stuhl gedrückt fühlt. Links sitzt jemand, der mit ihr sprechen will, und rechts auch jemand, und gegenüber sitzen zwei, drei, die ihr alle gleichzeitig etwas sagen wollen. Kaffee wird ihr gebracht, sie weiß nicht, wer ihr den bestellt hat. Neue Leute kommen herein. Sie muß Hände reichen, begrüßen, sich erinnern. Sie fühlt, wie ihr so wohl wird, so froh, daß sie hierhergehört, zu ihresgleichen, daß hier eine Heimat ist. Dennoch empfindet sie eine fast traurige Verwunderung darüber, daß sie in all den Jahren nicht dazugehört hat.

Jemand steigt auf die Bühne und winkt: Ruhe! Es dauert lange, bis sich die Taubstummen gegenseitig darauf aufmerksam gemacht haben, daß sie nun nach vorne schauen sollen. Jemand sagt zu Maria: »Das ist der erste Vorsitzende«, und er zeigt auf den Mann, der jetzt zu allen sprechen will. Sie weiß nicht, was »der Vorsitzende« ist. Der wartet lange, bis er alle Augenpaare auf sich gerichtet sieht. »Meine lieben Damen und Herren, meine lieben Freunde! Wir sind erstaunt! Heute haben wir einen Besuch bekommen aus der Eifel: Maria Giefer. Wir haben sie zehn Jahre nicht mehr gesehen. Wir wollen sie alle herzlich begrüßen!« Maria bekommt Zeichen von ihren Nachbarn, sie soll aufstehen. Das tut sie. Viele Hände klatschen und winken ihr zu, und von den Mündern kann sie ihren Namen ablesen: »Maria Giefer!« Sie freut sich und zeigt das auch und winkt nach allen Seiten und nickt mit dem Kopf. Dann setzt sie sich wieder und hat ganz viel Herzklopfen, so aufregend war das. Die Rede vorne geht weiter. Aber sie versteht nicht recht, um was es geht. Es ist alles viel zu schnell für sie, sie erkennt nicht die Zusammenhänge und die Bedeutung der Rede. Es wird über etwas abgestimmt. Dann spielen zwei junge Männer ein kleines Spiel ohne Worte auf der Bühne, worüber alle viel lachen müssen. Maria aber kann vor lauter Aufmerksamkeit nicht lachen. Als das Spiel zu Ende ist, wird nur noch geplaudert und hin und her spaziert, von einem Tisch zum andern.

Gegen Abend setzt sich ein junger Mann zu Maria. Er sagt seinen Namen: Josef Sistermann. Er ist jünger als Maria, und sie kann sich kaum an ihn erinnern. Lustig beginnt er ein Gespräch mit ihr, die ihn ganz ruhig aufmerksam ansieht. Er versucht, sie zum Lachen zu bringen, und manchmal gelingt ihm das auch. Unruhig ist sein schmales Gesicht, flink gehen die Augen immer wieder in die Runde, und die Nasenflügel beben. Ein junges Mädchen gesellt sich zu ihnen. Sie trägt eine weiße duftige Bluse mit schwarzen Punkten und schwarzer großer Samtschleife.

Eine solche Schleife hält auch ihre Lockenhaare am Hinterkopf zusammengebunden. Ein hübsches Mädchen ist es, und ihm stehen die Ohrringe und das Armband am schmalen Handgelenk gut. Es beginnt so schnell und pausenlos zu plaudern, daß Maria immer wieder bitten muß: »Bitte langsamer sprechen.« »Ich heiße Luise Sistermann, ich bin Schwester von Josef. Du bist Maria Giefer. Ich kenne dich. Ich weiß noch – ich habe behalten: du hast früher zur Schule eine Matrosenmütze getragen mit langem Band. Du warst immer ernst und sehr stolz. Du bist immer ganz stramm und gerade gegangen.« Dabei zeigt sie mit den Händen die runde Mütze, das Band, und deutet Marias Gangart an. Es geht alles sehr schnell, das Sprechen, das Zeigen.

An Luise kann Maria sich erinnern. Sie ist jünger und war nicht in ihrer Klasse. Luise hat fröhliche Augen. »Mein Bruder dich begleiten nach Hause. Aber du mußt aufpassen. Mein Bruder hat gerne Mädchen. Wir wohnen in Eilendorf. Weißt du, wo ist Eilendorf?« »Nein, ich weiß nicht«, sagt Maria. Es wird ihr zuviel, alles. Sie bekommt starke Kopfschmerzen. Sie kann den verwirrenden Gebärden nicht mehr folgen. Es ist auch Zeit, nach Hause zu gehen. Sie verabschiedet sich von allen und muß versprechen, im nächsten Monat wiederzukommen. Das verspricht sie gerne. Josef begleitet sie. Unter den Laternen will er ihr etwas sagen, aber sie drängt nach Hause. Da nimmt er ihren Arm und hakt sie bei sich ein. Maria findet das nett. So marschieren sie bis vor Heumanns Haus. »Ich komme Sonntag dich abholen. Wir spazieren gehen«, sagte Josef. Sein Gesicht wendet er einem Lichtschein zu. »Wieviel Uhr soll ich kommen?« Sie sagt es ihm. Zum Abschied nimmt der junge Mann Maria in den Arm und küßt sie. In ihrem Bett liegt sie noch eine Weile wach. Sie hat Kopfschmerzen. Sie hat so viel zu denken. In ihr ist Freude über den Nachmittag im Verein, und daß sie jetzt dazugehören wird. Mitglied soll sie werden und einen Beitrag bezahlen. Und Josef? Hat sie jetzt einen Schatz? War das schön mit dem Kuß? Sie findet den Kuß komisch, aber man muß wohl küssen, wenn man einen Schatz hat.

48

Im Verein hat Maria ein Mädchen getroffen, Finchen. Es wohnt in der Nähe des Hasselholz. Die beiden Mädchen freunden sich an. Sonntags gehen sie zusammen spazieren: Maria, Finchen, Christina und Josef Sistermann. Maria muß immer wieder feststellen, daß sie die Zeichen- und Gebärdensprache verlernt hat. Sie kann oft nicht folgen. Sie muß lernen, sich mit Taubstummen zu unterhalten. So geht sie meist still nebenher und ist einfach froh. Wenn ihnen Leute begegnen, unterbricht Josef sein Gespräch. Er sagt zu den Mädchen: »Nicht plaudern, wenn Leute vorbeikommen. Leute immer neugierig gucken, mir unangenehm.« Maria denkt: »Josef schämt sich.« Er sagt: »Ich bin nicht taubstumm. Ich bin ein Jahr in der Schule gewesen für hörende Kinder. Ich kann hören, wenn Türe ›Paff‹ macht. Ich kann hören, wenn du laut rufen ›Jupp‹. Ich kann gut hören. Ich kann gut sprechen. Alle Leute verstehen mich.« »Du aber in Taubstummenanstalt gewesen«, sagte Maria nachdenklich. Aber Josef erwidert heftig: »Ich nicht taubstumm. Ich schwerhörig.« Maria denkt, daß Josef nicht taubstumm sein will. Sie wäre auch gerne nur schwerhörig.

Nach einem Monat ist der Sonntag gekommen, an dem der

Taubstummenverein wieder zusammentrifft. Maria setzt einen Hut auf, den sie von Fräulein Rögert geschenkt bekommen hat. Es ist der erste Hut in ihrem Leben, und mit den bunten Federn findet sie ihn schön. Finchen holt sie ab, und Maria ist so fröhlich, daß sie mit der Freundin Hand in Hand manchmal mit hüpfenden Schritten in die Stadt hinuntergeht. Das Leben ist schön! Im kleinen Saal am Seilgraben hat Josef für sie und Finchen schon Plätze bereitgehalten. Josefs Schwester Luise setzt sich wieder zu ihnen. Ihr Gesicht ist immer so vergnügt, als könne sie nie im Leben böse oder traurig sein. Maria, die das gleiche einfache Kleid trägt wie am Sonntag vor einem Monat, sieht, daß Luise ein neues anhat. Auch die Haare sind anders frisiert; kleine Locken sind in die Stirn gekämmt und werden mit einer breiten Hornspange gehalten. Munter plaudert Luise, schneller als die anderen.

Maria trinkt ihre Limonade, begrüßt die Neuankommenden, die an den Tischen vorbei sich die Hände reichen und beantwortet Fragen. Lehrpersonen kommen, der Vorstand spricht wieder von der Bühne herunter, alle klatschen. Jeder, der sich zu Wort meldet und auf die Bühne steigt, beginnt: »Meine lieben Damen und Herren.« Maria findet das sehr schön. Als die Reden vorbei sind, unterhalten sich alle miteinander.

Marias Blick fällt auf einen jungen Mann. Er sitzt am Ende der Tischreihen allein. Sein Stuhl steht schräg, seine Beine sind übereinandergeschlagen. Sie hat ihn vorher nicht gesehen. Vielleicht ist er später gekommen. Sie kennt ihn nicht, kann sich nicht an ihn erinnern. Maria muß immer wieder zu ihm hinüberschauen. Warum sitzt er da allein? Der junge Mann ist gut angezogen. Seine Hose hat scharfe Bügelfalten. Schuhe und Gamaschen sind wie neu. An seiner Weste hängt eine goldene Uhrkette, und Kragen und Manschetten sind sehr korrekt. Maria sieht die hübschen Manschettenknöpfe, die Schmucknadel in der modischen Krawatte und das Spitzentuch in der Brusttasche. Eigentlich hat sie nie auf solche Dinge achtgegeben. Aber die Haltung und Erscheinung des jungen Mannes wirken auf sie so fein, daß sie den Blick nicht abwenden kann. Er sitzt gerade, der Scheitel in seinen dunklen Haaren ist sorgfältig gezogen.

Ruhig liegen die Hände aufeinander. Auch sein Blick ist ruhig und friedlich. Seine Gestalt ist zierlich, fast knabenhaft zart, die Züge in seinem jungen Gesicht weich und klar. Er gefällt Maria sehr, und plötzlich weiß sie es. Es ist ganz einfach: Das ist er! Sie liebt ihn sofort. Sie tippt Luise auf die Schulter und zeigt mit den Augen zu dem jungen Mann hinüber: »Wer ist das? Allein am Tisch?« Luise sieht hin. »Oh! Oh!« Sie klatscht in die Hände. »Kennst du nicht? Das ist mein ältester Bruder Wilhelm!« Maria sieht ihn an. Eine heftige Welle der Zärtlichkeit und Zuneigung steigt in ihr auf. So plötzlich ist das da! In der Freude dieses Augenblicks ist alles gut, was sie tut. Sie steht auf und hat keine Scheu. Sie geht zu dem jungen Herrn und berührt seine Schulter. Da sieht sie in ein Paar verwunderte Augen von einem wunderschönen Blau. »Warum allein?« fragte Maria. »Komm!« Sie nimmt seine Hand und zeigt auf ihren Tisch, an dem Luise und Josef sitzen und ihm winken, er möge kommen. Da lächelt er. Maria sieht das Lächeln. Nie erschien ihr ein Menschengesicht so lieb. Er steht auf und geht an Marias Hand hinüber zu seinen Geschwistern. Sie rücken die Stühle, und der junge Mann setzt sich an Marias Seite. Bald hat er von seiner Schwester erfahren, wer Maria ist, wo sie herkommt, wann und bei wem sie in der Schule war und daß sie nun bei Professor Heumann arbeitet. Langsam erinnert er sich. »Maria Giefer?« Gehörte sie nicht zu den klugen und fleißigsten Mädchen einer Klasse unter ihm? Konnte sie nicht sehr gut sprechen und ist ein Jahr jünger als er? Ja, sie war immer sehr stolz, mit einem aufrechten Gang und scharfschauenden Augen. So hat Wilhelm sie in Erinnerung. Maria muß lachen. Stolz? Nein, stolz ist sie doch nie gewesen! »Doch, doch«, sagen die anderen. Maria kann sich darüber nur wundern. Was Luise über Wilhelm sagt, hört sie gerne. »Wilhelm ist mein lieber, guter Bruder. Wir haben niemals Streit. Wilhelm kann nicht zanken. Er ist sehr fleißig.« Wilhelm aber wundert sich, daß Maria nicht leicht dem Gespräch folgen kann. Ist sie dumm geworden? Maria kann nicht fließend die Taubstummensprache? Wilhelm sieht den Mangel, und er gefällt ihm nicht.

Als Maria an den Heimweg denken muß, bittet sie Wilhelm,

sie zu begleiten. Höflich und freundlich sagt er zu. Sein jüngerer Bruder Josef zieht die Schultern hoch, grinst ein bißchen und sagt: »Ich mit Finchen nach Hause gehen.« Luise stimmt eifrig zu. Sie selbst hat Freunde genug, die sich freuen werden, sie nach Hause zu begleiten.

Still gehen die beiden Paare hintereinander aus der Stadt hinauf, zum Hasselholz. Maria hofft, daß Wilhelm sie küssen wird zum Abschied. Das wäre wunderschön! Josef und Finchen gehen allein den Morellerweg weiter, an Gärten vorbei unter überhängenden Büschen. Vor Marias Haustüre verabschiedet sich Wilhelm und verspricht ihr, sie am nächsten Sonntag zu einem Spaziergang abzuholen. Als er sich zum Fortgehen umdrehen will, da kann sie nicht anders. Sie legt ihre Arme um ihn und gibt ihm einen zarten Kuß auf den Mund. Wilhelm ist schnell fortgegangen.

An diesem Abend kann sie lange keinen Schlaf finden. Ob er wiederkommen wird? Am Sonntag? Hat sie etwas falsch gemacht mit dem Kuß? Sie hat Angst und wieder Freude. Sie ist verliebt und verzaubert. Ja, er muß sie verzaubert haben, denn auch am anderen Tage kann sie an nichts anderes denken als nur an ihn.

Fröhlich und flink ist sie bei der Arbeit, und in ihrem Herzen ist etwas, das sie nie zuvor gekannt hat: Jubel, Zärtlichkeit, Wärme, Glück! Es gibt keine Worte, die Liebe auszudrücken! Maria zählt die Tage bis Sonntag. Sie kriechen dahin. Aber je näher der Sonntag kommt, um so öfter klopft plötzlich ihr Herz heftig, glaubt sie, nicht mehr richtig atmen zu können. Immer ist ein wenig Angst dabei: Ob er wiederkommt? Ob sie ihm gefallen hat? Ob er sie ein kleines bißchen liebhaben kann? Ob er an sie denkt? Innig ersehnt sie ein Wiedersehen.

Am Sonntag ist sie früh mit dem Geschirrspülen und dem Aufräumen fertig. Ihre Spannung ist zum Zerreißen. Frau Heumann weiß, daß ihr Mädchen jemand erwartet, und sie sieht auch, daß Maria verliebt ist. Alle Welt kann das sehen. Als es geklingelt hat, sagt sie es ihr, und Maria eilt zur Tür. Da steht er, den Hut in der Hand und lächelt. Glück und Erlösung überwältigen Maria. Sie reicht ihm die Hand und bittet ihn, hereinzukommen, sie will ihn Frau Heumann vorstellen. »Mein taubstummer Freund Wilhelm Sistermann aus Eilendorf«, sagte Maria und strahlt. Frau Heumann will mit ihm sprechen und fragt nach seinem Alter und seinem Beruf. Aber er versteht Frau Heumann nicht und sieht die fremde Dame etwas hilflos an. Maria faßt behutsam seine Schulter und drückt dagegen zum Zeichen, daß er sich ihr zuwenden soll, damit sie ihm übersetzen kann. Er versteht Maria sofort und antwortet Frau Heumann: »Ich Maler und Anstreicher, selbständig. Ich siebenundzwanzig Jahre alt.« Frau Heumann aber hat kein einziges Wort verstanden. Maria muß erst Wilhelm fragen, was er gesagt hat, denn einem Hörenden gegenüber spricht ein Taubstummer nicht mit den ausgeprägten Mundformungen. Dann kann Maria es Frau Heumann wiedergeben. Maria zieht ihren Mantel an, setzt den Hut auf und geht mit Wilhelm hinaus: er, der schicke Herr, mit ihr, der man das Mädchen vom Lande sofort ansieht. Sie spazieren hinaus zum Wald. Maria ist glücklich, neben dem Menschen hergehen zu dürfen, den sie seit einer Woche so heftig lieben muß. »Wieviel Geld du verdienen bei Professor?« fragt Wilhelm sie. »Viel!« antwortet Maria überzeugt. »Ich verdiene 25 Mark im Monat. Aber ich bekomme jetzt immer mehr. Frau Heumann sagt, alles wird teurer. Mein Verdienst bleibt immer wert 25 Mark.« »Ja«, sagt Wilhelm. »Jetzt Inflation.« Maria plaudert weiter: »Ich noch nie Geld verdient. Das erste Mal jetzt.« Sie ist ganz stolz. »Du Neues kaufen zum Anziehen«, sagt Wilhelm. »Du mußt wie Stadtmädchen aussehen.« Maria sieht ihn erstaunt an: »Mantel ist gut, Kleid ist gut, Schuhe auch, alles gut. Noch nicht kaputt, ich muß aufbrauchen.« Und sie erzählt ihm, daß sie in Freilingen in zehn Jahren nur ein einziges neues Kleid bekommen hat. Wilhelm kann das nicht fassen. Ungläubig starrt er sie an. Dann redet er ihr zu, kein Geld zu sparen, es würde doch nur durch die Inflation kaputtgehen. All ihr verdientes Geld würde bald nichts mehr wert sein. Jetzt zum Frühjahr solle sie sich dafür neue Sachen zum Anziehen kaufen und sich fein machen. Maria ist traurig, weil sie spürt, daß sie ihm so nicht gefällt. Aber sie will ihm gefallen. Wieso ist sie nicht gut angezogen?

Trotzdem muß ihm etwas an ihr gefallen, denn es macht ihm Freude, mit ihr zu sprechen. Maria ist wißbegierig, und sie sagt zu Wilhelm: »Ich gerne von dir viel Neues hören.« Hören – sagte sie, obwohl sie doch gar nicht hören kann, sondern alles nur durch seine stumme Lippensprache und Gebärden erfährt. Maria möchte ganz viel aus Wilhelms Leben wissen. Sie will ihn kennenlernen. Wilhelm wird nicht müde, ihr alle Fragen zu beantworten.

Abends allein denkt sie über alles nach, was er ihr erzählt hat, und sie weiß, daß sie ihn immer mehr liebt. Sie denkt auch über das nach, was Frau Heumann ihr eben vor dem Zubettgehen noch eindringlich sagte: »Wilhelm ist kein Mann für dich. Du bist zu schade für ihn. Du kannst einen besseren Mann heiraten.« Maria hat sie entsetzt angesehen. Wie kann man so etwas sagen? »Warum?« hat sie herausfordernd und böse gefragt: »Er kann nicht gut sprechen. Kein Mensch kann ihn verstehen. Er spricht furchtbar! Seine Stimme ist häßlich. Das ist kein Mann für dich!« »Ist alles?« fragt Maria, und als Frau Heumann bejaht, wirft Maria den Kopf zurück. Unerschütterlich leuchtet die Liebe in ihren Augen: »Ist mir egal, wenn Wilhelm schlecht sprechen. Ich liebe Wilhelm!« Wenn ihn niemand versteht, sie kann ja deutlich sprechen! Dann wird sie seine Stimme sein!

Aber – ob er sie lieb hat?

49

In den sechs Tagen, die zwischen Sonntag und Sonntag liegen, zwischen dem Wiedersehen mit Wilhelm, wundert Maria sich über sich selbst. Leicht geht ihr die Arbeit von der Hand. Es ist so, als habe sie das alles nicht getan. Sie rollt Nudelteig, macht die Betten, putzt im Hof die Schuhe, wischt Staub oder fegt den Gartenweg – ihre Gedanken sind nur bei Wilhelm. Sie sehnt sich nach ihm. Sie möchte bei ihm sein, ganz nah, möchte sein Gesicht streicheln, seine Hand halten oder einfach nur neben ihm sein und ihn anschauen. Es ist so schön, nicht mehr allein zu sein, so schön, kein Ich, sondern ein Du zu sein.

Wie ist es nur möglich, daß es so lange schon einen Wilhelm gab, ohne daß sie ihn bisher kannte? Daß sie nichts von ihm wußte? Wo kam er her? Wer war er?

Den ganzen Tag denkt sie über sein Leben nach, wie er es ihr erzählt hat: Sie sieht ihn klein mit verbundenen Händchen, die zugewickelt sind, damit er die Wunden eines Ausschlages nicht aufkratzen kann, der seinen Körper und sein Gesicht bedeckt. Der Ausschlag juckt und quält ihn die ersten Kinderjahre.

Da ist seine Mutter, ernst und fremd. Sie lacht nie; Wilhelm könnte sich nicht vorstellen, daß sie auch nur lächelt. Vertraut ist ihm die Severinuskirche in Eilendorf, wo er getauft wurde. Wilhelm geht mit seinem Vater jeden Tag in den Turm, die vielen Stufen der gewundenen Treppe hinauf. In einem runden Raum sind hohe Fenster in den dicken Wänden, und durch die Decke baumeln vier kräftige Seile herab. Eines der Seile teilt sich unten in zwei Enden, zwei Männer müssen daran ziehen, wenn sie die ganz große Severinusglocke bewegen wollen. Hier muß Vater die Glocken läuten, die oben im Turm in einem festen Holzgestrebe hängen. Er zieht an einem Seil. Dabei muß er sich strecken und wieder in die Knie gehen. Wilhelm braucht nur die schmale Holztreppe hochzuklettern, dann kann er sehen, wie der Vater eine der vier Glocken im Glockenturm bewegt. Das Geländer der Treppe bebt. Der ganze Turm schwingt mit. Wilhelm könnte bei diesen Erschütterungen Angst haben, wenn er sie nicht gewohnt wäre, wenn er nicht wüßte, daß nichts passiert. Wenn Wilhelm zuschaut, wie die Glocke hin und her schwingt, dann geht auch sein Gesichtchen mit, immer hin und her. Von dem Glockengedröhne dringt keine Spur in sein Bewußtsein.

Wilhelms Vater ist schmal und kleiner als die meisten Männer. Er ist freundlich, und wenn er mit anderen Menschen spricht, dann schlitzen sich seine guten Augen, bilden sich viele Fältchen an ihren Seiten, und der Mund unter dem Schnurrbart lächelt. Vater hat einen krummen Rücken, er muß viel arbeiten: die Glocken oft läuten, den Blasebalg der Orgel zu jeder Messe treten, damit im Raum über der Empore der große Balg wie eine Ziehharmonika schnauft und sich aufbläht, um dann wieder zusammenzusinken, wenn die Luft in die Pfeifen strömt. Wilhelms Vater muß sich dabei an einer Eisenstange festhalten, so anstrengend ist das Treten. Er muß mit einem großen Schwengel die riesige Kirchenuhr aufziehn, damit die drei Gewichte wieder in die Höhe des Turmes steigen, muß jedem Toten im Dorf seinen Sarg schreinern, die Grabtäfelchen dazu zimmern, sie streichen und beschriften, die Gräber schaufeln, die Toten betten und begraben. Er hält die Wege und Plätze rund um die Kirche sauber und baut aus dicken Steinen eine Mariengrotte auf dem Kirchhof. Wilhelm darf bei allen Arbeiten dabei sein, auch sonntags auf der Empore, wenn es so schön vibriert, wenn der Vater den Blasebalg tritt und der Organist spielt und er dabei auf die Leute hinuntersehen kann. Vater ist nie böse, er ist nie streng. Die Eltern bewohnen mit ihren Kindern ein kleines altes Haus in der Nähe der Kirche. In der Schreinerwerkstatt hinter dem Haus kann Wilhelm der Arbeit seines Vaters zusehen und mit Hölzern spielen.

Kurz vor Ostern tragen sie einen Korb und gehen in Bauernhäuser, von denen manche weit draußen, manche mitten im Dorf zwischen Bürgerhäusern liegen. Wilhelms Vater sammelt für den Pastor frische Ostereier; jeder Bauer kann geben, so viel er will. Der Pastor bekommt nicht wenig. Unterwegs, wenn sie allein sind, nimmt der Vater ein Ei aus dem Korb, sticht mit einer Nadel ein Loch hinein und trinkt es leer. Wilhelm wundert sich, daß aus dem winzigen Loch ein Eidotter rutschen kann. Vater gibt ihm ein Ei, aber Wilhelm schüttelt sich. Er mag das nicht nachmachen. Der Vater legt den Finger auf seinen Mund. Wilhelm versteht »Schweigen!« Ist es nicht recht, dem Pastor ein rohes Ei wegzutrinken? Wenn Wilhelm ein kleiner, stiller Junge ist, der nichts hören, nichts sprechen, nichts riechen und nicht, wie Maria überwach, jede Schwingung feststellen kann, so kann er doch sehen! Wenn auch nur mit einem guten und einem schwächeren Auge. Formen und Farben der Dinge ringsum bedeuten für Wilhelm reiches Erleben. Zum Glücklichsein braucht er Papier, einen Bleistift, einen kleinen Pinsel und Wasserfarbe. Auf weißen Papierbögen kann er alles neu erstehen lassen, was er sieht.

Eines Tages ist der Vater nicht mehr da, nicht das kleine Haus, nicht die Geschwister und nicht die große Kirche und die Nachbarn. Auch nicht der Metzger von nebenan, der manchmal an einem langen Stock eine Wurst über die Mauer zu Wilhelm herüberreicht. Fremde Menschen sind da. Pflegeeltern, die man vorher nie gesehen hat, und er wohnt bei ihnen in Aachen. Über Tag geht er in die Taubstummenanstalt zu den anderen Kindern und seinem Lehrer. Die schwere Arbeit des Lernens war für Maria Giefer spannend, war aufregend schön. Für Wilhelm ist sie eine fast unlösbare Aufgabe, eine Qual. Warum muß der Mensch sprechen können? Warum muß er vom Mund ablesen? Welch eine Not, das lernen zu müssen. Wilhelm ist gehorsam und willig. Er tut alles, was er kann. Warum bekommt er Strafen? Warum Prügel? Warum reißt der Lehrer im Zorn an seinen Ohrläppchen, daß sie bluten? Warum? Er hat doch »i« gesagt, wenn er es soll! Aber der Lehrer zeigt ihm, daß er immer nur »e« sagt. Er will ja alles richtigmachen! Es ist hart, in die Schule zu gehen und das Sprechen zu lernen. Es ist ein Leiden.

Aber wie schön, wenn der Lehrer ihn lobt. Er hat etwas gezeichnet, etwas gemalt, und niemand kann das so gut wie er, auch nicht der Lehrer. Im Zeugnis steht jedes Jahr wieder: Sprechen ungenügend. Zeichnen und Malen sehr gut.

Maria, die nachsucht in der Vergangenheit, erinnert sich: Eine Wanderung mit allen Klassen der Schule zum Bismarckturm am Aachener Wald. Der Direktor gibt einem zarten, stillen Jungen ein Blatt Papier und einen Bleistift und zeigt auf den Turm. Die Kinder stehen um den Jungen herum und staunen, wie er mit schnellen Strichen den Bismarckturm auf sein Papier bringt. Eine Lehrerin bittet ihn, sie zu zeichnen. Schnell ist das Bild fertig, und sie schenkt Wilhelm eine Mark dafür. Aber die Mark geht verloren, und der Direktor ordnet an, daß alle Kinder beim Suchen helfen müssen. Maria freut sich, diese Erinnerung an Wilhelm zu haben.

Nur eine knappe halbe Stunde fährt die Straßenbahn aus der Stadt Aachen bis Eilendorf. Trotzdem ist Wihelm nur in den Schulferien zu Hause. Er wohnt zuerst ein Jahr lang bei Pflegeeltern auf dem Karlsgraben, dann fünf Jahre in der Franzstraße in der Nähe des Marschiertores. Wenn er von hier aus am Morgen in die Schule geht, biegt er bei dem dicken Kastanienbaum in die Aureliusstraße ein. Vor einer Haustür liegt eine Mappe. Die nimmt er auf und trägt sie in die Schule. Sie gehört Fräulein Jonas, die ihm für diesen Dienst ab und zu etwas Geld schenkt. In den letzten zwei Schuljahren muß er in der Junkerstraße mit seinem jüngeren Bruder Josef wohnen. Die Pflegeeltern sind böse und geizig. Immer sind die Brüder hungrig. Meist gibt es nur eine Schnitte trockenes Schwarzbrot zum Frühstück und nur wenig zum Mittagessen. Josef bettelt um mehr, er ist frech, weil er hungrig ist. Dann bekommt er Schläge. Sonntags, wenn hin und wieder Vater und Mutter die Brüder besuchen, wird ihnen Geld oder ein Tütchen Klümpchen geschenkt. Die Pflegeeltern nehmen es ihnen weg und geben es nie zurück. Josef ist wütend, er lehnt sich gegen das Unrecht auf. Er will nicht leiden. Er hadert mit seinem Schicksal. Er will leben wie die Hörenden und ist bitter und unzufrieden. Wilhelm erträgt, ohne zu klagen. Geduld und Ertragen gehören zu seinem Leben. Unrecht und Qual machen ihn traurig, aber vergiften ihn nicht. Mißachtung und Demütigung treffen ihn tief. Und dennoch ist auf wunderbare Weise sein stiller Frohsinn unverwundbar.

In den Ferien daheim kann Wilhelm herrlich basteln. Er baut eine Aachener Straßenbahn. Er kocht Leim und setzt dünne Holzbrettchen zusammen; Führerstand und Sitze werden eingebaut, und aus Glasresten setzt er Glasfenster ein. Sein Vater zeigt ihm, wie man in Lehmformen aus Blei Räder gießt, damit die Bahn auch fahren kann. Die Achsen hämmert er aus dünnen Eisenstangen. Eine eingebaute Batterie und Lämpchen sorgen für die Beleuchtung. Zuletzt streicht Wilhelm seine Bahn genauso an wie die Aachener Straßenbahn. Das schwere Ding bringt er in die Schule, wo das Prunkstück von allen bewundert wird.

Einmal hat er aus Knetzeug den »Wehrhaften Schmied« geformt, genauso wie er in der Jakobstraße auf dem Brunnen in Bronze steht, den Lederschurz umgebunden und den schweren Hammer in der Hand, um den in die Stadt eindringenden Grafen von Jülich zu erschlagen.

Manches Mal hat sein Lehrer Nachsicht mit dem Jungen. Wilhelm darf zeichnen und malen, während die anderen lernen. Still und glücklich sitzt er dann an seinem Werk.

Wilhelm hat eine große Mappe. Da hinein kommen die Bilder, die sich ansammeln. Sein Vater hat ihn an manchen Sonntagen gebeten, die Mappe unter den Arm zu nehmen und mit ihm zu kommen. Sie gehen zum Bürgermeister, zum Pastor Hansmann und zu anderen Leuten. Da legt Wilhelm seine Mappe auf den Tisch, und wer auch im Hause ist, kommt hinzu, und alle schauen seine Bilder an. Vater fordert ihn auf, seinen Namen zu sagen, und jeder schaut ihn freundlich an und lobt mit Kopfnicken seine Bilder. Der Pastor läßt sich von Wilhelm zeichnen und gibt ihm fünf Mark dafür. Das ist sehr viel Geld. Auch andere schenken ihm Geld.

In den Herbstferien ist er bei Tante Maria in Köln, der Schwester seines Vaters. Allein lebt sie mitten in der großen Stadt. Sie verwöhnt den kleinen Jungen. Tante Maria ist hübsch und lustig und, was Wilhelm noch nie bei einer Frau gesehen hat, sie raucht Zigaretten. Es ist wunderbar, so ganz allein geliebt zu werden. Gleich in den ersten Tagen geht sie mit ihm in ein schönes Geschäft. Der neue Anzug hat einen breiten, weißen, steifen Schulterkragen. Eine große Schleife ziert seine Brust. Lackschuhe kauft ihm die Tante und eine goldene Uhr an einer Kette, die er in die Tasche seiner Weste steckt. Wilhelm geht gerne gut gekleidet. Je älter er wird, um so mehr achtet er darauf. Wenn die Leute schon erschrecken, wenn sie seine Stimme hören, so will er doch wenigstens für die Augen ein erfreulicher Anblick sein. Er möchte, daß die Gesichter freundlich zu ihm sind und ihn grüßen. Unfreundlichkeit kränkt sein empfindsames Herz, daß es weh tut. Wilhelm möchte gerne in der Schule lernen, weiterkommen, mehr wissen. Aber alle Schuljahre über hat er das Gefühl, nicht genug zu lernen. Er denkt, daß es vielleicht an ihm selbst liegt, daran, daß er nicht verständlich sprechen, nicht schnell vom Munde ablesen kann. Vielleicht liegt es auch daran, denkt Wilhelm, daß er acht Jahre lang tagein, tagaus den gleichen Lehrer hatte. Wilhelm lernt nur die vier Grundrechnungsarten: zusammenzählen, abziehen, malnehmen und teilen. Noch in der letzten Klasse läßt der Lehrer eine Rechenstunde lang seine Schüler kleine Zahlen zusammenziehen und fragt sie rundum ab. Vielleicht liegt es auch an den dünnen Schultaschen, die er und seine Klassenkameraden acht Jahre tragen, während die Kinder der anderen Klassen von Jahr zu Jahr dickleibigere Schulmappen schleppen müssen? Wilhelm wäre auch gerne ein guter Schüler mit einer schweren Schultasche.

Die Schulentlassung ist eine Erlösung für Wilhelm. Aber was soll er nun tun? Sein Zeichenlehrer geht mit ihm zum Meister Johannes Küpper nach Aachen. Meister Küpper hat fünfundzwanzig Gesellen und führt nicht nur Anstreicherarbeiten aus, sondern hat ein »Atelier für Decorationsmalerei und eine Spezial-Abteilung für Kirchenmalerei«. Er nimmt Wilhelm als seinen Lehrling an. In seinen Lehrvertrag schreibt Meister Küpper: »Da der Lehrling taubstumm ist, soll die Probezeit ein Jahr betragen.« Wilhelm glaubt, daß er nun den ganzen Tag malen darf. Am ersten Morgen fährt er mit der Kleinbahn und einem Butterbrotpaket von Eilendorf nach Aachen, wo der Meister in seiner Werkstatt seine Gesellen und Lehrlinge für den Arbeitstag einteilt. Wilhelm zieht seinen Maleranzug an, der noch steif und gelblich neu ist. Als erste Arbeit muß er den ganzen Tag das verrostete Eisengitter eines Vorgartens mit einer Stahlbürste reinigen. Das ist eine mühsame und unangenehme Arbeit. Nur Vorarbeiten macht er im ersten Jahr: alte Farben abwaschen, Tapeten abkratzen, Türen und Fenster schleifen und so fort. Zwei Mark verdient er in der Woche und freut sich darüber. Alle Gesellen sind gut zu ihm und lassen ihn in Frieden. Wilhelm lernt in seinen dreieinhalb Lehrjahren, wie man Farben mischt, lotrecht tapeziert, wie man lackiert, marmoriert, masert und mit Schablonen arbeitet, wie man abbeizt und abbrennt, verspachtelt und vergoldet, alles, was ein tüchtiger Maler und Anstreicher können muß. Durch seine Arbeit kommt er in die Häuser der wohlhabenden Aachener und sieht und staunt.

Jede Woche bekommt Wilhelm einen großen Arbeitszettel, auf dem er täglich eintragen muß, wo und was und wie lange er seine Arbeiten ausgeführt hat. Jeder dieser Arbeitszettel trägt auf der Rückseite in großer Schrift eine »Arbeitsordnung«, die folgenden Wortlaut hat: »Die Arbeitszeit ist in den Sommermonaten von morgens 7½ bis 12 Uhr, nachmittags von 12½ bis 7 Uhr, in den Wintermonaten entsprechend der Tageshelle. Frühstück oder Vesperpausen finden nicht statt, jedoch ist jedem Gehülfen gestattet, an seiner direkten Arbeitsstelle Nahrung zu sich zu nehmen, wobei die Dauer von 10 Minuten unter keinen Umständen überschritten werden darf. Rauchen, Schnapstrinken und gemeine Redensarten bzw. Unterhaltungen sind streng verboten. Jeder Gehülfe ist verpflichtet, für sachgemäße Behandlung und Schutz der Materialien und Geräte zu sorgen. Der Gehülfe kann zu jeder Zeit ohne Kündigung unbeschadet aus meinem Geschäft austreten, ebenso kann jeder Gehülfe zu jeder Zeit unbeschadet von mir entlassen werden. Den Anordnungen der jeweiligen Werkführer bzw. Vorarbeiter ist im Interesse des Geschäftes und eines gedeihlichen Zusammenarbeitens stets gutwillig Folge zu leisten. Diese Arbeits-Ordnung wird ohne Unterschrift als vom Gehülfen anerkannt betrachtet, sobald er dieselbe empfangen hat und in meinem Geschäft arbeitet. Dieser Arbeitszettel ist *täglich genau auszufüllen* und bei der Controlle vorzuzeigen. Johannes Küpper.«

Einmal in der Woche geht er in die Städtische Pflichtfortbildungsschule. Aber niemand kann sich mit ihm verständigen, und darum darf er, wenn die anderen Schüler Theoretisches lernen, Schablonen entwerfen, Perspektiven zeichnen und nach Vorlagen arbeiten. Seine Zeugnisse dieser Schule geben nur Auskunft darüber, daß Wilhelm in Betragen, in Fachzeichnen und Beteiligung am Unterricht »sehr gut« ist und sein Schulbesuch »regelmäßig«. Bei allen anderen Fächern ist ein Strich anstelle der Beurteilung. Die Bemerkung: »Der Schüler ist taubstumm«, gibt die Erklärung dafür.

Am Ende seiner Lehrlingszeit bekommt Wilhelm den Lehrbrief: »Der Lehrling Wilhelm Sistermann aus Eilendorf, geboren am 16. Januar 1896 zu Eilendorf, hat bei dem unterzeichneten Lehrmeister das Maler- und Anstreicher-Gewerbe während 3½ Jahren gehörig erlernt und ist auf Antrag desselben am heutigen Tage nach Ausweisung seiner Fähigkeiten ihm dieser Lehrbrief ausgefertigt worden. Wir sprechen ihn hiermit zum *Gesellen* und wünschen ihm auf seinem ferneren Lebenswege Glück und Segen. Aachen, den 6. November 1914. Johannes Küpper.« Handschriftlich schreibt der Meister dazu: »Für praktische Prüfungsarbeiten erhielt Inhaber das Prädikat *ausgezeichnet* und wurde wegen Taubstummheit demselben die theoretische Prüfung erlassen.«

Zu Hause gratulieren ihm alle, und er ist stolz.

Nun ist Wilhelm Geselle bei Meister Küpper und verdient in der Woche fünfundzwanzig Mark. Der Meister nimmt ihn mit nach Düren, wo er das Deckengewölbe in der Kirche eines Karmeliterkloster ausmalen muß. Auf einem Gerüst liegen sie viele Stunden auf dem Rücken, und was der Meister vorentworfen hat, muß Wilhelm nach seiner Anweisung ausmalen. Am Wochenende erzählt er seinem Vater, wie diese Arbeit ihm besondere Freude macht.

Vater Sistermann kauft 1913 in der Steinstraße ein Grundstück mit einem kleinen Bauernhaus aus Natursteinen. Vor das alte baut er an der Straße ein neues großes Haus mit einem Ladenlokal und einer Toreinfahrt. Die Räume, Schuppen, Scheune und Ställe des Bauernhäuschens dahinter braucht Vater zum Teil für seine Schreinerei, und Wilhelm bekommt darin eine Werkstatt für seine Farben und Basteleien. Hinter dem alten Haus und dem Hof beginnt ein langer Garten mit Weißdornhecken eingezäunt und mit Obstbäumen. Das ist ein herrliches Reich für die große Familie mit viel Platz. Zu neun Geschwistern waren sie zuerst, und sechs davon konnten nicht hören. Zwei taubstumme Kinder hat der Vater begraben. Die Leute stecken die Köpfe zusammen: »Wie furchtbar!«

Wilhelms Eltern sind fromm und gottesfürchtig. Warum schickt Gott ihnen solch ein hartes Unglück? Niemand kann das verstehen. Wilhelms Mutter, die nie jemand lächeln sah, hat ihre Träume begraben. Sängerin wollte sie werden, ihre Stimme ist schön. Mit schönen Dingen wollte sie leben. Aber nun hat sie taubstumme Kinder. Warum gerade sie? Es ist schwer, mit einem Makel zu leben. Sie ist tief erschrocken und verschlossen.

Da gibt es keinen Schlüssel mehr. Mechanisch sorgt sie für das leibliche Wohl ihrer Kinder.

Wilhelm liebt von allen seinen Geschwistern die kleine Maria am meisten. Sie ist wie er: still, geduldig, dankbar, empfindsam. Aber sie ist noch hilfloser als Wilhelm. In der Schule in Aachen kann sie nicht bleiben. Sie muß in die Anstalt nach Euskirchen, zu den Kindern, die noch mehr Geduld brauchen, das Sprechen zu lernen. Als 1914 der Weltkrieg ausbricht, wird die Anstalt ein Lazarett für verwundete Soldaten, und das Kind muß nach Trier in die Schule. In den Ferien sind die Geschwister zusammen im Elternhaus. Wilhelm malt und zeichnet immer wieder das weiche Gesicht Marias, ihre welligen Haare mit einer Schleife. Die Augen schauen ins Leere. Wilhelm kauft seiner kleinen Schwester von seinem Lohn, was sie an Kleidung braucht: Kleider mit Matrosenkragen, Schürzen mit Flügelschultern und einmal einen Florentinerhut mit langen Bändern, der vierzig Mark kostete, ein kleines Vermögen. Mit dem Hut malt er sie auf Leinwand, in Öl. Geduldig sitzt sie ihm. Wilhelm erfindet immer neue Späße, damit sie lachen soll. Wenn die kleine Schwester fröhlich ist, weiß er kein größeres Glück. Niemanden hat er so lieb wie die jüngste Schwester Maria.

Natürlich hat er die anderen auch gern. Da ist sein ältester, hörender Bruder Johann. Er hat viele Freunde, die er mit ins Haus bringt. Er ist lieb zu seinen Geschwistern. Johann ist sehr fleißig. Er steht früh auf, um für den Vater die Glocke zu läuten. Dann geht er nach Aachen-Rothe-Erde, wo er auf dem Hüttengelände an einem Kran arbeitet, der die Eisenteile bewegt. Nach Feierabend hilft er dem Vater in der Sargschreinerei, hobelt, hämmert und sägt und arbeitet auch noch im Garten. Vater kann alles mit ihm besprechen, was Geschäft und Haus betrifft, und Johann erledigt Vaters Besorgungen. Er ist Vaters einzige Stütze und Hoffnung. Wilhelm ist stolz auf den älteren Bruder Johann.

Josef und Luise können trotz ihrer Taubheit so verständlich sprechen, daß sie fast jeder verstehen kann. Sie müssen für Wilhelm übersetzen. Die beiden Jüngsten sind Lisa und Heinrich, sie können hören. Sie wachsen so innig mit ihren taubstummen

Geschwistern auf, daß kein Fremder, der sie sich gemeinsam unterhalten sieht, erkennt, daß sie hören können. Den Hörenden gegenüber sind Lisa und Heinrich scheu; sie sind lieber mit Taubstummen zusammen. Früh kann Wilhelm eine für ihn verwunderliche Feststellung machen: Obwohl Lisa und Heinrich ein Gehör haben und somit für den Lebenskampf entscheidend besser ausgestattet sind als er, fühlt er in sich selbst mehr Kraft und Möglichkeiten, als diese Geschwister besitzen. Er weiß zwar, daß Lisa und Heinrich mehr erfahren können als er, der Taubstumme, dennoch fühlt er sich trotz der schicksalhaften Unterlegenheit ihnen überlegen. Hätte er ihr gesunden Ohren, ihre normale Stimme, er würde sie beide weit überflügeln. Diese Erkenntnis trifft ihn hart: Geistige Kraft und gute Intelligenz zu besitzen, von vielfältigen Möglichkeiten in sich zu wissen, Lust an der eigenen Entwicklung zu haben – und – das Schicksal setzt ihm ein *Unmöglich*! Die unvollständigen Organe seines Körpers beschränken ihn, aufzunehmen und sich zu äußern, wie er gerne möchte und könnte. Er leidet –, aber er verbittert nicht.

In Eilendorf bitten viele Leute den Vater um Wilhelms Hilfe. Immer öfter streicht Wilhelm nach Feierabend irgendwo im Dorf an, immer mehr Aufträge kommen auf ihn zu. Wieder einmal hat er vor Allerheiligen den Meister Küpper um ein paar Tage Urlaub gebeten. Jedes Jahr erlaubt es der Meister, daß Wilhelm seinem Vater beim Beschriften der Grabkreuze helfen darf. Wilhelm hat von Vater gelernt, mit einem feinen Pinsel und Lackfarbe sorgfältig schön geschwungene Buchstaben zu schreiben. Manchmal müssen auch in Stein eingemeißelte Namen auf dem Friedhof neu vergoldet werden. Diese Arbeit nimmt er dem Vater ab, denn im November ist es kalt, besonders wenn man still arbeiten muß. Zu Hause aber ist es gemütlich beim Grabkreuze beschreiben. Vater und Wilhelm sitzen nebeneinander und tauchen abwechselnd die Pinsel in ein Töpfchen, streifen sie ein wenig am Rand ab und schreiben mit ruhiger Hand: »Hier ruht in Gott ...« Die anderen Geschwister hocken mitten in der großen Küche in Tannengrün, das der Vater aus dem Wald geholt hat. Sie binden daraus Tannenkränze und Buketts. Lisa faltet mit geschickten Fingern Blumen aus Seidenpapier, steckt sie auf Drähtchen und dann in Kränze und Sträuße. Das ganze Haus duftet um diese Zeit nach Tannen und Farbe, und jeder fühlt sich bei der vielen Arbeit wohl. An einem solchen Abend sagt der Vater zu Wilhelm, er möge doch nicht mehr zum Meister Küpper nach Aachen fahren, sondern sich in Eilendorf selbständig machen. Arbeit habe er genug. Ohne große Formalitäten macht sich Wilhelm im April des Kriegsjahres 1917 selbständig. Meister Küpper bedauert, seinen stillen, fleißigen und zuverlässigen Gesellen zu verlieren. 1910 hatte Wilhelm die Lehre begonnen mit fünfzig Pfennig Wochenlohn, sein letzter Lohn als Geselle bei Meister Küpper betrug zweiundfünfzig Pfennig die Stunde. Nun wünscht sein Meister ihm viel Glück.

Alles, was Wilhelm ihr aus seinem Leben erzählt, bedenkt Maria und macht es sich zu eigen. Sie freut sich auf die nächste Begegnung mit ihm und wünscht sich, immer noch mehr von ihm zu erfahren und zu wissen.

50

Der Frühling ist doppelt zauberhaft, wenn man verliebt ist! Das Erwachen der Natur, das Entfalten eines neuen Lebens ringsum entspricht so ganz Marias Lebensgefühl, ist wie der Ausdruck ihres neuen Empfindens. Mit Wilhelm bei den Damen Rögert zum Sonntagskaffee zu sitzen, ist schön. Es ist, als ob sie ihn bei sich zu Hause eingeladen hätte. Sie bedient ihn mit Kaffee, stellt ihm Zucker und Milch hin, gibt ihm ein Stück Obstfladen auf den Teller und freut sich über sein Zuschauen, wenn sie hinterher spült und wegräumt. Bei Frühlingsregen rücken sie ihre Stühle ans Fenster und plaudern lautlos miteinander. Die Damen lassen die beiden jungen Leute in Ruhe. Bei gutem Wetter spazieren sie alle Wege, die Maria von früher kennt. Nur ist manches anders geworden, und Wilhelm zeigt es ihr. Auch der Kaiser-Friedrich-Park ist ihr neu. Gerne gehen sie in das Wiesental vor den nahen Waldhügeln, worin der Park mit einem kleinen künstlichen See eingebettet liegt. Auf dem Weiher laden Kähne zum Fahren ein. Aber Maria würde nie Kahn fahren. Vor Wasser fürchtet sie sich. Da sieht sie lieber von einer Bank aus den Schwänen und Enten zu. Die beiden spazieren zum Park hinaus, an Äckern und einem Wiesenhang vorbei, wo der Kannegießerbach die Wiese durchwindet. Aus Kleefeldern und Heuwiesen sind Stücke herausgemäht. Obstbaumstämmchen tragen ihren frischen, schneeweißen Kalkanstrich, abgeschnittene Äste und Zweige liegen in Haufen geschichtet daneben. Das Paar kommt zum »Gasthaus Grundhaus« an der großen Lütticher Straße. Einsam liegt es am Wald. Hier können Maria und Wilhelm unter den Bäumen an Gartentischen Kaffee trinken, oder sie überqueren die Landstraße und gehen einen Wiesenpfad dicht am Waldhang vorbei zum »van-Halfern-Park«. Die weiten, gepflegten Rasen sind übersät mit weißen Pünktchen von Marienblumen. Viele kleine Wege laufen kreuz und quer die Rasenhügel hinauf und hinunter, und in Gruppen oder einzeln stehen dort seltsame Bäume aus vielen Ländern der Erde. Auf einer Bank zwischen blühenden Sträuchern unterhalten sie sich ungestört. Die Sonne wärmt, und die Erde duftet.

Wilhelm kann viel erzählen und freut sich, daß er in Maria eine aufmerksame Zuseherin gefunden hat. Maria erkennt, daß Wilhelm die Sprache längst nicht so gut beherrscht, wie die meisten Taubstummen. Sein Wortschatz ist sehr viel kleiner. Ganze Geschichten erzählt er mit ein paar Wörtern; fehlende Wörter und Sätze ersetzt er mit Mimik, Zeichen und Bewegungen. Manche Begebenheiten deutet er mit Gesten nur an. Kann sie nicht schon wieder viel besser formulieren als er? Doch Maria versteht Wilhelm gut und wundert sich über das, was er alles weiß. Sie fragt und fragt. Was ist geschehen in den zehn Jahren, als sie in ihrem Dorf lebte? Wilhelm kann nicht aufhören, sich zu wundern. Ist sie so dumm? Nein, sie ist nicht dumm, aber dennoch dumm. Sie weiß gar nichts! Der Kaiser? Der Krieg? – Deutschland hat doch keinen Kaiser mehr! Deutschland hat den Krieg verloren, und der Kaiser floh nach Holland. Er ist nicht mehr in Berlin. Am 9. November 1918 war die Revolution. Die Soldaten wollten nicht mehr kämpfen. Der Hunger war zu groß in Deutschland. Wilhelm hat zu Hause Steckrüben ohne Kartoffeln gegessen. Mutter schnitt am Tag jedem Kind eine Scheibe Brot ab, und alle Kinder standen dabei und haben gelauert, ob jede Schnitte gleich dick war.

Während der Besatzungszeit durfte am Abend niemand mehr auf die Straße gehen. Vater Sistermann trug einen Erlaubnisschein, wenn er zum Elektrizitätshäuschen ging, wo er die Straßenbeleuchtung ausschalten mußte. Unvorsichtigerweise ging Wilhelm ihm einmal nach. Da stoppte ihn die Militärstreife. Vater in seinen Holzklumpen und Wilhelm auf Pantoffeln wurden mitgenommen und bis zum Montag im Bürgermeisteramt eingesperrt. In Krauthausen bei Jülich arbeitete Wilhelm vierzehn Tage bei entfernten Verwandten seiner Mutter. Sein jüngster Bruder Heinrich half ihm beim Anstreichen. Sie bekamen gutes Essen und nahmen am Ende der Arbeit Eier und Schinken mit nach Hause. Wilhelm fuhr auf seinem Fahrrad, und Heinrich saß vor ihm auf der Stange. Auf dem langen Heimweg ging das Rad kaputt, und da sie zur Zeit der Ausgangssperre noch unterwegs waren, verkrochen sie sich die Nacht über auf freiem Feld zwischen Steinhaufen. Wilhelm sagte immer wieder zu dem hörenden Heinrich: »Du aufpassen!« Der hörte aber nur die Krähen schaurig schreien.

Eine Zeitlang hatten die französischen Besatzungssoldaten im ausgeräumten Sarggeschäft Sistermann ihre Kantine, und die nachrückenden belgischen Besatzungstruppen richteten dort ihr Büro ein. Für die staunenden Kinder sogar mit Telefon.

»Warum war der Krieg?« fragte Maria. »Weißt du nicht?« Wilhelm ist fassungslos. Er weiß alles. »Weißt du nicht von Sarajevo? Weißt du nicht vom österreichischen Kronprinzenpaar? Es wurde in Sarajevo erschossen.« Wilhelm erklärt, wo Sarajevo liegt. »Weißt du nicht vom Versailler Vertrag?« »Was ist das?« »Weißt du nicht, wer jetzt die Regierung ist?« »Nein«, sagt Maria, »ich kenne nicht.« »Wir haben jetzt Weimarer Republik. Reichspräsident Ebert ist 1919 gewählt worden. Weißt du das nicht? Das Rheinland ist besetzt von fremden Soldaten. Wir müssen sehr viel bezahlen an das Ausland. Weißt du nicht?« Nein, Maria weiß nichts, gar nichts davon. Das ist ungeheuerlich für Wilhelm. Er hat von 1914 an jede Woche von seinem Geld die »Wochenschau« gekauft, eine Illustrierte mit braunem Druck und vielen Bildern. »Kriegsschau« nannte sich das Heft später. Sorgfältig hat er alles gelesen und gesammelt. Die Bilder helfen ihm, den Text zu verstehen. Nach 1918 kaufte er regelmäßig »Das illustrierte Blatt«, und mit seinen Freunden besprach er den Inhalt. Alles hat er immer wissen wollen, was in der Politik, in der Welt geschah. Er hat Landkarten und einen Atlas gekauft. Eine Landkarte hat er an die Wand geheftet und mit aufgesteckten Fähnchen während des Krieges den Feldzug verfolgt. Wilhelm muß Maria an jedem Sonntag von allem erzählen und erklären. Hefte bringt er mit, und sie schauen zusammen die Bilder an. Wilhelm ereifert sich im Bericht. Ihre Gesichter neigen sich über ein Bild, dann schauen sie einander an, damit sie sich verständigen können. Ganz genau will Maria alles wissen. Sie staunt. Mit Wilhelms Hilfe klärt sich die Vergangenheit. Jetzt erfährt sie, was die fremden Soldaten in der Stadt zu bedeuten haben. Jetzt begreift sie, warum Frau Heumann so äußerst sparsam mit den Kohlen ist. Es sind ja keine zu haben, denn jeden Monat muß Deutschland über zwei Millionen Tonnen Kohlen an die Siegermächte abliefern. Wilhelm weiß, wie alles zusammenhängt. Weil die Kohlen-Ablieferungen im Rückstand sind, ist das Ruhrgebiet seit dem 11. Januar dieses Jahres besetzt. 40 000 französische Soldaten kamen mit Waffen, Tanks und Flugzeugen. Im Ruhrgebiet ist jetzt passiver Widerstand. Alle Läden und Häuser bleiben geschlossen. Die Arbeiter haben die Betriebe und Gruben verlassen, löschen in den Werken das Feuer. Kein deutscher Eisenbahner fährt einen französischen Militärzug, keine Post, kein Bürgermeister arbeitet für die Franzosen. Alles wirtschaftliche Leben ist im Ruhrgebiet erstarrt. Neue Truppen kommen. 87 000 Mann haben jetzt das Ruhrgebiet besetzt. Keine Kohle darf ins unbesetzte Deutschland.

Maria bekommt Herzklopfen. »Das ist schlimm alles«, sagt sie. Sie versteht nun auch, warum die Preise für die Lebensmittel, für alle Dinge immer höher werden.

Frau Heumann schimpft darüber. Wilhelm kann ihr den Grund erklären: Deutschland muß nach dem verlorenen Krieg viele Milliarden Goldmark an die Staaten bezahlen, die unter dem Krieg durch Deutschland gelitten haben. Es sind Frankreich, Großbritannien, Italien, Belgien, Südslawien und die Vereinigten Staaten. Es ist immer weniger Geld in Deutschland. Neues muß gedruckt werden und hat weniger Wert.

Maria erfährt staunend, daß Deutschland keine Kolonien mehr hat, das ist alles verloren. Aber das Schrecklichste ist nicht auszudenken. Der Weltkrieg hat in Europa 8,5 Millionen tote Soldaten gefordert, davon waren 2 Millionen deutsche Soldaten, 750 000 Zivilpersonen starben in Deutschland an Seuchen und der Hungerblockade. Maria ist tief erschüttert. In Europa war ein großes Sterben. Sie hat nicht gewußt, wie schlimm es war. Viele Millionen Tote! In vier Jahren! Kann man sich das vorstellen? Wenn sie sich auf den »Stein« in Freilingen versetzt und das weite Land ausgebreitet sieht, wären da nicht diese Millionen Kopf an Kopf ein Menschenmeer bis zum blauen Horizont, die Hügel hinauf und hinunter?

Wilhelm erzählt Maria, wie es mit seinem hörenden Bruder Johann gewesen ist. 1915 erhielt er die Einberufung zum Militär. Der Brief kam vormittags, als Johann im Hüttenwerk Rothe-Erde auf dem Dampfkran arbeitete. Wilhelms Mutter hat den Brief dem Mann mitgegeben, der jeden Tag in einem Handwägelchen die »Mittchen«, die schmalen Aluminiumtöpfe mit warmen Mittagessen, einsammelte, um den Arbeitern im Hüttenwerk das Essen von zu Hause zu bringen. Wohl hatte Vater Sistermann versucht, seinen hörenden Sohn zu behalten, ihn vom Kriegsdienst zu befreien. Aber alle Bitten bei den Ämtern hatten nichts genutzt. Sogar an den Kaiser persönlich hat er einen Brief geschrieben, aber keine Antwort erhalten. Die Geschwister und Johanns Freunde brachten ihn an die Bahn. Mit einem der vollgestopften Züge ist Johann fortgefahren. Bald kam er in seiner neuen Uniform zu Besuch. Wilhelm bewunderte den Bruder und war traurig, daß er nicht Soldat werden konnte. Wenn er doch hätte hören können! So dachte er damals. Johann mußte in den Krieg und schrieb aus Rußland. Er wurde am Knie verwundet, kam in ein Lazarett bei Hannover und auf Genesungsurlaub. Johann humpelte, aber sein Vater war glücklich, ihn wieder daheim zu haben. In Johann lag seine Zukunft. Mit ihm würde er es später schaffen, sein Geschäft zu vergrößern, das schöne Haus, in dem sie nun seit einem Jahr wohnten, zu bezahlen und die taubstummen Kinder leichter zu ertragen. Mit Johann wird er rechnen, planen und arbeiten können. Johann ist fleißig, ehrgeizig, gütig und stark, seinen jüngeren Geschwistern wird er beistehen, er ist Trost und Hoffnung.

Alle brachten ihn nach seinem Genesungsurlaub wieder an den Bahnhof. Wilhelm winkte mit den anderen lange, bis der Zug in dem dunklen Loch des Nirmer Tunnels verschwunden war. Es war noch im Jahre 1915, als Johann in Rußland durch einen Kopfschuß fiel. Einundzwanzig Jahre alt. Wilhelm hat gesehen, wie Vater im Zimmer auf und ab rannte und sich die Haare in Verzweiflung vom Kopf riß. Wilhelm las den schrecklichen Brief: »Er starb den Heldentod für das Vaterland!« Aber niemand war stolz darüber. Lange traute sich keiner der Bekannten ins Haus.

Das alles erzählt Wilhelm Maria, und er muß sich die Augen wischen und die Nase putzen. Nein, Soldat wollte er nicht mehr werden.

Er weiß noch gut, wie der Krieg begann. Mit Vater war er in der Wilhelmstraße in Aachen, einer breiten, baumbewachsenen Straße, die vom Kaiserplatz hinaufführt nach Burtscheid und weiter nach Eupen und Belgien. Viele, viele Menschen hatten an der Straße gestanden, um den Ausmarsch der deutschen Soldaten zu bejubeln. Die Mädchen und Frauen liefen zu den Marschierenden hin und steckten ihnen Blumensträußchen in die Gewehrläufe und an den Rock. Über die glänzenden Pickelhauben waren zur Tarnung graue Tuchmützen gezogen. Winkend und lachend und singend zog Regiment auf Regiment hinaus gegen Belgien und Frankreich. Wilhelm sah sehnsüchtig zu; wie gerne wäre er damals mitgezogen in den Krieg.

Nur wenige Tage später eilte er mit Vater zur Waldschenke an der Lütticher Straße. Die Waldschenke war zum Lazarett erklärt worden. Wilhelm sah viele Rote-Kreuz-Wagen, sah die Bahren mit den Verwundeten. In dem kurzen Kampf mit den

Belgiern, die sich beim Einmarsch der Truppen gewehrt hatten, wurden sie verletzt.

Wilhelm fragt Maria, ob sie weiß, daß die Stadt Aachen ihr Butterländchen verloren hat? Eupen und Malmedy sind seit 1920 nicht mehr deutsch, sondern gehören jetzt zu Belgien. Nein, sie weiß es nicht und bedauert den Verlust. Jetzt ist die belgische Grenze ganz nahe an Aachen herangerückt. Wilhelm berichtet, daß er einige Male mit einer Gruppe junger Männer aus Eilendorf durch den Aachener Wald über die Grenze schmuggeln ging. Aber die Zöllner erwischten ihn, und er mußte aus seinem Rucksack die Büchsen Apfelkraut, den Kaffee, die Schokolade und die Zigaretten wieder auspacken. Das Schmuggeln war ihm, dem Taubstummen, dann doch zu gefährlich. Er konnte ja nicht den Halteruf der Zöllner hören. Er ließ es lieber bleiben.

Auch vom Schicksal seiner Schwester Maria erzählt Wilhelm. Als 1918 die Revolution ausbrach, fuhr Vater Sistermann mit Wilhelm nach Trier. Sie holten die Schwester ab. Der Zug, mit dem sie heimfuhren, war voll von deutschen Soldaten, die auf dem Rückweg aus Frankreich waren. Die Soldaten hatten Wurst und Schinken, Brot und Süßigkeiten mit. Die drei quälte der Hunger, und Vater bat die Soldaten, doch wenigstens seinen taubstummen Kindern etwas abzugeben. So aßen sie sich alle drei nach langer Zeit einmal richtig satt. Zu Hause waren Wilhelm und die kleine sanfte Schwester unzertrennlich. Aber nur wenige Wochen dauerte dieses Glück. Das Mädchen klagte über Kopfschmerzen und starb. Wilhelm war ganz krank vor Leid. Er hatte die Schwester so geliebt. Taub und stumm war sie, ärmer und hilfloser und noch viel unnützer scheinend als er, und doch war sie für ihn Glück und Freude gewesen. Draußen auf dem Friedhof, wo die Wiesen vor dem Nirmer Tunnel beginnen, befestigte Wilhelm eine Platte an ihrem Grabstein. Den Namen und die Daten der Vierzehnjährigen hat er darauf geschrieben, und darüber brachte er unter schützendem Glas ein ovales Foto des Mädchens an. Auf dem hohen, schmalen Sockel steht ein weißer Marmorengel, der seine Flügel ausbreitet und davonfliegen will. Wilhelm hat den Grabstein ausgesucht und bezahlt. Er hält das Grab in Ordnung; oft geht er hin. Sein Schmerz und seine Trauer dauerten viele Jahre.

Marie sieht Wilhelm zu. Sie sieht nicht nur seinen Mund, seine »sprechenden« Hände, sein Gesicht, sie sieht auch sein Herz. Es ist gut und weich. Zu gut, zu weich. Sie muß auf ihn aufpassen. Sie muß über ihn wachen, über sein zartes Gemüt. Sie ist da, damit ihm nichts Böses geschieht. Sie ist stärker als er, das weiß sie immer mehr. Ihre Kraft wächst wie ihre Liebe, und wenn sie betet, bittet sie: »Lieber Gott, bitte, ich möchte Wilhelm heiraten, bitte!«

51

»Ich fahre nach Tilsit! Für ein paar Wochen.« Frau Heumann sagt es zu ihrem Mädchen. Es ist Sommeranfang. Maria erschrickt. »Ich muß allein hierbleiben?« »Ja, du hast gelernt, du bist fleißig, du kannst allein fertigwerden.« Maria beginnt zu weinen: »Nein, nein, nein! Ich kann nicht allein fertigwerden! Ich kann nicht. Ich kann nicht rechnen mit dem Geld, wenn ich einkaufe. Ich verstehe nicht, wie mit dem Geld machen, weil es ist Inflation. Bitte nicht mich alleinlassen!« Der Professor macht ihr Mut. Er würde schon zufrieden sein. Frau Heumann sagt: »Ich werde auf einen großen Zettel aufschreiben, was du jeden Tag kochen sollst. Wenn ich zurück bin, bekommst du sechs Wochen Ferien. Dann kannst du nach Freilingen fahren.« An Ferien in Freilingen ist Maria diesmal gar nicht interessiert. Sie ist voll Angst, daß sie ganz allein für vier Männer, Hühner, Katze, Haushalt, Wäsche, Einkaufen und alles drum und dran verantwortlich sein soll. Frau Heumann sagt zum Abschied: »Du kannst alles!«

Da fängt Maria an, es bleibt ihr ja gar nichts anderes übrig, und sie sagt vor sich hin: »Muß sein! Muß sein!« Bald ist sie stolz, daß alles gutgeht. Gewissenhaft erfüllt sie ihre Arbeiten und Pflichten.

Am Sonntag erzählt sie dann Wilhelm, wie es ihr ergangen ist und zeigt ihren Mut. Jedesmal geht sie zeitig nach Hause, um das Abendessen zu bereiten. Wilhelm gefällt das gar nicht. Für ihn fängt dann eigentlich der Abend erst an. Er hat viele Freunde, mit denen er sich in Aachen trifft, oder, wie es meistens geschieht, fahren sie zu ihm nach Hause, wo sie bis spät noch Spaß und Unterhaltung haben.

Im Verein lernt Maria einen jungen Bauernsohn kennen. Clemens heißt er und kann gut sprechen. Seine Eltern haben einen Bauernhof in der Nähe der holländischen Grenze. Clemens ist ein freundlicher, kräftiger Mann. Maria sieht gleich, daß er zupacken kann bei einer schweren Arbeit. Clemens gesellt sich an Sonntagen zu Maria und Wilhelm, er sieht das Mädchen mit großem Interesse und Wohlgefallen. Ernsthaft beginnt er um Maria zu werben. Er sagt ihr, daß sie die richtige Frau für ihn sei. Dann fragt er Wilhelm: »Willst du Maria heiraten?« Wilhelm sieht ihn verdutzt an. »Nein«, sagt er »ich nicht gedacht.« Da bittet Clemens ihn, ihm das Mädchen abzugeben, er möchte sonntags allein mit Maria spazierengehen, er möchte sie als sein Mädchen haben, und er wolle sie gern bald heiraten; sie sei doch eine Bauerntochter und passe gut zu ihm. Maria steht dabei und wird gar nicht gefragt. Wilhelm ist etwas überrascht. Aber er sieht ein, daß Clemens recht hat, und aus Gutmütigkeit stimmt er zu. Maria ist so erschrocken, daß sie nicht weiß, wie sie sich verhalten soll. Nein, Wilhelm hat nicht sein Herz an sie verloren! Er liebt sie nicht, wie könnte er sie sonst so einfach hergeben? Sie ist sehr, sehr traurig.

Am nächsten Sonntag holt Clemens sie ab. Wilhelm kommt nicht mehr. Still geht sie neben Clemens durch den Sommertag. Zwischen Feldern und Weiden, zwischen Gemüsegärten und -äckern gehen sie die Feldwege von Hanbruch bis über die Vaalser-Landstraße zur Hörn, einen langen Hügelzug, der vom Lousberg auf Holland zu ausläuft. Clemens zeigt ihr das Land, das seinen Eltern gehört, und spricht von seiner Arbeit auf dem Hof. Er ist lieb zu ihr und meint es ehrlich. Sie soll einmal die Bäuerin werden, und der Hof ist nicht klein und arm. Maria tut es leid, daß sie ihn enttäuschen muß. Wie könnte sie einem Menschen ja sagen, wenn doch ihr ganzes Sein erfüllt ist von dem Gedanken an einen anderen Mann? Sie könnte weinen, immerzu weinen nach Wilhelm. Warum läßt er sie so einfach gehen?

Einige Sonntage ist Clemens an ihrer Seite und wartet, ob er sich Hoffnung machen kann.

Als Frau Heumann zurückkommt von ihrer großen Reise aus Ostpreußen, da ist sie voller Lob für Maria. Alles hat das Mädchen zu ihrer Zufriedenheit betreut. Sie hat es wirklich sehr gutgemacht. Der Professor lobt sie vor seiner Frau. Am Sonntag im Verein kommt der Herr Lehrer Wirtz auf sie zu und meint: »Der Herr Professor hat mir gesagt, du kannst nicht kochen. Es schmeckte ihm nicht bei dir. Du hast immer zuviel Salz in das Essen getan.« Da grinst Maria ihn an und glaubt ihm kein Wort. Clemens sitzt bei ihr am Tisch und bestellt ihr etwas zu trinken. Aufmerksam ist er um sie bemüht. Wilhelm ist bei seinen Kameraden und Geschwistern. Er sieht still und verloren aus, und Maria hat mehr Mitleid mit ihm als mit sich selbst. So ein dummer Mann, wo sie ihn doch so liebhat! So ein Angebot nicht zu begreifen! Manchmal sieht er wie unbeabsichtigt zu ihr hin, dann schaut Maria weg, damit Wilhelm glauben kann, er sei dabei geschickt und sie habe es nicht bemerkt. Gegen Abend hält er es wohl nicht mehr aus und kommt zu Clemens und Maria an den Tisch. Sie sitzen zusammen wie gute Freunde und unterhalten sich. Bald muß Maria sich verabschieden. Wilhelm sagt zu Clemens: »Ich Maria nach Hause begleiten. Ich habe komisches Gefühl, wenn Maria bei dir. Gefällt mir nicht. Maria besser mein Mädchen.« Maria ist so froh. Freundlich, und in ihrem Lächeln ist eine Bitte um Nachsicht, sagt sie zu Clemens: »Nicht böse sein, bitte! Ich bin lieber mit Wilhelm zusammen.« Clemens hebt die Schultern und die Hände und läßt sie wieder fallen: »Ich kann nichts machen. Maria muß das selbst wissen. Wilhelm hat viel Glück, viel Glück.« Sie reichen sich zum Abschied die Hände, und freundschaftlich gehen sie auseinander.

Der Sommerabend ist noch taghell und warm. Spaziergänger kommen in Gruppen aus den Wäldern zurück und gehen zur Stadt hinunter. Familien mit vielen Kindern, Kinderwagen, Hunden und dicken Blumensträußen, leeren Körben und schlaffen Taschen, ein wenig verstaubt und zerzaust vom Spiel und der Hitze des Tages, gehen müde, aber zufrieden, nach Hause. Manche sehen den beiden jungen Taubstummen nach, die Arm in Arm gehen, stehenbleiben, sich lösen, um mit beiden Händen zu sprechen, sich von neuem einhaken und ein Stück weitergehen, bis sie wieder sprechen wollen. Wilhelm sagt, daß er Maria am Sonntag abholen und mit nach Eilendorf nehmen wird; er möchte sie seinen Eltern vorstellen. Marias Glück strahlt aus ihren Augen. Nun kann nur alles gut werden. Am Sonntag darauf holt Wilhelm sie ab. Sie trägt ein neues Jackenkleid. Frau Heumann hat es mit ihr zusammen eingekauft. Frau Heumann mußte ihr Geld vorstrecken, denn was Maria erspart hat, das hat seinen Wert verloren und gilt nicht mehr viel. Nein, sparen wird sie nicht mehr. Sie wird Wilhelm zuliebe schöne Schuhe kaufen und Seidenstrümpfe und noch einige neue Sachen. Strahlend steht sie nun vor Wilhelm und sucht in seinen Augen die Zustimmung zum neuen Jackenkleid. So ganz zufrieden scheint er nicht zu sein. Tasche, Schuhe und Wollstrümpfe, sie passen nun nicht mehr dazu. Maria tröstet ihn: »Hauptsache neues Jackenkleid.« So gehen sie zur Straßenbahn. Wilhelm trägt seinen flachen Strohhut und in der Hand den schwarzen, leichten Spazierstock mit dem silbernen Griff.

52

Die Schornsteine des Hüttenwerkes von Aachen-Rothe-Erde im Osten der Stadt rauchen nicht mehr. Aus Mangel an Luxemburger Eisenerz wurde die Anlage unrentabel. Tot ragen die hohen Kamine in den Himmel. Gleich dahinter ist man auf dem Lande, in Eilendorf.

Wilhelm hebt sein Spazierstöckchen bei jedem Schritt flott in die Höhe. Maria geht vergnügt neben ihm her. Er hat seinen Arm nicht wie sonst in den ihren gelegt. Sie sind an der neuromanischen Kirche vorübergegangen. Weite Wiesen lassen den Blick frei auf diesen mächtigen Prachtbau mit hohem Turm. Kühe ruhen unter einem alten Birnbaum, der feste Münsterbirnen tragen wird. Die Kühe und die Hühner eines Bauernhofes sind die einzigen Lebewesen, denen sie an diesem frühen Sonntagnachmittag begegnen. Als sie um das »Pannhaus« biegen, dem ältesten Haus des Ortes, liegt vor ihnen an der Steinstraße Wilhelms Elternhaus. Maria betrachtet es mit großem Interesse. Es ist auffallend, sie würde es nicht übersehen. Das Dach bildet in der Mitte eine Haube. Mittagslicht liegt voll auf dem grauen Steinplattensockel und den tiefroten Ziegeln der Hauswand. Steinerne Bänder und Schleifen umfassen die Fenster. Jedes hat ein grüngestrichenes Gitterbänkchen für Blumentöpfe. Im Schaufenster sieht Maria dunkle Särge mit blinkenden Beschlägen. Schnell wirft sie einen Blick zu Wilhelm: Särge, Leichen! Schrecklich. Muß Wilhelm nicht immer ans Sterben denken, wenn er jeden Tag mit den Dingen für die Toten leben muß? Aber Wilhelm lächelt sie fröhlich an und fragt, ob es ein schönes Haus sei. »Ja, ja, sehr schönes Haus«, sagt sie schnell und eifrig. Die Toreinfahrt ist mit zwei schweren Holzflügeln geschlossen. Eine Seitenwand des großen Hauses fällt ab in tieferliegende Gärten, in denen zwischen Hopfengeranke und Holundergebüsch der Kleebach fließt.

Wilhelm klinkt die Haustüre auf und läßt Maria eintreten. Im Flur bleibt sie wartend stehen. Wilhelm zeigt: »Ich angestrichen«, und er erklärt den hellen Ölanstrich der Decken und Wände, den grünen Sockel, dessen Abschlußborte aus farbigen Ornamenten er mit selbstentworfenen Schablonen gestrichen hat. Die Stiegen der Holztreppe, die gedrechselten Säulchen des Geländers sind in glänzendem Lack. Nichts ist abgetreten oder abgescheuert. Marias Gesicht zeigt Anerkennung. Sie gehen in die geräumige Wohnküche. Wilhelms Mutter sitzt am Herd und ist eingenickt. Verschlafen schaut sie auf. Der Vater raucht Pfeife und liest in der Zeitung. Wilhelm stellt Maria seinen Eltern vor. Maria gibt der Mutter die Hand. Die Teilnahmslosigkeit der Frau macht sie scheu. Der Vater ist aufgestanden und begrüßt sie herzlich. Tiefe Furchen sind in seiner Stirn. Er trägt einen Schnurrbart wie ihr Vater in Freilingen.

Während Wilhelm ihr aus der Jacke hilft, sieht seine Mutter nach dem Herdfeuer und setzt Kaffeewasser auf. Maria muß erst die Küchenwände bewundern, die Wilhelm auch in Öl gestrichen hat, und vor allem die lustigen Figuren, die er rundum in die Sockelborte hineingemalt hat. »Alles im Haus ich selbst neu gestrichen, alles.« Er ist sehr stolz darüber. Wilhelm führt Maria in das Wohnzimmer. Rundum hängen viele Bilder, nebeneinander und übereinander, in breiten und schmalen Rahmen: Ölgemälde von Landschaften und Personen und viele Fotos. »Ich alles selbst gemacht.« »Auch Fotografien?« staunt Maria. »Ja.« Wilhelm sagt, daß er einen Fotoapparat hat, eine Dunkelkammer, wo er die Bilder selbst entwickelt, und im alten Bauernhaus einen Schrank nur voller belichteter Platten. Als er Marias ungläubiges Staunen sieht, holt er aus einem Schränkchen dicke Fotoalben und Schachteln mit Bildern. Alles baut er auf dem Tisch auf. »Wo hast du gelernt?« fragt Maria ihn. Wilhelm erzählt ihr, daß nur der junge Lehrer Heinrich Schmitz und sein hörender jüngerer Freund, der Kaufmann Josef Woopen, einen Fotoapparat besaßen. Sie waren die beiden ersten in Eilendorf, die ein solches Wunderding verstanden. Er ist der Dritte im großen Ort, der mit einem eigenen Apparat fotografieren kann. Die beiden haben es ihn gelehrt und auch, wie man die Bilder entwickelt. Nun fotografiert Wilhelm mit einer wahren Leidenschaft. 1915 hat er seinen Apparat gekauft.

Als der Krieg zu Ende ging, mußten alle Leute auf Befehl der Besatzungsbehörden einen Ausweis mit Lichtbild haben. Da hat Wilhelm viel Arbeit gehabt! Auch bitten die Eilendorfer ihn oft um ein Familienfoto. Dann geht er hin mit seinem Apparat, dem Ständer und dem schwarzen Tuch, und eine große Familie erwartet ihn aufgeregt im Sonntagsstaat.

Sie setzen sich zusammen an den Tisch, und Maria betrachtet ein Bild nach dem anderen. Wilhelm ist ganz nahe mit seinem Kopf an ihrem Gesicht, fast kann sie seine Haut spüren. Das hat sie gern. Ihre Köpfe gehen wieder auseinander, weil Wilhelm ihr das Bild erklären will und sie einander ansehen müssen, und wieder beugen sie sich zum nächsten Bild zusammen. Maria kann nur staunen. Was für ein Ereignis ist es doch für sie, ein Foto von sich selbst zu besitzen. Wilhelm aber hat ganze Geschichten und Erlebnisse auf Bildern festgehalten. Fast überall ist er dabei. Da gibt es keine Langeweile beim Anschauen. Alle

Bilder leben. Sie erzählen von den Spielen der Geschwister, Wilhelms kleine Schwester Maria und sein Bruder Johann sind dabei: Die Kleine trägt Holzschuhe und ein weites Fransentuch und zieht den faulen Heinrich im Gitterwägelchen, der seine Beine mit den Holzklumpen in die Luft streckt. Oder: Josef hängt am Glockenseil und läßt sich im hohen Kirchturm von einem Fenstervorsprung zum anderen schwingen. Die Bilder erzählen von den taubstummen Freunden Wilhelms, die im Krieg den Garten mit tiefen Schützengräben kreuz und quer durchzogen hatten und mit selbstgebastelten Kanonen, Helmen und Holzgewehren Soldat spielten. Maria sieht Wilhelm an: »Darfst du im Garten so graben und spielen? Was sagen Vater und Mutter?« »Niemals schimpfen«, antwortet Wilhelm. Die Bilder zeigen Wilhelms Vater, wie er beim Verladen der Kirchenglocken hilft, als sie im Krieg abgegeben werden mußten, um für Waffen eingeschmolzen zu werden. In den komischsten Posen und Verkleidungen und bei allen möglichen Streichen, Wanderungen, Kletterpartien, Schlittenfahrten, Laufen durch Platzregen und bei der Arbeit hat Wilhelm das Leben seiner Eltern, Geschwister und Freunde seit 1915 festgehalten. Auch die Straßen und Plätze in Eilendorf und das Land ringsum. Und immer wieder Wilhelm: beim Anstreichen, beim Sargfahren mit einem hochrädrigen Karren, beim Gräber ausschaufeln; mit seinem Fahrrad, seinem Rucksack auf der Wanderung, in einer geliehenen Soldaten- und Studentenuniform. Maria sieht ihn auf den Bildern, sieht sein geliebtes Gesicht und – sie ist nirgends dabei. Aber jetzt ist sie bei ihm, und sie weiß es: Ohne ihn mag sie nicht mehr sein, nie wieder.

Als die Mutter den Kaffeetisch decken will, räumt Wilhelm seine Fotos zusammen. Mit der Stille ist es jetzt sowieso vorbei, denn seine Geschwister kommen und bringen Freunde mit. Im Nu ist alles voller Bewegung. Es ist eine fröhliche Unruhe da. Luise bringt den meisten Wirbel mit, und ihre Lustigkeit ist ansteckend. Sie umarmt Maria und freut sich, daß Wilhelm sie mit nach Hause gebracht hat. Es kommen Wilhelms Schwester Lisa und sein Bruder Heinrich. Maria hat die beiden noch nie gesehen. Maria wundert sich darüber, daß Lisa und Heinrich hören sollen. Es ist kein Unterschied zwischen den Geschwistern für sie zu bemerken. Lisa hat einen Bräutigam Engelbert, der nicht hören kann.

Maria hilft, den Kaffeetisch zu decken, und sie bemerkt bald sehr deutlich, daß bei Sistermann alles ganz anders ist als bei Giefers zu Hause. Hier sind es die Taubstummen, die das Leben im Haus bestimmen. Kaum sind die Eltern zu bemerken. Aus Aachen und Stolberg kommen im Laufe des Nachmittags noch einige taubstumme Freunde dazu, darunter Josef Junker, ein Goldschmied, mit dem Wilhelm am besten über Politik sprechen kann. Alle sind hier wie zu Hause. Die beiden jüngeren, hörenden Geschwister ordnen sich dieser Gemeinschaft ein und gehören dazu. Sie haben keine hörenden Freunde. »Warum soviel Besuch?« fragte Maria Luise. »Viel Besuch?« Luise ist erstaunt. »Jeden Sonntag so, oft noch viel mehr, wenn kein Verein«, meint sie.

Luise erzählt, daß sie oft zusammen Theater spielen. Im alten Haus haben sie in der früheren Scheune eine Bühne gebaut. Ein richtiger Vorhang ist da und bunte Kulissen mit lustigen Zeichnungen. Wenn sie spielen, laden sie Nachbarn und Bekannte ein. Dann führen sie ihre selbstausgedachten Pantomimenspiele vor. Sie verkleiden sich gern. Von Wilhelms Werkstatt spricht Luise, in der es gut nach Farben riecht. Da stehen und hängen Windmühlen, Bauernhäuser, Krippen, Zeppeline und Flugzeuge. Das alles hat Wilhelm gebaut. Ein Doppeldecker ist da, der geht kaum in ein Zimmer und hat einen Motor, der den Propeller drehen kann. Als die französische Besatzung kam und die fremden Soldaten davon hörten, wollten sie das Flugzeug unbedingt sehen. »Wir viel Ball spielen im Hof und gerne Verstecken!« Luise erzählt, was mit einem neuen Freund gemacht wird beim Versteckspielen. In allen Winkeln des alten Hauses geht er suchen, in Ställen und Scheune muß er herumkriechen. Über schwankende, freie Holzstiegen steigt er zum Boden hinauf. Düster ist es unter dem langen Dach, und durch die Ritzen bläst der Wind. Unheimlich steht das Gerümpel in finsteren Ekken herum, und der Fußboden ist so morsch und durchsichtig, daß man Angst hat, hindurchzustürzen. Kommt der Neue in

Vaters Schreinerwerkstatt, riecht er Holz und Leim und sucht zwischen rohen Särgen herum, die an den Wänden hochgelehnt stehen oder auf dem mit Holzspänen übersäten Boden abgestellt sind. Plötzlich öffnet sich ein Sarg von selbst, und eine weiße vermummte Gestalt erhebt sich mit ausgestreckten Armen. Erschreckt rennt der neue Freund davon, und die anderen Freunde und Geschwister lachen Tränen. Maria schaut mit großen Augen Luise an. Wie gut sie es alle haben! Sie können spielen und das arbeiten, was ihnen Spaß macht. Wer nicht arbeiten will, bleibt zu Hause und hilft den Eltern, wenn er will.

Luise ist Teppichstopferin bei einer Aachener Firma. Sie kommt in reiche Aachener Häuser, um die wertvollen Teppiche zu stopfen. Sie macht es nur, wenn sie Lust hat und Geld für ihre Garderobe braucht. Aber sie ist fleißig. »Komm, ich dir zeigen meine Hüte!« Luise zieht Maria an der Hand mit ins Schlafzimmer nach oben, das sie mit ihrer Schwester Lisa teilt.

Luise steht vor ihrem Kleiderschrank. »Kannst du flöten?« Aber ehe Maria antwortet, spitzt sie den Mund, wie es Marias Brüder zu Hause tun, wenn sie den Hund rufen. »Ich kann gut flöten. Viele Taubstumme können nicht flöten.« Luise ist stolz auf ihren einzigen Flötenton. Andere haben es ihr gesagt, daß sie es kann. Lange hat sie geübt. »Kannst du Aachener Platt?« fragt Luise weiter. Maria schüttelt verneinend den Kopf. »Ich aber doch! Paar Worte!« Luise ereifert sich. »Kannst du französisch sprechen?« Wer die Aachener Mundart spricht, gebraucht auch französische Worte, die dazugehören. Luise sagt nun etwas, was Maria nicht verstehen kann. »War französisch«, erklärt Luise. Maria denkt, warum sie wohl Platt können soll, das Flöten und Französisch?

Luise holt aus ihrem Kleiderschrank einen Hut nach dem anderen heraus. »Ich habe selbst gemacht. Ich kann alles.« Vor dem Spiegel setzt sie die Hüte nacheinander auf, dreht und wendet sich, zupft an ihren Haaren und will Marias Urteil hören. Maria kann keinen Unterschied bemerken, sie findet alle Hüte gleichschön auf Luises Kopf. Aber warum der Mensch so viele Hüte haben muß, das kann sie nicht einsehen. Maria findet es langweilig, die Hüte anzusehen, sie möchte viel lieber bei Wilhelm und den anderen sein. »Komm, wir hinuntergehen!« bittet Maria. »Warte, ich dir schnell zeigen meine Kleider. Augenblick! Schnell!« Mit Schwung holt Luise eine Reihe Kleider aus dem Schrank und legt sie auf die Plumeaus der Betten. Dann nimmt sie jedes Kleid, jeden Rock und jede Bluse und hält sie sich vor. Maria soll sagen, wie sie ihr gefallen. »Ich habe alles selbst genäht!« wiederholt Luise. Alle Kleider sind hübsch und haben etwas Keckes. Maria aber sieht nach den Nähten, den Verschlüssen, nach dem Futter. »Du aber nicht sauber arbeiten«, sagt sie zu Luise. »Schlecht genäht!« Luise zuckt mit den Schultern. Sie ist gar nicht beleidigt. »Oh«, lacht sie, »ist egal. Hauptsache schön!« Maria kann nicht verstehen, warum etwas schön ist, wenn es nicht sorgfältig und exakt gearbeitet ist.

Plötzlich stürmen die jungen Männer in das Schlafzimmer der Mädchen. Sie haben die beiden vermißt und sind auf die Suche gegangen. Sie nehmen Luises Kleider, halten sie sich vor, setzen die Hüte auf, beginnen damit zu tanzen, fallen auf die Betten, und im Nu ist ein Durcheinander entstanden. Luise schimpft und trommelt vergeblich mit den Fäusten auf die Freunde. Maria rettet, was zu retten ist, hängt in den Schrank, was greifbar ist. Die jungen Männer lachen, werden ausgelassener und schmeißen mit den Kopfkissen. Luise springt über die Betten, um ihre Kleider zu erjagen. Maria ist entsetzt. Ihr ist nicht zum Lachen. Wenn nun die Eltern kommen? Es beginnt ein Nachlaufen in den anderen Schlafzimmern, alles geht drunter und drüber. Wilhelm versucht, Ruhe hineinzubringen, hält die Freunde fest und zieht sie zum Treppenhaus. Er bittet sie, hinunterzugehen. Lachend tun sie es schließlich. Maria schüttelt die Kissen und zieht die Betten wieder glatt. Schimpfend sammelt Luise ihre zerknüllten Hüte auf: »Verrückt geworden! Verrückt geworden!« Mit ihrem Finger tippt sie böse an ihre Stirn. Maria fragt: »Dein Vater schimpft, wenn alle wild und alles durcheinander?« Luise ist ganz Vorwurf, fast beleidigt: »Papa niemals schimpfen! Niemals! Guter Papa!«

Lisa hat inzwischen der Mutter geholfen, das Geschirr zu spülen. Lisa ist ein stilles und scheues Mädchen. Ihr Haar ist blond, ihr Gesicht rund und weich. Sie bleibt am liebsten bei der Mutter. Sie fürchtet sich vor der Welt. Rauhes, Starkes und Lautes kann sie nicht vertragen. Die hörenden Menschen draußen sind ihr zu tüchtig. Scheu, aber freundlich, sieht sie auch Maria an. Lisa kann hören? Maria sieht, daß sie mit ihrer Mutter spricht ohne Gebärden, ohne vom Mund ablesen zu müssen. »Seltsam«, denkt Maria, und obwohl sie taubstumm ist, fühlt sie sich von Anfang an Lisa überlegen. Gegen Abend holen die Freunde zusammen mit Josef und Heinrich in der Wirtschaft »Am Pümpchen« einen Korb voll Bierflaschen. Die Mutter hat eine große Pfanne Kartoffeln gebraten. Maria springt auf. »Ich muß nach Hause!« Wilhelm ist ärgerlich und die anderen pflichten ihm bei. Wie kann sie jetzt nach Hause gehen? Noch vor dem Abendessen und wo doch der Tag erst richtig beginnt? Sie sitzen bei Sistermann immer bis in die Nacht hinein zusammen, alle. Es wäre doch selbstverständlich, wenn sie dabeibliebe. Jetzt hat Wilhelm ein Mädchen und ist am Abend allein bei den Freunden. Aber, so leid es Maria tut, ihn traurig zu sehen, sie ist gewohnt, pünktlich und gehorsam zu sein. »Nein! Nein! Ich muß gehen!« Maria läßt sich nicht überreden und hat schon ihre Kostümjacke geholt. Wilhelm bittet sie noch einmal, zu bleiben; er möchte nach dem Abendessen noch ein Foto mit Blitzlicht machen, damit sie eine Erinnerung haben an ihren ersten Besuch in Eilendorf. Aber Maria ist unerbittlich. Sie muß nach Hause. Sie verabschiedet sich von allen und bedankt sich bei den Eltern in der Küche. Bekümmert bringt Wilhelm sie nach Aachen. Er ist gar nicht zufrieden mit ihr.

Wie anders ist die Welt für Maria geworden, seit sie Wilhelm kennt! Schon morgens, wenn sie aufwacht, spürt sie eine starke Freude. Den ganzen Tag über strahlt Glück aus ihrem Gesicht. Freundlicher als je zuvor begegnet sie den Menschen ihrer Umgebung. Selbst wenn einer mißmutig ihr gegenüber ist, wird er bald von Marias Fröhlichkeit angesteckt.

Wie schön es doch ist, zu leben! Sie möchte am liebsten laufen, springen oder jauchzen. Ob es mit den Hörenden so ist, daß sie deshalb singen? Maria weiß es nicht, aber sie fühlt, als müßte sie so etwas tun. Singen! Auf irgendeine Weise müßte man es doch hinausbringen aus der eigenen Seele, aus dem überstarken Empfinden, und einfach in die Welt sagen oder rufen oder – singen? Das Herz ist so voll, es läuft über. Was soll man damit machen? Wie oft hat Maria die Katze gesehen? Sie mag Katzen nicht. Aber jetzt nimmt sie das Tier, wenn es ihr über den Weg läuft, auf den Arm. Sie drückt es an ihre Brust und streichelt sein Fell zärtlich. »Wilhelm«, streichelt sie und immer wieder »Wilhelm«. Die ganze Welt möchte sie so umarmen und streicheln und an sich drücken. Die ganze Welt ist Wilhelm! So ist das mit der Liebe.

In der Welt ringsum aber sind unruhige Zeiten. Die Arbeitslosigkeit, die Unzufriedenheit wächst. Wer noch Arbeit hat, ist besorgt, sie zu verlieren. In den Straßen von Aachen stehen unzufriedene, arbeitslose Männer herum. Sie diskutieren miteinander. Dicke Bündel Geldpapiere nimmt Frau Heumann zum Einkaufen mit; in langen Schlangen muß sie sich mit vielen anderen Frauen vor den Lebensmittelgeschäften anstellen. Mit Millionen Mark zahlt sie ihre Einkäufe. Maria wundert sich, wie genau und vernünftig Frau Heumann die Vorräte und das Essen einteilt und zubereitet, so daß die Familie noch jeden Tag satt werden kann. Auch Wilhelm ist nun manchmal ohne Arbeitsaufträge. Weniger Leute denken an die Verschönerungen ihrer Wohnungen. Die Menschen, die Geld auf den Sparkassen oder zu Hause zusammengelegt hatten, haben nur noch wertloses Papier. Viele Menschen werden bitterarm. Reiche Leute stehen vor dem Nichts. Pläne für die Zukunft werden zerschlagen. Die Betriebe zahlen Tageslohn, denn am nächsten Tag schon kann das Geld wertlos sein. Wilhelm kann es kaum erwarten, Maria am Sonntag zu erzählen, was sich in den vergangenen Tagen ereignet hat. Zeitungen breitet er vor ihr aus, und dann versuchen sie, genau zu verstehen. Da ist etwas, was Maria erstaunt. Sie hat jetzt schon wieder einen reicheren Wortschatz als Wilhelm, aber er kann den Sinn der Zeitungsnachrichten viel besser begreifen als sie, obwohl er das Gelesene nur mit seinen armseligen Worten und hauptsächlich mit den Gebärden wiedergeben kann. Hungersnot, Inflation, Arbeitslosigkeit und ein fremdes Wort ist immer wieder in den Zeitungen zu lesen: Separatismus. Wilhelm hat seine Freunde nach diesem Wort gefragt, und im Verein ist es erklärt worden: Das Rheinland soll vom Deutschen Reich abgetrennt und eine selbständige Rheinische Republik werden. Welch unruhige Zeiten! In der Stadt Aachen patroullieren belgische Soldaten. Nachts liegt die Stadt im tiefen Dunkel. Aus Kohlenmangel brennt kein elektrisches Licht, keine Gaslaterne. Es geht irgendwie nicht weiter. Für das Geld, das Maria im Monat verdient, kann sie kein Brötchen mehr kaufen.

Da Wilhelm keine Arbeit hat, bittet Frau Heumann Maria, sie möge Wilhelm fragen, ob er ihr das Spind und das Flürchen vor der Küche streichen kann. Maria freut sich und hofft, daß Wilhelm es sicher tun wird. Einen Tag ist er dann bei Heumann in seinem weißen Maleranzug. Er wäscht die Decken und Wände ab und streicht alles neu und frisch. Maria putzt den Schmutz fort, und zum Mittagessen sitzt sie nicht allein in der Küche, Wilhelm ist bei ihr. Es ist ein schöner Tag für Maria, obwohl sie doch nur mehr Arbeit hat. Frau Heumann spricht sie am Abend wieder warnend an: »Du darfst Wilhelm nicht heiraten. Wilhelm spricht furchtbar. Er hat eine häßliche Stimme. Wenn du hören könntest, wolltest du ihn nicht mehr. Du kannst einen gut sprechenden Mann haben. Du bist ein kluges Mädchen.« Frau Heumann meint es gut mit ihr, aber Maria ist ihr böse. Nach einem solch schönen Tag, nachdem Wilhelm ihr doch geholfen hat, das Haus zu verschönern, empfindet Maria die Ermahnung von Frau Heumann doppelt ungerecht. Grußlos geht sie ins Bett. Da weint sie still und lange.

Am anderen Morgen ist sie bereit, ihre Ferien zu nehmen. Frau Heumann hatte sie in den vergangenen Wochen dazu gedrängt. Maria aber wollte nie fortfahren. Jetzt mag sie Frau Heumann nicht mehr leiden. Wenn Frau Heumann Wilhelm so sehr ablehnt, wie kann sie dann noch bei ihr bleiben? Drei Wochen Ferien soll sie jetzt zu Beginn des Sommers, drei Wochen im Herbst nehmen, so schlägt Frau Heumann vor. Am Sonntag bespricht sie ihre Gedanken mit Wilhelm. Sie hat etwas Angst vor der Reise. Unregelmäßig fahren die Eisenbahnen. Die meisten Züge werden von Belgiern gefahren, ein »anständiger

Deutscher« fährt jetzt nicht mit dem Zug. Brücken und Tunnel werden aus Angst vor Sabotage bewacht. Darum freut sie sich, als Wilhelm ihr vorschlägt, sie bis Düren zu begleiten.

53

Der Zug rollt über seine Schienen. Maria und Wilhelm sitzen sich am Fenster gegenüber. Glücklich sehen die beiden nicht aus. Wilhelm hat keine gute Laune. Wie schön könnte es jetzt sein! Aber schon am Bahnhof haben sie sich etwas gestritten. Maria ist unglücklich und auch ein wenig trotzig. Warum ist Wilhelm nicht mit ihr zufrieden? Er kam zur verabredeten Zeit fein angezogen in die Bahnhofshalle. Als er sie sah, veränderte sich sein Gesicht. Maria war betroffen und fragte: »Warum du anderes Gesicht? Du nicht freundlich.« »Hut ab, bitte«, sagte er. »Hut? Warum? Hut ist schön und noch gut. Fräulein Rögert hat mir geschenkt.« »Schrecklich! Bunte, lange Feder! Schrecklicher Hut!« Aber Maria nahm ihn nicht ab und hat ihn auch jetzt noch auf dem Kopf. Manchmal sprechen sie miteinander, aber sie sind beide verstimmt. Kurz vor Düren sagt Maria, um die Sache mit dem Hut aus der Welt zu schaffen und ihren Standpunkt damit zu erklären: »Mein Hut mir gut gefallen. Fräulein Rögert hat auch gesagt, Hut ist schön. Ich bin stolz auf feinen Hut. Mein erster Hut.« Wilhelm zuckt ein wenig zusammen: »Ich muß mich schämen, weil mit dir fahren. Du hast eine alte Mode auf dem Kopf!« Maria wird wieder trotzig: »Mir egal. Hut mir gut gefallen. Ich anlassen!« Wilhelm ist beleidigt. »Ich nicht in Aachen so mit dir spazierengehen!« Nur das Wort »Aachen« sagt Wilhelm deutlich mit den Lippen, alles andere hat er mit Zeichen gesagt. Maria läßt den Hut auf. Jetzt gerade! Sie hebt den Kopf und macht einen langen Hals. Jeder soll den Hut sehen. Aber ihr Herz weint. Warum streiten sie sich vor dem langen Abschied? In Düren warten sie auf den Anschluß. Kein gutes Gespräch will aufkommen. Als der Zug nach Euskirchen endlich kommt, da geben sie sich kaum die Hand zum Abschied. Sie winken einander nur kurz zu, und Wilhelm geht zum anderen Bahnsteig. Sie sieht ihn einsam fortgehen; am liebsten würde sie gleich wieder zu ihm zurücklaufen. Ihre Liebe kämpft mit ihrem Stolz. Aber ihr Zug fährt ab, und unglücklich setzt sie sich in die Ecke. Gegen Abend kommt sie müde auf dem Gieferhof an. Sie fühlt sich elend und schmutzig, vom Kummer, von der Fahrt, den langen Wartezeiten und vom Fußweg. Vor der Haustür steht der Vater. Sie ist froh, als sie ihn sieht. »Vater! Vater!« ruft sie und winkt mit ihrer Tasche. Vater sieht sie erstaunt an. Dann verzieht sich sein Gesicht zu einem breiten Grinsen. Er schlägt sich auf die Oberschenkel und bebt vor Lachen. Aus den Ställen und dem Haus kommen die andern, um zu sehen, was es da so laut zu belachen gibt. Vater zeigt auf Marias Hut, und die Kinder sperren die Münder auf. Einen Augenblick steht Maria verwirrt und erschrocken da, dann aber stürmt sie ohne Gruß an Vater und den anderen vorbei hinauf in die Kammer. Sie überspringt mehrere Stufen, läßt die Türen auf- und zufliegen, wirft ihre Tasche auf das Bett, reißt den Hut vom Kopf und schmeißt ihn mit großer Wut auf den Boden. Da hebt sie ihn aber schnell wieder auf, öffnet den Kleiderschrank der Eltern, und wie ein Geschoß fliegt der Hut in die hinterste, finsterste Ecke des oberen Faches. Sie knallt die Schranktür zu. Nie mehr will sie ihn sehen, den Hut! Sie wirft sich auf das Bett, das Gesicht in die Kissen, und weint. Allen Zorn über diese unbegreifliche Welt weint sie mit den Tränen aus.

Als sie sich nach langer Weile beruhigt hat, geht sie hinunter, ihre Leute ruhig und freundlich zu begrüßen. Die folgenden Tage ist nach außen hin alles wieder, als sei sie nie fortgewesen. Den Hut gibt es nicht mehr, aber wohl Wilhelm. Wenn sie wieder in Aachen ist, muß sie unbedingt Frieden mit ihm machen, und nie mehr will sie etwas anziehen, was ihm nicht gefällt. Aber drei Wochen können sehr lang sein. Keinem erzählt sie von ihrer Liebe. Es ist ihr Geheimnis. Sie fürchtet sich, darüber zu sprechen. In Freilingen ist sie nicht mehr so recht zu Hause. Ihre Gedanken sind in Aachen und in Eilendorf. Mehr oder weniger unbewußt nimmt sie Abschied von daheim, von den Eltern, den Geschwistern, den Nachbarn, von Hof und Land.

Sie gehört nicht mehr zu ihnen, hier ist sie nun einsamer als je zuvor. Nach einer Woche kommt aus Aachen ein Brief für Fräulein Maria Giefer. Niemand hat das bemerkt, nur Tante Barbara weiß davon, und sie fragt nicht, von wem der Brief ist. Maria hat ihn in die Schürzentasche gesteckt und liest ihn später heimlich mit zitternden Händen. Wilhelm hat den Brief geschrieben. Er ist traurig, weil sie sich gezankt haben, und kündigt seinen Besuch an. Er will sie besuchen! Nächsten Sonntag! Maria ist erschrocken. Das kann sie nicht zulassen. Was würde Vater sagen? Es geht nicht! Heimlich schreibt sie einen Brief zurück und bittet, er möge nicht kommen, es wäre noch zu früh. Sie könnte dem Vater nicht sagen, daß sie einen Freund hat. Vater würde seinen Besuch sicher nicht erlauben.

Einige Tage später schon kommt die Antwort. Mit Unruhe öffnet sie wieder heimlich den Brief. Ihr Foto, das sie Wilhelm einmal geschenkt hat, fällt ihr als erstes entgegen. Wilhelm schickt es ihr zurück. Er schreibt, daß er nun sehr gekränkt sei und ihre Verbindung hiermit löse. Er will sie nicht als seine Braut haben, und alles ist aus. Zu Tode erschrocken läßt Maria das Blatt sinken. Wie weh das tut! Wilhelm will nichts mehr von ihr wissen! –

Plötzlich ist alles leer und ohne Freude. Hoffnungslos einsam ist sie jetzt. Sie fühlt, wie der Magen sich krampft, wie es auf der Brust lastet, wie das Herz steinern schwer wird. Langsam und unbemerkt geht sie hinauf auf den Speicher; sie möchte allein mit sich sein, unbeobachtet von den Menschen. Wilhelms Brief hat sie so schrecklich verwundet, daß sie nicht einmal weinen kann.

Maria setzt sich zwischen das Gerümpel, das auf dem Speicher steht. Sie kann gar nicht richtig denken. Wilhelm war ihre Welt. Nun gibt es diese Welt nicht mehr. Was soll sie tun, wo soll sie hingehen? Starr und unerbittlich kreisen ihre Gedanken immer den gleichen Weg. Sie kreisen um Wilhelm, um das Ende. Sie tun weh! –

Lange Zeit sitzt Maria auf dem Speicher. Der Sonnenstrahl ist über den Boden gewandert. In Maria ist alles so wund geblieben, wie es war, als sie heraufkam. Es wird nicht anders.

Mit hartem Willen zwingt sie sich, aufzustehen und wieder an ihre Arbeit zu gehen. Sie sagt keinem etwas von dem Brief. Wilhelm hat um seine Fotos gebeten: gehorsam schickt sie sie ihm zurück, ohne ein Wort dazu zu schreiben. Nun hat sie auch nicht einmal ein Bild von ihm. Nichts hat sie mehr! –

Sie arbeitet wie sonst, aber sie ißt kaum, sie schläft kaum, und sie meidet alle Menschen. Die Arbeit im Heu macht zwar ihr Gesicht braun, aber Vater sieht sie manchmal prüfend an. Nach einigen Tagen hebt er ihr Gesicht unter dem Kinn hoch und fragt streng: »Was ist los?« Maria sieht ihn mit freudlosen Augen an. »Was ist los?« will Vater noch strenger wissen. »Ich habe Heimweh nach Aachen.« Der Vater sagt nichts darauf und geht.

Wie schön war vor kurzem noch die Welt. Wie stark hat Maria erlebt, und wie sinnlos erscheint jetzt alles. Wozu soll sie arbeiten! Wozu Ernte? Wozu alles? Wie schwer fällt die Arbeit, wenn man so müde ist. Maria spürt nicht mehr den sanften Wind, der sie sommerwarm streichelt. Sie achtet nicht mehr auf das Farbenspiel des Lichtes. Ohne Wilhelm lebt sie an allem vorbei. Toni hängt sich in ihre Arme, kuschelt sich an sie und sucht Zärtlichkeit. Sie streichelt ihn, aber sie spürt es nicht. Sie spürt nur das Furchtbare ihrer Liebe, die Verzweiflung, die sie nicht einmal mehr beten läßt.

Zum erstenmal in ihrem Leben wünscht sie sich, daß sie sterben könnte. Sie möchte fortgehen aus dieser Welt, in der es keinen Wilhelm mehr gibt und in der sie kein Zuhause hat.

Der Vater läßt sie in Ruhe. Nach drei Wochen verabschiedet sie sich still: Jeder hat genug zu tun mit seiner Arbeit.

Unruhig nähert sie sich der Stadt Aachen. Angst und Erregung befallen sie. Kann sie hier leben – in der Nähe von Wilhelm? Wie wird sie ihr Leid ertragen? Sie hat Angst, ihn zu sehen, und doch sehnt sie sich danach und kann an nichts anderes denken. Das Liebste, das Schönste, alles, was ihr Leben ist, ist Wilhelm für sie. Kann er das nicht fühlen?

54

Als Maria bei Frau Heumann ankommt, ist diese erschrocken. Das Mädchen ist mager geworden, das Gesicht streng und vergrämt. Obwohl Maria weiß, daß Frau Heumann ihre Liebe zu Wilhelm nicht versteht, erzählt sie ihr von ihrem Unglück, und plötzlich kann sie weinen. Es ist das erste Mal nach Wilhelms Abschiedsbrief. Als hätte sich ein Meer von Tränen aufgestaut, so weint sie nun ohne Unterlaß. Frau Heumann versucht, sie zu trösten: so viele anständige und fleißige Männer gibt es noch auf der Welt, auch unter den Taubstummen. Warum will sie gerade nur dem einen nachlaufen, der es doch gar nicht verdient, daß sie ihn so liebt! Er hat sie sicher nicht geliebt, sonst könnte er sie nicht so zurückweisen. Und was soll denn das? Keinem Mann darf eine Frau nachweinen und keinem Mann nachlaufen. Männer sind viel zu dumm in der Liebe! Aber Maria weint. Sie weint beim Kartoffelschälen, beim Putzen, beim Hühnerfüttern, beim Strümpfestopfen und beim Flicken, sie weint immerzu. Wenn der Professor und die Söhne sie scheu anschauen, so ist ihr das sehr unangenehm. Sie weiß selbst, welch eine Jammergestalt sie jetzt ist, mit verquollenem Gesicht und triefender Nase. Aber sie kann nichts machen.

Als der Tag kommt, an dem sie in den Verein gehen soll, muß Frau Heumann es ihr befehlen, hinzugehen. Sie hat keinen Mut. Finchen holt sie ab, und mit Bangen geht sie hin. Es ist schwer, die taubstummen Freunde wiederzusehen. Alle tragen das gleiche Schicksal der Taubstummheit und sind doch lustig und froh. Maria sieht sie, fern und fremd.

Clemens setzt sich zu Maria, und auch ihre Schwester Christina kommt dazu. Luise aus Eilendorf ist ganz Anteilnahme, als sie Maria sieht, so schmal und traurig, kaum daß sie den Mund zu einem Lächeln verziehen kann. Da winkt sie zu ihrem Bruder Wilhelm hinüber. Maria hat ihn längst gesehen. Es tut weh. Wilhelm aber kommt. Freude und Schmerz steigen heftig in ihr hoch, und sie reicht ihm ernst die Hand. Wilhelm ist freundlich wie immer zu ihr, als sei nichts gewesen, und sagt:

»Wir Freundschaft, du und ich. Nur Freundschaft.« Maria aber kann nicht begreifen. Soll nun alles so sein wie vorher oder wie? Und sie fragt: »Was ist das: Freundschaft?« Wilhelm wundert sich. Ist sie dumm? – »Wir nicht denken an Heiraten, kein Brautpaar, nur Freunde.« Maria nickt. Da setzt er sich zu ihr und plaudert mit ihr.

Wie ein Schwerkranker, der endlich von der schlimmsten Pein erlöst wird, schöpft sie wieder neue Hoffnung.

Clemens bringt sie am Abend nach Hause, und sie kann dabei nur an Wilhelm denken, an alles, was er gesagt hat. Heftig ist ihr Herz bewegt, sehnsüchtig und zärtlich, nur nach Wilhelm. Clemens holt sie an den nächsten Sonntagen zum Spazierengehen ab. Frau Heumann rät Maria zu diesem Mann: »Er ist auch anständig, fleißig und kommt aus guter Familie. Jeder kann ihn sehr gut verstehen, und er spricht in vollständigen Sätzen. Er kennt deinen Wert. Das ist wichtig!« Maria schweigt dazu. Sie weiß jetzt, daß die Professorsfrau es gut mit ihr meint. Drei Sonntage mit Clemens vergehen, sie hat ihm keine Hoffnungen gemacht. Endlich sieht sie Wilhelm im Verein wieder. Er trägt einen Stuhl, als er an ihren Platz kommt, und schiebt ihn langsam, aber energisch, zwischen die Sitze von Clemens und Maria, so daß sie auseinanderrücken müssen. Als Wilhelm nun neben Maria sitzt, wendet er sich zu Clemens und sagt: »Maria ist meine Braut!« Er nimmt ihre beiden Hände in seine und läßt sie eine Weile nicht mehr los, bis er sie zum Sprechen gebrauchen muß. Aber sooft es geht, nimmt er ihre linke Hand in seine rechte und hält sie fest. Maria muß alle Kraft holen, um nicht zusammenzusinken. Sie kämpft gegen eine tiefe Schwäche. Langsam kann sie es glauben: Sie hat Wilhelm wieder! Langsam findet sie wieder Vertrauen. Alle Qualen der letzten Wochen, in denen sie allein gewesen ist, sind vorüber. Wilhelm ist zurückgekommen! Er liebt sie also doch! Das Leben ist wieder schön und lebenswert.

Wilhelm liest täglich den »Volksfreund«, die Zeitung des »Zentrums«, einer christlichen Partei. Zwischendurch kauft er auch die Blätter anderer Parteien, deren es jetzt in Deutschland so viele gibt. Am 13. August 1923 wird Stresemann Reichskanzler. Er gründet die »große Koalition«. Das ist ein unbekanntes Wort für Wilhelm. Danach kann er seinen hörenden Freund Josef Hahnengreß fragen. Josef Hahnengreß arbeitet in Eilendorf in der Druckerei seines Vaters. Er kommt oft zu Wilhelm und lehrt ihn, wie man Rechnungen und Kostenvoranschläge schreibt und was mit den Versicherungen und der Steuer ist. Er hat Geduld und versteht seinen taubstummen Freund. Alle unbekannten Ausdrücke in Zeitungen unterstreicht Wilhelm und legt sie seinem hörenden Freund vor. Dankbar und aufmerksam folgt er den Erklärungen.

Am Sonntag breitet Wilhelm dann wieder die Zeitungen und die Illustrierten der Woche vor Maria aus. Alles, was er weiß, gibt er an sie weiter. Niemand »hört« ihm so aufmerksam zu wie sein Mädchen. Die große Koalition, das sind die Sozialdemokraten, die Demokraten, das Zentrum und die Deutsche Volkspartei, die Stresemann zusammengeschlossen hat. Sie beraten gemeinsam, ob sie den passiven Widerstand aufgeben sollen und wie sie Deutschland vor dem völligen Zerfall in viele kleine Staaten bewahren können; sie überlegen, wie die große Nachkriegsnot zu beenden ist. Die Separatisten drängen, das Rheinland zu einem eigenen Staat zu machen. Maria kann sich das gar nicht vorstellen: nicht mehr zu Deutschland zu gehören. Maria und Wilhelm lesen von Tausenden von Menschen, die von der Besatzungsmacht ausgewiesen werden, von Toten bei Straßenkämpfen in den hungernden Städten, von Hinrichtungen der Aufständischen, von Gefängnis- und Geldstrafen. In Aachen gab es am 15. August 1923 bei Demonstrationen 15 Tote und an die 100 Verletzte. Wann wird es besser werden?

Ende September wird der Ausnahmezustand von der Regierung ausgerufen. Frau Heumann sagt zu Maria: »Am besten, du fährst nach Hause. Du hast noch drei Wochen Ferien zu bekommen. Die Zeit ist unruhig. Ich weiß nicht, ob du später noch nach Hause fahren kannst. Vielleicht wird es immer schlimmer. Vielleicht willst du auch vorläufig im Freilingen bleiben. Ich habe zu wenig zu essen für dich. Am besten, du fährst sofort.« Maria aber möchte in Aachen bleiben. Wilhelm, mit dem sie über Frau Heumanns Vorschlag spricht, rät ihr, nach Hause zu fahren, er führe mit. Sie müsse ihn endlich ihrem Vater vorstellen. So hätte die Reise nach Freilingen einen guten Zweck. Maria sieht das ein und schreibt einen Brief: »Lieber Vater! Ich werde am Samstag nach Freilingen fahren. Ich werde drei Wochen bei Euch bleiben. Ich habe einen Bräutigam. Er heißt Wilhelm Sistermann und ist auch taubstumm. Ich werde ihn mitbringen. Er wird am Montag wieder zurückreisen. Ich möchte Wilhelm vorstellen. Mir geht es gut. Ich freue mich auf ein Wiedersehen. Viele Grüße an alle. Deine Tochter Maria.« Wenn sie sich hinsetzt, ihre Gedanken sammelt und schreibt, gelingen ihr vollständigere Sätze als in der Unterhaltung mit Leuten.

Sie machen sich an einem frühen Septembertag auf die Reise. Im Rheinland fährt die Eisenbahn unter der Regie der Besatzungsmacht. Der Zug, in den Wilhelm und Maria steigen, wird von belgischen Soldaten bewacht. Im Zug fahren sechs deutsche Geiseln mit, um die Eisenbahn vor Anschlägen zu schützen. In Düren wollen Wilhelm und Maria auf den Anschluß nach Euskirchen warten. Aber es gibt kein Weiterfahren. Einige Leute stehen aufgeregt umher, Beamte heben hilflos die Arme. »Was ist los?« will Maria wissen. Sie nimmt Wilhelm bei der Hand und geht zu den Beamten und fragt. Sie versteht nur »Widerstand«. Aber das genügt den beiden, um zu begreifen, daß die deutschen Eisenbahner passiven Widerstand gegen die Besatzung machen. Die Eisenbahner wollen nicht arbeiten. Da stehen sie beide auf dem Bahnsteig und wissen nicht, was tun. Der Beamte rät ihr zu versuchen, über Köln und Remagen nach Ahrdorf zu kommen. Das ist eine mühsame Verständigung.

Sie müssen lange warten, bis ein Zug aus Aachen kommt, mit dem sie bis Köln weiterreisen. Hier suchen sie den Zug nach Remagen. Es ist alles aufregend. Wilhelm ist in solchen Situationen ganz auf Marias Sprechen angewiesen. Ihn kann wirklich kein Fremder verstehen. Endlich sitzen sie im richtigen Zug und fahren nach Remagen. Aber es dauert nicht lange, da steht und steht der Zug fest. Sie sind in Brühl auf dem Bahnhof. Die Reisenden sehen zum Fenster hinaus, steigen ungeduldig aus und reden aufgeregt. Schließlich steigen alle aus. Der Zug fährt nicht weiter. Die Eisenbahner streiken. Was tun? Maria und Wilhelm wissen keinen Rat. Plötzlich aber stößt Wilhelm Maria heftig an. Er hat einen Einfall. Ein Taubstummenlehrer aus Aachen ist an der Taubstummenanstalt in Brühl Direktor geworden. Herr Radermacher heißt er; zu ihm könnten sie beide doch gehen. Maria hält den Gedanken für gut. Sie fragt nach dem Weg zur Taubstummenschule, und sie finden den Herrn Direktor. Sie erzählt, woher sie kommen, wer sie sind und von ihrem Mißgeschick. Der Direktor rät ihnen, zum Bahnhof zurückzugehen. Sicher würde es einen Zug geben, der die Reisenden im Laufe des Tages weiterbringen würde. Das wäre das einzige Vernünftige. Maria erzählt dem Direktor, daß sie zum erstenmal mit ihrem Bräutigam zu ihrem Vater fährt, um ihn vorzustellen. Wilhelm ist die ganze Zeit über still gewesen, und manchmal hat Maria ihm übersetzt, was sie sofort dem Direktor vom Munde abgelesen hat. Sie weiß ja, daß er nicht so schnell und nicht so gut ablesen kann. Als Wilhelm nun vom Direktor gefragt wird, ob er Maria heiraten möchte, nickt er eifrig und spricht von seiner Arbeit, seinen Eltern und Geschwistern und von seinem Elternhaus, wo sicher genug Platz sein wird für eine Wohnung für sie beide. Maria hat Wilhelms Hand genommen und steht mit leuchtenden Augen da. Der Direktor schweigt eine Weile und wendet sich dann Maria zu: »Ich glaube nicht, daß dein Vater dir erlauben wird, Wilhelm zu heiraten. Ich glaube das bestimmt nicht.« Ungläubig staunend und verwirrt fragt Maria: »Warum nicht?« »Dein Bräutigam kann nicht gut sprechen. Keiner kann ihn verstehen. Damit ist dein Vater bestimmt nicht einverstanden. Wilhelm spricht zu schlecht. Das ist nicht gut zum Heiraten. Das Leben ist sehr hart, es ist besser, einen Mann zu haben, den die Menschen verstehen können. Dein Vater will ihn nicht als Schwiegersohn«, und er schüttelt bedenklich den Kopf mit herabgezogenen Mundwinkeln. Maria ist erschrocken. Daran hat sie noch gar nicht gedacht. Plötzlich beginnt sie zu weinen, und sie hat Angst, große Angst, der Direktor könnte recht behalten. Der ist verlegen, weil er sieht, wie sehr er sie mit seinen Worten getroffen hat. Er versucht zu trösten. Aber dazu ist es zu spät. Sie weint, und Wilhelm ist ganz verstört und fragt nach der Ursache ihrer Tränen. Sie sagt es ihm schluchzend. Da wird er traurig und hilflos. Auf einmal ist das Leben wieder sehr schwer geworden. Es ist schlimm, nicht verstanden zu werden, wenn man spricht.

Sie verabschieden sich nun schnell vom Herrn Direktor. Maria mag keine Minute länger bleiben. Sie gehen den Weg zum Bahnhof zurück, ohne miteinander zu sprechen, Wilhelm bedrückt und Maria weinend. Still kauern sie nebeneinander auf dem Brühler Bahnhof und warten mit den anderen Reisenden, bis endlich nach Stunden der Zug doch fährt und sie nach Remagen bringt. Hier steigen sie um in Richtung Ahrdorf. Es ist Nacht geworden, im dunklen Zug können sie einander nichts sagen. Weit nach Mitternacht kommen sie in Ahrdorf an, wo sonst um diese Zeit kein Zug mehr einläuft. Die beiden sind sehr müde. Maria riecht das Bauerndorf, riecht das Wasser und die Pflanzen der Ahr. Sie nimmt Wilhelm bei der Hand, und stumm gehen sie von der Ahrstraße ab, die Serpentinen hoch, den langen Weg an großen Wäldern vorbei nach Lommersdorf. Oben auf dem weiten Höhenzug steht unter Lindenbäumen eine achteckige Barockkapelle, dem heiligen Jodokus geweiht. Hier bleibt Wilhelm stehen, um Maria etwas zu sagen. Sie geht ein wenig in die Hocke, und Wilhelm hebt Gesicht und Hände gegen das Sternenlicht, damit sein Mädchen die Konturen seiner Bewegungen noch verstehen kann. Maria sieht, daß er sagt: »Vater mich nicht will, wir zwei auseinander – du Ruhe.« Maria schüttelt heftig verneinend den Kopf.

Sie ist ruhiger geworden, je näher sie Freilingen kommen. Der Weg ist hier oben nicht so ausgefurcht wie beim Ansteigen, und sie hakt Wilhelms Arm in ihren Arm ein. Vor ihnen liegt Lommersdorf mit der weißen Kirche. Maria nimmt Wilhelms Hand, klopft damit auf ihre Brust und weist mit seiner Hand hinunter auf ein Tal im weitausgebreiteten Hügelland. »Ich dort«, soll Wilhelm verstehen. Er begreift, daß sie beide da hinunter müssen und daß dort Freilingen ist. In Lommersdorf gehen sie an der Kirche vorbei. Für sie liegt alles in tiefem Schlaf. Sie hören nicht das Anschlagen eines Hundes, nicht das Stoßen der Tiere gegen ihren Verschlag, nicht das Klirren einer Kuhkette und das Rascheln im Stroh, wenn ein Tier sich bewegt, nicht das Schnaufen der Kühe, kein Huschen, kein Knarren, nicht den unheimlichen Schrei eines Käuzchens. Sie sehen nur, daß alles bewegungslos ist.

Den Weg nach Freilingen hinunter gehen sie schneller und leichter. Maria drängt heim. Sie muß den Vater überzeugen, daß Wilhelm, und nur Wilhelm ihr zukünftiger Lebensgefährte sein kann. Sie muß ihm sagen, wie wunderbar er für sie ist und wie sehr sie ihn liebt. Wilhelm spürt Marias Sicherheit wachsen. Sie hält ihn fest untergehakt, drückt hin und wieder seinen Arm und spürt seine Antwort durch einen leichten Druck zurück.

Da sind die ersten Häuser ihres Dorfes, die weiße Kapelle, da ist der Gieferhof. Hier ist ihr Elternhaus, und sie hat Wilhelm mitgebracht! Sie gehen um den Misthaufen herum; wedelnd kommt ihnen der große Hund entgegen. Maria bückt sich und streichelt ihn schnell, dann versucht sie vergeblich, die Haustüre zu öffnen. »Vater! Vater!« ruft sie kräftig zum Fenster hinauf. Die unmelodische Stimme schrillt laut in die Nachtstille. Oben schaut der Kopf der Mutter Helene heraus. Das Licht geht an, leuchtet durch das Oberlicht der Haustüre, und Mutter öffnet. Vater kommt hinterher. Er knöpft noch sein Hemd zu und streicht mit den Fingern durch seine schlafverwirrten Haare. Maria führt Wilhelm in die Stube. »Das ist mein Bräutigam Wilhelm«, sagt sie, und Wilhelm gibt den Eltern die Hand. Er sagt nichts dabei, er verbeugt sich höflich und fürchtet sich, zu sprechen. Als sie sitzen, erzählt Maria von der umständlichen Reise, die wie ein Abenteuer war. Sie sagt, daß sie beide großen Hunger haben. Mutter facht das Feuer an, kocht frischen Kaffee und stellt Brot und Butter auf den Tisch. Vater schaut zu, wie sie essen, und wartet und fragt dann Wilhelm nach seinem Beruf. Wilhelm antwortet viel zu laut und angestrengt. Er ist aufgeregt und will es ganz besonders gut machen. Vater hört nur sonderbare, unverständliche Mißtöne. Kein Wort kann er verstehen. Maria läßt keine Bange, keine Angst in sich aufkommen. Sie sieht Wilhelm während seines Sprechens auf den Mund, dann wendet sie sich zu Vater und übersetzt ihm, was Wilhelm gesagt hat. Dabei legt sie sanft, aber bestimmt ihre Hand auf die Wilhelms. Vater nickt mit dem Kopf und sagt ernsthaft, aber freundlich: »Handwerker ist gut!« Maria atmet erleichtert auf, und schnell muß sie Vater bestärken: »Wilhelm sehr fleißig und brav, schönes Geld verdienen, nie faul. Wilhelm ist guter Mann für mich. Ich will keinen anderen Mann.«

Vater sieht sie beide nur an, eine ganze Weile. Ernst sagt er dann zu seiner Tochter: »Heiraten ist nicht leicht.« Maria sieht ihn unverständig an: »Warum du sagen?« »Heiraten ist nicht leicht«, wiederholt der Vater. Maria fragt nicht weiter, aber der Satz prägt sich ihr ein.

»Du bist taubstumm geboren und Wilhelm auch?« fragt Vater. »Ja«, antwortet sie. »Wenn ihr ein Kind bekommt, dann ist das Kind auch taubstumm.« Maria reagiert ganz heftig: »O nein! O nein!« Laut sagt sie es und wehrt mit beiden Händen ab. »Ich glaube bestimmt, unser Kind kann hören!« Der Vater schweigt lange, dann sagt er: »Ein Kind ist genug. Es ist zu schwer für euch, mehr Kinder zu haben.« »Ja«, sagt Maria und übersetzt Wilhelm das Gespräch mit Vater. »Ja«, sagt auch Wilhelm zu Vater hin.

Die beiden jungen Leute sind froh. Maria fühlt, daß Vater mit ihrem Wilhelm einverstanden ist und ihn mag. Alles ist gut.

Vor dem Einschlafen bleiben ihre Gedanken am Wort des Vaters hängen: »Heiraten ist nicht leicht.« Sie versteht den Vater und weiß jetzt Bescheid: Verheiratet sein ist nicht nur ein Glück, sondern auch eine Mühe. Wie gut, daß Vater es ihr gesagt hat.

55

Der nächste Tag ist ein Sonntag. Sonnenwärme macht die Welt noch schöner. Maria ist mit Wilhelm in der Kirche in Lommersdorf gewesen, wo er still neben ihr gekniet hat. Manch einer hat sich nach dem feinen, fremden Herrn umgesehen. Auf dem Heimweg mußte Maria ihn immer wieder vorstellen. Nun spaziert Wilhelm über den Hof, Marias jüngste Geschwister und die Nachbarskinder umringen ihn und gehen mit. Frisch, elegant und gepflegt ist seine zierliche Erscheinung: nein, er ist kein Bauernsohn. Wilhelm gibt den Kindern eine Vorführung. Aus seinem weißen Taschentuch hat er eine Maus geknotet, mit spitzen Öhrchen und einem Schwänzchen. Stumm läßt er das Mäuschen aus seiner Hand springen und über die Arme hüpfen oder mit einem schnellen Satz den Kindern in ihre aufmerksamen Gesichter. Er setzt sich auf die Bank vor dem Haus, nimmt viele weiße Zettel aus seiner Brieftasche und zeichnet lustige Männchen darauf. Er verteilt sie an die vergnügten Kinder. Zwischen der Hausarbeit läuft Maria schnell immer einmal hinaus und sieht nach Wilhelm, ob er sich wohlfühlt und nicht langweilt, ob es ihm gutgeht. Haus, Hof, Scheune, Schuppen, Ställe und Garten hat sie ihm schon gezeigt und erklärt. Überall gibt er acht, daß er sich nicht schmutzig macht. Maria wischt erst über den Stuhl, auf den Wilhelm sich setzen soll.

Am Nachmittag bittet Maria die große Familie in den Garten. Sie hat Stühle für die Eltern hinausgetragen. Wilhelm macht ein Foto der Familie Giefer. Mit dem Selbstauslöser fotografiert er sich mit Maria. Die Uhrkette über der Weste, eine Blume im Knopfloch, die Zigarette in der einen Hand, die freie Hand auf ihren Stuhl gelegt, so steht er neben der sitzenden Maria. Niemand im Dorf hat einen Fotoapparat, und die meisten haben noch nie einen gesehen. So staunen die Nachbarn und eine Kinderschar, wie Wilhelm fotografiert und dann sorfältig und ruhig die belichtete Platte in die Kassette steckt und den Apparat zusammenlegt.

Was Vater dann tut, ist so einmalig für Maria, daß sie es sich nicht hätte ausdenken können. Er geht mit ihr und Wilhelm durch das ganze Dorf spazieren. Das hat er noch nie mit ihr oder der Mutter getan. Die Leute sitzen in der Sonntagsruhe vor den Häusern und sehen das junge, schöne Paar. Sie rufen Vater etwas zu, der dann antwortet, sie nicken oder winken Maria zu, die immer wieder im Vorbeigehen sagt: »Das ist mein Bräutigam.« Manche kommen auch und geben Maria und Wilhelm die Hand, und jeder sieht ihr strahlendes Gesicht, das erfüllt ist von Glück. Sie sieht Wilhelm an. Was mag er wohl denken?! In der Stadt hat niemand Maria beachtet. Hier aber grüßen sie alle herzlich und freuen sich mit ihr. Hier ist sie die Tochter vom Gieferhof, und Vater ist stolz auf sie.

Der Montagmorgen ist grau. Dicht hängen die Wolken über dem Land. Es gießt in Strömen. Klamm, kalt und ungemütlich ist es im Haus. Maria hat verschlafen und eilt in die Stube hinunter. Die Familie sitzt vergnügt beim Morgenkaffee. Maria wird mißtrauisch und ist besorgt um Wilhelm, der in der Frühe um fünf Uhr abreisen wollte. Unsicher spürt sie, daß das Vergnügen der Familie mit Wilhelm zusammenhängen muß. »Was ist los, Vater?« fragt sie. Vater erzählt, daß Klöß ihren Wilhelm vorne auf die Stange vom Fahrrad gesetzt hat und mit ihm nach Ahrdorf gefahren ist. Wilhelm hatte die Beine hochgezogen, damit seine Hose nicht vollgespritzt würde. Weil es so stark regnete, hielt er seinen Schirm aufgespannt. Kurz vor der Ahrstraße aber sei das Fahrrad auf dem glitschigen Feldweg ausgeglitten, und Klöß und Wilhelm seien in den Morast gefallen. Maria sieht, daß Klöß von oben bis unten schmutzig ist. Sie ist entsetzt. Tränen des Mitleids und der Wut über das Gelächter ihrer Familie treten in ihre Augen. »Vater! Nicht schön, du lachen. Armer Wilhelm!« Vater beruhigt sie: »Du Nikolaus fragen. Wilhelm hat auch viel gelacht.« Klöß nickt eifrig und schmunzelt. »Soo?« fragt Maria verwundert. »Ja, ja, ja, Wilhelm hat viel gelacht«, sagt Klöß. Da seufzt sie und verzieht den Mund zu einem glücklichen Lächeln. Sie ist ganz gerührt. Wie schön muß der Besuch in Freilingen für Wilhelm gewesen sein, daß er sich nicht einmal über einen verdorbenen Anzug ärgern konnte.

56

Mitten in der Woche darauf ist Wilhelm wieder in Freilingen. Mit einem taubstummen Freund macht er die weite Reise durch das Eifeler Gebirgsland auf dem Fahrrad. Nett sehen die beiden jungen Männer aus, in flotten Knickerbocker und Schirmmütze. Wilhelm bringt das Familienfoto der Giefer mit. Alle bewundern es, und Vater steckt es hinter die Glasscheibe des Stubenschrankes. Diesmal macht Wilhelm Wochentagsfotos von der Familie, wie sie aufbrechen zur Feldarbeit. Mäthes sorgt dafür, daß Vaters drei Pferde und das Fohlen mit auf das Bild kommen. Tante Barbara schaut aus dem Fenster zu. Am nächsten Tag radeln Wilhelm und sein Freund zurück. Wilhelm schreibt ihr, daß ihn auf der Rückfahrt eine Schweineherde zu Fall gebracht habe. Er würde ihr eine Holzsägearbeit schenken, die er gleich nach seiner Ankunft gesägt und bunt bemalt habe. Davon hat er im Brief eine Zeichnung gemacht: Ein Schweinehirte, der sein Schwein treibt, und Wilhelm, wie er sein kaputtes Fahrrad auf dem Rücken trägt. Ein jeder marschiert in die entgegengesetzte Richtung. Unter dem Gestürzten steht in feiner Schrift »Nach Eilendorf«, und unter dem Schweinehirten »Nach Freilingen«. Das Ganze wird ein Kalenderhalter für ihre gemeinsame Wohnung werden. Maria lacht und ist froh, daß Wilhelm aus einem Schaden etwas Lustiges machen kann.

Nur drei Wochen hält Maria es in Freilingen aus und keinen Tag länger. So ruhig es im Dorf ist, wo jeder nach wie vor seine übliche Arbeit verrichtet, so ungewiß ist die Zukunft für die Menschen in Aachen.

In der Nacht vom 20. zum 21. Oktober 1923 wird im Kaisersaal des Aachener Rathauses von bewaffneten Separatisten die »Rheinische Republik« ausgerufen. Aber die Aachener Bevölkerung ist empört und verjagt sie.

Wilhelm erzählt Maria, daß er am 2. November zu Fuß von Eilendorf nach Aachen ging. Keine Kleinbahn fuhr. Sein Vater hatte ihm gesagt: »In Aachen wird gekämpft.« Das wollte er miterleben. Bis zur Adalbertstraße war er gekommen und sah viele Menschen zur Stadtmitte laufen, manche mit Knüppeln und Steinen bewaffnet. Die Separatisten waren wieder nach Aachen gekommen, um mit Stich- und Schußwaffen das Rathaus und das Regierungsgebäude der Rheinprovinz zu erobern. Die Stadt war in Aufruhr. Auf Autos und Lastwagen jagten Separatisten durch die Straßen und feuerten wahllos herum. Die belgischen Besatzungssoldaten, die Wilhelm auch auf der Adalbertstraße zu Pferd und zu Fuß sah, verhielten sich neutral. Auf englischen Druck hin durfte die belgische Besatzungsmacht, die seit Kriegsende ihr Hauptquartier in der alten deutschen Kaiserstadt hatte, an diesem Novembertag nicht eingreifen. Wilhelm, als er diese gefährliche Unruhe sah, entschloß sich, nach Hause zurückzukehren, was Maria sehr vernünftig fand. Später erfuhr er, daß die Separatisten endgültig vertrieben wurden.

Das Geld, das Maria verdient, ist nichts wert. Die Betriebe zahlen die Löhne täglich aus. Der graue Herbst mit seinen trüben Nebeltagen, der einbrechende Winter machen alle Not noch größer. Im Hause Heumann haben die Bewohner den ganzen Tag über den Mantel an. Frierend sitzt Maria in der Küche an der Nähmaschine und näht mit klammen Fingern Hemden für die Professorensöhne. Es gibt keine Kohle für den Ofen und Küchenherd. Auf der kalten Herdplatte hat Frau Heumann etwas wie ein Herdchen stehen. Auf einzelnen Kohle- und Holzstückchen kocht sie darauf ein Mittagessen. Noch genauer teilt sie die wenigen Lebensmittel ein. Manchmal werden die Familie und Maria nicht satt. In der Stadt patrouillieren viele belgische Soldaten. Still und arm vergeht das Weihnachtsfest, das Maria einen Tag lang bei Wilhelm zu Hause verbringt. Im Taubstummenverein wird sie von Herrn Lehrer Wirtz gefragt: »Willst du einmal eine Veränderung haben? Willst du bei anderen Leuten arbeiten? Willst du etwas Neues kennenlernen?« Maria ist es recht. Sicher wird Frau Heumann froh sein, in dieser bitteren Zeit einen Esser weniger zu haben und dafür lieber allein arbeiten.

Am 24. Februar 1924 bekommt sie von Professor Heumann ihren letzten Monatslohn ausbezahlt: 16 666 Milliarden Mark! Das ist ein dickes Bündel bunter großer Scheine mit geringem Wert. Maria verabschiedet und bedankt sich und geht mit ihren paar Habseligkeiten zu der Adresse, die ihr Herr Wirtz gegeben hat. An der Schanz, in einem hohen Mietshaus, wohnt sie jetzt bei Herrn Lehrer Kau. In der Etagenwohnung bekommt sie ein freundliches Zimmer für sich allein. Frau Kau ist eine rundliche Frau, die zu Maria so herzlich ist, als wäre sie ihre eigene Tochter. Maria darf mit dem Ehepaar bei den Mahlzeiten am Tisch sitzen und ist gleich von Anfang an daheim. Am 31. März zahlt ihr Frau Kau den Lohn: 25 Rentenmark! Zum erstenmal hat Maria stabiles, wertvolles Geld verdient! Die Rentenmark ist eine neue Währung, die am 15. November 1923 zuerst ausgegeben wurde. 4,2 Billionen Mark sind jetzt 4,3 Rentenmark und soviel wert wie ein Dollar. Jetzt erst, im März 1924, gelangt gutes Geld in Marias Hände, mit dem sie rechnen, planen und das sie sparen kann. Pfingsten will sie sich mit Wilhelm verloben. Da muß sie an ihre Aussteuer denken, an ihren zukünftigen Haushalt. Mit Wilhelm kauft sie in den Tagen vor Pfingsten ein. Sie soll sich neu einkleiden, das wünscht er. Maria trägt ihre Wünsche in dem Geschäft mit den weißen, breiten Marmortreppen »Appelrath am Dom« vor, und Wilhelm sucht kritisch und sorgfältig aus. Bei der Anprobe sieht sie sich im Spiegel. Es ist ihr eigenartig zumute. Ist sie noch das Mädchen aus der armen Eifel? Hat Wilhelm nicht recht? Ist sie so nicht viel schöner? Aber sie hat in der Schule gelernt, daß Eitelkeit nicht gut sei und daß im Spiegel der Teufel säße. Den Teufel hat sie nie gesehen. Wilhelm möchte, daß sie eitel ist, daß der Spiegel ihr Freund ist. Was ist nun richtig? Wenn sie den geliebten Mann ansieht, dann weichen alle Bedenken, nichts gilt mehr, nur noch ihre Liebe zu ihm, daß sie ihm gefallen möchte. Wenn er sie mit Freude anschaut, das ist gut. Und wie sie Wilhelm gefällt! Er entdeckt sie ganz neu. Daß er nie gesehen hat, wie schön sie ist?! Hat er nie das frische Gesicht bemerkt mit den lebendigen blauen Augen? Warum hat er nie das duftige Haar und den zärtlichen, weichen Mund gesehen? Schlank ist sie, mit hübschen Beinen. War er blind? Sie ist wirklich ein schönes Mädchen, so gut gewachsen! Stolz wird er Arm in Arm mit ihr in Eilendorf spazierengehen.

Zur Verlobung schenkt Wilhelm ihr ein silbernes Kettchen. Der Anhänger ist ein ovaler Onyx, in einen silbernen Rankenkranz gefaßt. Auf den schwarzen Stein ist eine feingeschmiedete, silberne Blume gearbeitet, mit einem winzigen, glitzernden Diamant. An ihrer linken Hand trägt Maria nun einen goldenen Ring. MG – WS ist innen eingraviert: Die Anfangsbuchstaben ihrer beiden Namen. Auch Wilhelm trägt den goldenen Ring. In Eilendorf haben sie sich vor den Verlobungsgästen die

Ehe versprochen und das Versprechen mit dem Verlobungskuß besiegelt.

Zum Taubstummenverein wollen sie vorerst nicht mehr gehen. Sie mögen nicht die derben Späße mancher Freunde, wenn sie die Zärtlichkeiten Liebender hänseln. Grob und häßlich empfinden Maria und Wilhelm die Anspielungen auf ihre Liebe; doppelt unangenehm, weil die Freunde ihre Worte mit den entsprechenden Gebärden begleiten. Ihre Liebe ist zart, rücksichtsvoll und behutsam. Sie ist kostbar. Sie gehört nur ihnen beiden allein.

57

Ein wunderbarer Sommer geht zur Neige. Ungetrübt ist Marias Glück gewesen. Die Vorbereitungen für ihren künftigen Hausstand haben sie ganz ausgefüllt. Sonntags nähte sie in Eilendorf an Luises Nähmaschine ihre Wäsche. Sie säumte Bettücher, nähte Kopfkissen und Plumeaubezüge, setzte selbstgehäkelte Spitzen ein und nähte Aufhänger an Hand- und Küchentücher. Die Stunden, die sie bei Frau Kau für sich erübrigen konnte, nutzte sie, um Decken und Sofakissen zu handarbeiten. Ein dikkes Schreibheft hat sie gekauft und schreibt die Kochrezepte hinein, die sie von Frau Heumann und Frau Kau weiß. Von ihrem verdienten Geld kaufte Maria Kochtöpfe und anderes Küchengeschirr. Sie kann es kaum noch erwarten, selbst eine Hausfrau zu sein.

Es ist Sonntag, und sie erwartet Wilhelm, daß er sie bei Kau abholt. Den Vormittag über hat die Sonne auf den blankgebohnerten Fußboden der Küche geschienen. Es hat geduftet nach dem Sonntagsessen. Den schöngedeckten Tisch räumte Maria nach dem Essen ab, und nun versucht sie, leise zu spülen, um Herrn und Frau Kau im Wohnzimmer nicht in ihrer Ruhe zu stören. Sie muß achtgeben, daß sie nicht mit dem Geschirr aneinanderstößt, denn das sei laut, sagen die Hörenden. Ab und zu schaut sie schnell zum Fenster hinaus, ob ihr Bräutigam noch nicht kommt. Wenn sie nur endlich immer mit ihm zusammen sein könnte! Die Zeit wird ihr zu lang bis zur Hochzeit. Endlich nur noch für ihn da sein zu dürfen! Endlich ein eigenes Heim haben und einen Menschen, der zu ihr gehört.

Sie gibt acht am Fenster, denn sie muß sehen, wenn er kommt. Weil sie das Schellen nicht hören kann, hat sie mit Wilhelm ausgemacht, daß er erst unten wartet, damit sie ihn bemerkt. Als sie ihn sieht, wird sie froh. Sie winkt ihm und wirft den Schlüssel hinunter. Dann räumt sie schnell noch das letzte Geschirr fort, legt die Decke auf den Tisch und bindet ihre Schürze ab. Strahlend erwartet sie ihn an der Wohnungstür. Kaum, daß er den Hut abziehen kann, legt sie ihre Arme um ihn und drückt ihr Gesicht an das seine, zärtlich und sehnsüchtig. Aber es ist anders als sonst. Seine kleine, schlanke Gestalt ist steif, es ist, als hätte sie einen toten Gegenstand in den Armen. Sie küßt ihn, aber der Mund von Wilhelm ist unbeweglich. Sie drückt wieder ihr Gesicht an das seine, erwartend und suchend nach seinem glücklichen Entgegenkommen und Aufnehmen ihrer Zärtlichkeit. Aber sie spürt nichts davon. Verwundert läßt sie ihn los und tritt einen Schritt zurück. Was ist mit ihm? Warum küßt er sie nicht? Wilhelm ist ernst und verlegen. »Warum du anderes Gesicht?« fragt ihn Maria. Wilhelm schüttelt den Kopf. Maria ist hellwach und unruhig. »Was ist los? Du mir bitte sagen!« drängt sie ihn. Sie zieht einen Stuhl unter dem Küchentisch hervor und bittet Wilhelm, sich zu setzen. Sie selbst bleibt am Tisch stehen und umfaßt mit ihren Händen die Kante. Wilhelm schweigt und schaut auf seine Hände, die er übereinandergelegt hat. Maria klopft auf den Tisch, damit er hochschauen und sie ansehen soll. »Warum du komisch? Bitte du mir sagen!« bettelt sie. Ihre Frage ist ihm unangenehm, abweisend ist sein Gesicht. Angst will sich in Maria einschleichen, und als sie jetzt von seinen Lippen abliest: »Ich Schluß machen mit dir! Nicht heiraten!« da starrt sie ihn an, als hätte sie nicht begriffen. Sie kann es auch nicht begreifen. Dann sieht sie, daß er den goldenen Ring nicht trägt. Ihr wird elend. Weiß ist ihr Gesicht. Dann sagt sie nur: »Warum?« Es ist Wilhelm peinlich, zu sagen, was er sagen muß: Er hat es seiner Mutter versprochen, sich heute von Maria zu lösen. Sie wünscht es schon lange. Sie meint, daß er noch viel Zeit hat zum

Heiraten und später ein anderes Mädchen aus der Stadt bekommen kann, das besser zu ihm paßt. Ja, und beim letzten Besuch in seiner elterlichen Wohnung habe Maria gesagt, daß ihr die Leiste, die Wilhelm unter der Küchendecke angebracht hatte, nicht gefalle. Das wäre ein schlechtes Zeichen, habe seine Mutter gesagt, denn Maria würde sicher, wenn sie verheiratet wären, immer ihren Willen durchsetzen wollen, und dann ginge es ihm schlecht. Und zum Schluß meint Wilhelm, Mutter wäre traurig, weil er ihr nicht mehr wie früher sein Geld gäbe, sondern das meiste weglegte für Maria. Die Mutter braucht sein Geld zum Leben, denn seine Geschwister tragen nichts zum Haushalt bei. Mutter habe ihn schon lange bedrängt, und nun habe er eben versprochen, sich heute von Maria zu trennen.

Bedrückt sitzt er da und hebt hilflos die Schultern. Maria hat alles verstanden. Entsetzen ist in ihrem starren Gesicht. Jetzt springt sie auf und läuft fort in das Wohnzimmer zu Frau Kau, die in einem Sessel sitzt und liest. Maria wirft sich zu ihren Füßen, birgt ihr Gesicht im Schoß der Frau und weint laut. Erschrocken legt Frau Kau ihr Buch zur Seite. Tränen stürzen aus den Augen des Mädchens, und aufgeregt sagt es laut: »Wilhelm will Schluß machen! Wilhelm mich nicht lieben!« Sie weint herzzerbrechend. Frau Kau faßt Maria bei den Schultern, hebt das Gesicht der Verzweifelten hoch und sagt besorgt: »Nicht weinen! Nicht weinen!« Dann geht sie mit ihr an der Hand in die Wohnküche, wo Wilhelm aufsteht, um sie zu begrüßen. Frau Kau kennt ihn und hat ihn gern, diesen stillen, freundlichen Menschen mit den feinen Zügen im Gesicht. Langsam bewegt sie jetzt ihren Mund, damit der junge Mann sie auch wirklich verstehen kann. Eindringlich fragt sie: »Warum wollen Sie Maria verlassen?« Wilhelm hebt hilflos die Schultern. Maria sagt ihr weinend die Gründe, die er eben vorgebracht hat. Vorwurfsvoll schüttelt Frau Kau den Kopf. »Sie sind ein dummer Mann! Maria Giefer ist ein sehr fleißiges, sauberes und gutes Mädchen.« »Ja«, sagt Wilhelm. Er ist sehr blaß. Resolut steht die mütterliche Frau vor ihm, diesmal nicht so freundlich, wie sie sonst zu ihm ist, wenn er Maria abholt oder nach Hause bringt. Er dreht seinen Hut in den Händen und fühlt sich gar nicht wohl. Er schämt sich, weil er dumm ist. Aber eben noch hatte seine Mutter zu Hause ihn überzeugen können, und jetzt hat Frau Kau recht. »Maria kann alles im Haushalt«, sagt sie, »sie kann kochen, waschen, nähen, sehr gut! Maria ist viel wert. Sie ist gesund, ein schönes Mädchen, klug, fleißig und treu. Sie kann gut sprechen.« Wilhelm nickt zu allem und schaut Frau Kau mit großen Augen auf den Mund. »Maria Sie viel, viel lieben! Sie sind ein dummer Mann! Sie müssen froh sein über so große Liebe von Maria. Nicht Maria laufen lassen! Maria liebt Sie!« Maria hat dabeigestanden und alles mit abgelesen. Bestätigend nickt sie mit dem Kopf und schluchzt in ihr Taschentuch. »Haben Sie mich verstanden?« fragt Frau Kau ernst. »Ja, ich verstanden«, sagt Wilhelm. Dann sieht er auf Maria, und beschämt geht er auf sie zu, bleibt vor ihr stehen und berührt nur zaghaft ihren Arm. Stumm schaut sie ihn mit nassen Augen an. »Ich dumm. – Nicht böse sein. – Ich wieder gut«, sagt er. Maria seufzt laut auf. »Wo Ring?« fragt sie. Wilhelm holt ihn aus seiner Brusttasche und streift ihn über seinen linken Ringfinger. »Ich dumm«, sagt er noch einmal und tippt gegen seine Stirn. Maria lehnt ihr Gesicht an seine Schulter, und er streichelt ihr lange über den Kopf, bis sie sich beruhigt hat.

Frau Kau bittet die beiden, heute bei ihr zu bleiben, und lädt sie zum Kaffeetrinken und Abendessen ein. Still ist Maria bis zum Abend und noch immer bleich. Schmerz ist in ihrem Gesicht zurückgeblieben. Tief hat es sie getroffen. Beim Abschied küßt Wilhelm sie innig. »Alles wieder gut, bitte.« Maria nickt. Die Trennung von ihm tut weh. Sie kann es nicht mehr lange ertragen.

Erschüttert muß sie über den Sonntag nachdenken. So schnell, so leicht hätte Wilhelm sich von ihr trennen können? Hat er nichts von ihr begriffen? Er ist ihre Welt. Ohne ihn ist ihr Leben unwichtig und wertlos. Spürt er das nicht? Fühlt Wilhelm nicht so für sie? Was sie empfindet an Liebe für ihn, ist so stark, es müßte überspringen, ihn anstecken und durchdringen. Sie grübelt. Ihre Sorge um den geliebten Mann wächst. Nein, sie kann ihn nicht allein in dieser Welt lassen. Er ist zu arglos, zu empfindsam, zu gutwillig, man kann ihn ausnützen, er ist wehrlos. Er kennt keine Lüge, keine Raffinesse, keine Falschheit. Er ist ausgeliefert und auf die Anständigkeit der Menschen angewiesen. Sie muß auf ihn achtgeben und ihn beschützen. Sie fühlt sich stark genug dazu.

Pfingsten 1925 soll die Hochzeit sein. So wird es abgemacht. Wilhelm ist fest entschlossen dazu. Maria schreibt es in einem Brief ihrem Vater. Nun möchte Vater, daß sie die letzten Monate zu ihm nach Hause kommt.

Nüsse reifen in den gelb werdenden Haselstauden am »Stein« in Freilingen. Die Pflaumen hinter dem Haus haben einen violetten Schimmer; Falläpfel liegen im Gras, und auf den Feldern müssen die Kartoffeln ausgegraben werden. Rauchschwaden vom verbrannten Kartoffelkraut ziehen wohlriechend über das Land. Zum Barbarafest muß das Haus geschrubbt und müssen die Schränke mit Papier frisch ausgelegt werden. Die Borde erhalten neue Papierspitzen. Düngen, pflügen, grubbern, eggen, säen, wieder eggen; Schnee und Frühling. Maria erlebt noch einmal den Rhythmus ihres Dorfes, den Kreislauf der freien Natur.

Einmal ist Wilhelm mit seiner Schwester Luise zu Besuch. Luise fühlt sich nicht wohl auf dem Bauernhof und fürchtet die Strenge des Vaters. Unglaublich findet sie, daß er alle schon um halb elf Uhr abends ins Bett schickt und sie gehorchen muß.

Briefe gehen nach Aachen und nach Freilingen. Wilhelm schreibt von seiner Arbeit; daß er spart und ihre zukünftige Wohnung im zweiten Stockwerk unter dem Dach seines Elternhauses streicht und tapeziert. Die Lichtleitung hat er selbst gelegt. Er sucht mit seinem Vater ein neues Schlafzimmer aus, das Wilhelm bezahlt. Er bestellt die Küchenmöbel beim Schreiner, dem er schon lange die Möbel masert und lackiert. Ihre Küchenmöbel kommen roh in das alte Haus, und Wilhelm arbeitet sie mit Begeisterung fertig. Maria denkt viel an diese Vorbereitungen, und es ist ihr alles recht, wie Wilhelm es macht, wenn es nur ihm gefällt.

Zwei Wochen vor der Hochzeit fährt Maria nach Aachen, um bis dahin bei Rögert zu wohnen. Alle guten Wünsche der Freilinger begleiten sie.

Am Hochzeitstag trägt Maria ein schwarzes Kleid, ihr weißer Schleier fällt darüber. Im fröhlichen Trubel des großen Festes ist sie eine stille Braut. Mit Kutschen fahren das Brautpaar und Angehörige aus Eilendorf und Freilingen zur Trauung. In der Felsenkirche von St. Adalbert in Aachen legt der Taubstummengeistliche die Hände von Maria und Wilhelm ineinander, segnet sie und sagt langsam und deutlich sprechend zu ihnen, daß sie nun Mann und Frau sind, »... bis daß der Tod euch scheidet.«

Das weiß Maria, daß nur der Tod sie von Wilhelm trennen kann. Das weiß sie: – nur der Tod.

58

Eine Klammer und noch eine Klammer, die letzte Hose hängt auf der Leine. Zwei Anstreicherhosen und zwei Anstreicherjakken. Maria ist zufrieden. Sie sind schön weiß und sauber geworden. Zweimal hat sie sie auf dem Küchenherd gekocht und auf dem Waschbrett gerubbelt. Kaum sind noch Farbflecke zu sehen; ordentlich sitzt auf dem Knie der einen Hose ein Flicken.

Die frühe Vormittagssonne strahlt in den Garten und auf die Wäsche. Sie wird den nassen Stoff noch heller bleichen. Der alte Baum in der Nähe wirft seinen Schatten über ein Stück Rasen. Heruntergefallene gelbe Pflaumen liegen im Gras. Maria sammelt sie in ihre leere Wäscheschüssel. Beim Bücken spürt sie ihren Leib, der sich unter der Schürze ein wenig wölbt. Behütend legt sie ihre Hand darauf. Sie fühlt Freude und Unruhe. Jedesmal, wenn ihr bewußt wird, daß ein Kind in ihr wächst, fühlt sie dieses freudige Bangen.

Frische Sommerluft, Bach, Wiesen, Gärten, Hecken, Bäume und Büsche umgeben die junge Frau, entfernt stehen Häuserrücken. Maria hat die Hälfte des großen Gartens hinter Wilhelms Elternhaus bekommen. Von der groben Mauer des alten Hauses an bis obenhin zur hohen Weißdornhecke reicht ihr Stück. Das bearbeitet sie ganz allein. Wilhelm versteht nichts vom Garten. Er trägt ihr nur an Sommerabenden die schweren Wassereimer und die Gießkanne hinaus und hilft bewässern.

Was sie da alles zum Wachsen gebracht hat! Säuberlich sind die Gemüsebeete eingeteilt. Die andere Gartenhälfte sieht dagegen kümmerlich aus. Unkraut wächst mit darin. Langsam geht Maria an ihrem Garten vorbei. Wie dicht und hoch die Stangenbohnen stehen! Lange Wollbohnen kann sie bald pflücken, mit dem Maschinchen schnippeln und in Steintöpfe füllen. Die Wirsingköpfe sind kraus und prall. Jeden Tag hat sie die Raupen abgesammelt. Es ist das zweite Jahr, in dem Maria in ihrem Garten verschiedene Arten Gemüse erntet, sogar den empfindlichen Blumenkohl, den sie sorgfältig mit Blättern abdeckt, damit er schön weiß bleibt. Mitten im Garten wachsen Wilhelms Lieblingsbeeren, herb und schwarz am dunkelgrünen Johannisbeerstrauch. Nur oben am Rande des Gartens hat sie Blumen stehen: einen kräftigen Pfingstrosenbusch und ein rundes Kissen duftender, weißer Nelken. Das ist alles. Maria findet, daß sie genug Blumen hat.

Aus dem Garten holt sie einen Kopf Wirsing und gräbt zwei Stangen Porree und drei Möhren aus. Dazu pflückt sie noch ein Selleriesträußchen und legt alles auf die gelben Pflaumen in die Schüssel. Damit geht sie über den Hof in die Waschküche, wo noch das Wännchen mit der Lauge und dem Waschbrett steht, die große Wanne mit Wasser zum Ausspülen und der Eimer. Sie gießt die Lauge aus, spült die Geräte mit frischem Wasser nach und wischt sie mit einem Lappen aus. Alles bringt sie in ihren finsteren Keller, in dem sie erst eine Kerze anzünden muß. Nur schwacher Lichtschein fällt durch das winzige Kellerloch auf den Haufen von Schlamm darunter. Briketts sind in der Ecke aufgestapelt, Holzstücke aus der Sargschreinerei liegen geschichtet. Wilhelm hat an einer Mauerwand bis zur niedrigen Decke Holzregale gebaut. In langen Reihen stehen darauf leere und gefüllte Einmachgläser: Gemüse, Obst, viel Marmelade und Gelee und große Gläser mit Gurken und Zwiebeln und Rote Bete. Die dicken Steintöpfe sind noch leer. Ab Herbst werden sie wieder ihren säuerlichen Geruch haben von den Bohnen und dem selbstgeschabten, eingestampften Weißkohl für Sauerkraut. Über dem Kartoffelkasten hängt das Fliegenschränkchen mit seinem grünen dichten Maschennetz. Hier bewahrt Maria im Sommer Butter, Fleisch, Wurst und Speck auf. Den verpackten Speck holt sie jetzt heraus und legt ihn auf die Gemüseschüssel. Während sie in ein Aluminiumtöpfchen Kartoffeln legt, blickt sie hinüber zur Mausefalle. Aber der Schein der Kerze reicht nicht für die dunkle Ecke, wo ein Stück Speck die Maus locken soll. Maria muß schon hineinleuchten. Nein, keine hat angebissen. Es ist ihr schon recht, sonst müßte sie jetzt hingehen und die Maus vergraben. Das tut sie nur mit Widerwillen.

Kartoffel- und Gemüseschüssel bringt sie hinaus, stellt sie auf der Kellertreppe ab, bläst im Keller die Kerze aus und schließt im dunklen Gang sorgfältig das Vorhängeschloß. Vor die Lattentür hat sie von innen einen Sack genagelt. Sie hat nicht gern, daß jemand hineinleuchten und sehen kann, was in ihrem Keller ist. Mit ihren Sachen geht sie hinauf in die oberste Etage, reibt ihre Schuhe gründlich auf der Matte ab und schließt dabei die Wohnungstür auf. Sogleich steht sie in ihrer Wohnküche. Jedesmal fühlt sie sich beim Eintreten in ihre kleine Wohnung ganz und gar wohl. Sie genießt ihr eigenes Heim. Laut atmend setzt sie die Schüsseln auf dem Spültisch ab und macht dabei unbewußt einen röchelnden Ton. In der Ecke neben dem Herd steht ein Eisenständer, in dem eine weiße Emailleschüssel steckt, und darunter das Schälchen für die Seife. Den Ständer hat Wilhelm grünglänzend lackiert. Am Haken baumelt das blaukarierte Händehandtuch. Maria wäscht sich die Hände und schüttet anschließend das schmutzige Wasser in einen Eimer. Aus einem anderen Eimer, der unter dem zweiten Spültisch steht, schöpft sie frisches Wasser nach. Unten im dunklen Keller ist ein Kran, da muß sie das Wasser herholen. Meist aber besorgt das Wilhelm, wenn er daran denkt.

Vom Tisch nimmt Maria die Tischdecke ab und legt sie in genaue Falten. Kartoffeln schälen und das Gemüse putzen, das macht sie am liebsten am großen Tisch in der Mitte des Raumes unter der Lampe. So hat sie auch ihre unverschlossene Wohnungstür im Blick, denn jeder, der zu ihr will, muß einfach eintreten; sein Anklopfen wird nicht gehört. Maria verliest die spröden Gemüseblätter, schabt die Möhren, schält flink die

Kartoffeln und wäscht alles in Eimerchen und großen Schüsseln. Sonne strahlt warm durch das weitgeöffnete Fenster und wirft ein großes Lichtrechteck auf die gebohnerten rotbraun lackierten Fußbodenbretter. In einem Kesselchen hatte Maria, bevor sie in den Keller und Garten ging, Zwiebeln in Nierenfett gebräunt, Wasser aufgegossen und kleine Graupen hineingetan. Wenn nun das Suppengrün dazukommt, wird es würzig duften. Maria ist davon überzeugt: Schöner als sie kann es keine junge Frau auf der ganzen Welt haben!

Sie hat einen weißen Herd mit Aufsatz und viel spiegelndem Nickel, den Vater ihr zur Hochzeit geschenkt hat. Nach dem Kochen wird sie ein Brikett auf das Feuer legen, die Luftzufuhr abstellen, und nach dem Essen und Spülen den Herd putzen. Die Platte ist dann noch heiß, das Herdputzmittel raucht und stinkt, und Maria muß beim Reiben der Platte schwitzen. Mit einem feuchten Lappen wird sie schnell über alle Teile ihres Herdes wischen und mit einem trockenen Tuch den Nickel blankreiben.

Das Ofenrohr, mit Silberbronze gestrichen, führt hinauf bis unter die Decke und dann ein langes Stück an der Wand vorbei bis ins Kaminloch. Das ist wärmend im Winter. Zweimal im Jahr wird es saubergemacht. Da müssen Wilhelm und Maria zusammen arbeiten, um das Rohr abzunehmen und in mehrere Teile zu zerlegen. Vorsichtig wird es in den Garten getragen und der Ruß ausgefegt. Im Backofen des Herdes liegen Holz und die beiden eisernen Bügeleisen. Wenn Maria im Sommer bügelt, muß sie tüchtig heizen, auch wenn die Sonne heiß auf ihr Fenster und auf das Dach brennt, um die Eisen auf der Herdplatte heiß zu machen. Im Winter hängt an der Nickelstange rund um den Herd die noch feuchte Wäsche. Bald ist sie dann trocken. Auf dem Aufsatz breitet Maria auf Pergamentpapier feingeschnittenen Porree und Sellerieblätter aus, auch Birnen- und Apfelringe. Sie füllt alles getrocknet in Stoffbeutelchen für den langen Winter.

Ihr Ledersofa, mit Riemchen und Knöpfen, ist in Wirklichkeit mit braunem Wachstuch bezogen, aber alle sagen: Ledersofa. Mit den gestickten Kissen sieht es prächtig aus, und es ist praktisch: man kann es abwaschen. Zwei wunderschöne Küchenschränke stehen sich unter der Dachschräge gegenüber. An ihren Oberteilen haben sie kleine Türen mit Glas und Gardinen, viele Schubkästen mit runden Knöpfen und auf den Borden Platz für rosenbemalte Gewürztöpfchen aus Porzellan. Die Töpfchen haben einen Deckel auf, wie einen Hut. Alle Fächer sind ausgelegt mit hellem Papier. In der Schublade für die Nähsachen liegt Schächtelchen an Schächtelchen. Eines für die Nähseide, eines für weiße Knöpfe, ein anderes für die dunklen, eines für Gürtelschnallen, ein anderes für Druckknöpfe und Häkchen und das nächste für Bändchen, für Aufhänger, für Nadeln, Fingerhut und Schneiderkreide, für Stopfwolle und Garn; jede Art für sich in Blechdöschen oder Zigarilloschachteln. Ein dünnes Gummi ist um jedes gespannt, und es steht darauf geschrieben, was hineingehört. Hinter einem Fenstertürchen ist die Hausapotheke. Da gibt es Borsalbe und Glyzerin, Pflaster und Wundverband für die oft verwundeten Finger von Wilhelm; da gibt es allerlei Tee in kleinen Tüten, Kopfschmerztabletten und Hustensaft. Maria besitzt Steingutgeschirr für den Mittagstisch und ein Kaffeeservice aus Porzellan mit Rosendekor. Sie hat ein Besteck mit Horngriffen, genug Kochtöpfe und allerlei Küchengeschirr, auch Gläser für Wein, Bier und Likör. Maria fühlt sich reich. Sogar eine neue versenkbare Nähmaschine besitzt sie. Man sieht sie sofort, wenn man in die Wohnung eintritt. Eine hübsche Decke liegt darüber, ein Blumentopf steht in der Mitte. Das Rad, das Gestänge und das geflochtene Eisentrittbrett staubt Maria jeden Samstag sorgfältig ab. Sie freut sich, wenn sie zu flicken und zu nähen hat. Sie zieht dann die Nähmaschine ans Fenster und kann während der Näharbeit bequem auf die Straße hinuntersehen.

Ihre Wäsche ist Marias Stolz. Gebleicht und gestärkt ist es eine Freude, sie auf der Wäscheleine zu sehen. Maria wünscht, daß auch die Nachbarn sehen, daß Wilhelm eine tüchtige Hausfrau hat. Niemand soll denken, weil sie taubstumm ist, könne sie nicht so tüchtig sein wie eine normale Frau. Niemand soll denken, sie sei dumm und ungeschickt.

In der Waschecke ihrer Küche hängt der Handtuchhalter mit

dem gestickten Überhandtuch. Er hat ein Börtchen, und darauf ist das Kreuz mit zwei Kerzenhaltern und zwei blauen Vasen. Die Bilder an den Wänden hat Wilhelm früher gemalt. Maria hat ihn noch nie malen sehen. Er hat keine Zeit mehr dafür. Das Schlafzimmer ist eine Pracht. Aus Eichenholz sind die Möbel. Die Waschkommode mit ihren breiten, bequemen Schubladen trägt eine weiße Marmorplatte. Darauf stehen Waschschüssel, Kanne, Kamm- und Seifenschale, wie es sich gehört. Benutzt werden sie nicht. Einen großen Spiegel hat die Waschkommode wie auch die mittlere Tür des Kleiderschrankes. Breit sind die Betten, und auf den grünen Steppdecken thronen die Paradekissen und Plumeaus, mit Spitzen verziert.

Um neun Uhr morgens hat Maria die Betten gelüftet und gemacht. Ihre kleine Wohnung ist sauber und aufgeräumt. Auf dem Küchentisch liegt dann die helle Tagesdecke. Wäre nicht der große Garten, hätte sie sicher Langeweile. Man kann doch nicht einfach dasitzen und nichts tun. Maria hat die Kartoffeln aufgesetzt, das Gemüse abgekocht und die Mehlschwitze mit ausgelassenen Speckwürfeln bereitet. Nun nimmt sie ihre Schürze ab, holt Einkaufsnetz und Geld und geht ein kleines Stück die Steinstraße hoch zum Metzger. Wilhelm hat hier schon gearbeitet. Die Metzgerfrau ist freundlich zu Maria und konnte sie nach einigen Wochen gut verstehen. Maria kauft ein halbes Pfund frische Bratwurst und etwas Wurst für die Butterbrote. Sparsam ist Maria mit dem Geld. Sie muß es auch sein. Wilhelm hat wohl immer Arbeit, aber er verdient sehr wenig. Die Leute sind arm. Es sieht so aus, als ob die Arbeitslosigkeit noch zunehmen würde. Einmal muß sogar Wilhelm »stempeln« gehen. Vor dem Bürgermeisteramt stehen Männer in Schlangen und holen ihre Arbeitslosenunterstützung. Die meisten von ihnen verdienten früher ihr Brot im Hüttenwerk Aachen-Rothe-Erde. Wie gut, daß Maria Gemüse, Kartoffeln und Beeren aus dem Garten hat. Obst bekommt sie in Körben geschenkt als Dank für das Ausleihen der langen Anstreichleitern zum Obstpflücken. Da werden die Einmachgläser für den Winter kostenlos gefüllt.

Auf der weißen Porzellanuhr in Marias Küche zeigt das rosenumrankte Zifferblatt einige Minuten vor zwölf. Maria vergleicht die Uhrzeit mit der Pendeluhr im Schlafzimmer, die sie von Wilhelms Vater zur Hochzeit geschenkt bekam. Das Schlafzimmer ist angenehm kühl, denn Maria hat den Sonnenschutz aus weißem Nesselstoff am Fenster zugezogen. Darüber die duftigen grünen Vorhänge. Wilhelm wird zum Essen nach Hause kommen. Pünktlich um zwölf Uhr ist bei Maria der Tisch gedeckt und das Essen fertig. Laut hat sie beim Tischdekken mit den Tellern und dem Besteck gekramt, daß man es weithin in der stillen Straßen hören konnte. Das ahnt sie nicht, auch nicht, daß die Nachbarn und die Vorübergehenden bei offenem Fenster ihr lautes Niesen hören oder in der frühen Morgenstunde den Krach von der Kohlenschaufel, wenn sie die Asche auskratzt, oder die Herdringe ab- und wieder auflegt. Es hat sie noch niemand darauf aufmerksam gemacht.

Maria stellt sich ans Fenster in die Sonne. Sie will Wilhelm nach Hause kommen sehen. Sein erster Blick ist immer zu ihrem Fenster hinauf. Über dem Dorf läutet die Mittagsglocke. Fliegen umkreisen summend die Küchenlampe, Kinder lärmen aus der Schule, laut wird der versponnene Mittag. Maria in ihrer tiefen Stille spürt nur die Wärme und Helligkeit, spürt den Hunger und riecht das gute Essen, sieht Kinder und Leute heimgehen zum Mittagstisch. Wie gut ist es, wenn man nicht hören kann, ein Fenster zur Straße zu haben, auf der Leben und Bewegung ist. Sie lehnt sich gegen das warme Holz des Fensterrahmens, die Hände über den Leib verschränkt und wartet.

Einen schöneren Ausblick, als sie jetzt hat, kann in ganz Eilendorf niemand haben! Gegenüber, auf der anderen Seite der breiten Straße, liegt tiefer das behäbige Pannhaus. Große eiserne Zahlen nennen das Baujahr: 1622. Es ist aus Bruchsteinen erbaut mit einem angebauten Fachwerkteil. Der Name Pannhaus deutet auf die Zeit hin, als die ehemalige Herrschaft Eilendorf zur freien, kaiserlichen, unmittelbaren und gefürsteten Abtei Cornelimünster gehörte und das Pannhaus ein abteiliches Brauhaus war. Später befand sich im Pannhaus der Sitzungssaal des Schöffengerichtes. Der achteckige, steinerne Schandpfahl, den Maria im Fachwerkteil eingebaut sehen kann, erinnert an die Gerichteten, die mit eisernen Fesseln öffentlich an ihm angekettet waren. Hinter dem Pannhaus ragt aus dem höhergelegenen Kirchhof die große graue Kirche heraus.

Maria sieht aus ihrem Fenster in den Garten von Frau Woopen hinunter, den diese neben ihrem Pannhaus hat. Dunkel ist der dichte Buchsbaumstrauch. Am Palmsonntagmorgen bitten Frauen und Kinder aus der Nachbarschaft um ein Sträußchen für den Kirchgang, und Frau Woopen steht am Busch, schneidet und verteilt. Holunder- und Schneeballbüsche, Goldregen und lila Flieder hängen üppig über ihren Zaun, und durch das Gartentörchen geht man unter rankenden Rosen. Auf der dicken, hohen Mauer, die Frau Woopens Grundstück zum Bauernhof Koch abgrenzt, blüht an den bröckelnden Stellen den Sommer über viel roter Mohn.

Der Bauernhof Koch ist wie für Maria gemacht. Er liegt ihr zu Füßen. Das ist kein Hof wie in Freilingen, sondern viel größer und reicher. Das Wohnhaus, die Ställe, die Scheunen und Geräteschuppen sind alle aus Bruchstein, weiß gekalkt, und umfassen, zu Marias Fenster hin geöffnet, einen weiten, grobgepflasterten Hof. Zur Straße schließt ihn eine mannshohe Mauer ein. Nur durch das Gittertor können Vorübergehende in den Hof hineinschauen. Der riesige Misthaufen in einer steinernen Grube liegt abgeteilt in einem kleineren Hof neben den Ställen. Er ist nicht zu sehen, wenn man den Hof betritt. Maria sieht von oben die vielen Schweine, die sich darin tummeln, wenn der Schweinestall gereinigt wird. Morgens ziehen die schwarzweißen Kühe wie eine richtige Herde auf die Weide, und jeden Abend kommen sie mit vollem, schwer schaukelndem Euter zurück in den Stall. Pferde werden eingeschirrt, Geräte und Wagen fahren aus und ein zum Ackern und Ernteeinbringen. Im Frühjahr und Herbst, wenn ihr Garten Dünger braucht, gibt Maria acht, daß sie den Nachbarn zuvor kommt, um mit Schaufel und Eimer den frischen Pferdemist von der Straße zu holen. Das Einholen von Ackerfrüchten, Korn und Viehfutter, die Schweineschlachtung auf dem Hof, die lange Reihe blanker Milchkannen vor dem gewölbten Milchkeller; Dreschen und Mistaufladen, alles das verfolgt Maria hochinteressiert. Täglich holt sie die Milch vom Hof. Der Kuhstall ist groß wie ein Saal, und die Wohnräume gepflegt wie eine Stadtwohnung. Mit den vier Koch-Töchtern unterhält sie sich gern. Maria fragt und bewundert, staunt und lobt mit natürlicher Herzlichkeit und großer Intensität. Sie ist beliebt. Trotzdem gibt es Nachbarn, die kaum oder gar nicht grüßend an ihr vorbeigehen. Erst ist sie sehr gekränkt. Doch sie sieht, wie Wilhelm leidet, wenn Bekannte ihm oder seiner Frau unaufmerksam und lieblos begegnen. Maria kennt sein empfindsames Gemüt. Mißachtung trifft ihn tief und schmerzlich. Er selbst sagt dann verwundert: »Ich schnell weh – weiß nicht, warum.« Er legt dabei die Hand auf seine Brust. Warum ist sein Gemüt so zart? Maria überwindet ihr eigenes Verletztsein und tröstet ihn: »Dumme Leute!« Stolz geht auch sie fortan vorbei.

Maria wartet. Jeden Augenblick muß Wilhelm um die Ecke des Pannhauses kommen. Sie schaut nach dem Wetterhahn auf dem nahen Kirchturm, der ihr täglich die Windrichtung und das kommende Wetter anzeigt.

Da sieht sie Wilhelm. Er winkt: ein vergnügter Junge im weißen Anzug auf seinem Fahrrad. Sie sieht ihm nach, bis er sein Fahrrad durch den Torbogen hineinschiebt zum Hof. Dann öffnet sie ihre Wohnungstür und erwartet ihren Mann. Schnell und leicht kommt er die Treppe zu ihr hinaufgeeilt und lächelt. Sein Gesicht ist von weißer Farbe übersprenkelt. Maria nimmt ihn in den Arm und küßt ihn. Er riecht nach Terpentin. Sie teilt die Suppe aus, während Wilhelm sich die Hände wäscht. Als sie einander gegenübersitzen, machen sie ein Kreuzzeichen und essen. Bei jeder Mahlzeit zeigt Wilhelm, daß es ihm gut schmeckt, und klopft sich dabei auf den Magen und verdreht entzückt die Augen. Es ist so schön für Maria, für ihn sorgen zu dürfen. Wenn sie jetzt nur niemand stört! Kaum gibt es einen Mittag, am dem sie allein sind. Eines von Wilhelms Geschwistern sitzt fast immer dabei, sieht, wie sie essen, und plaudert mit ihnen. Wenn Kunden kommen, weil sie wissen, daß Wilhelm um die Mittagszeit zu Hause ist, hören sie mit dem Essen auf, bieten einen Platz an, und Wilhelm holt seinen Kalender und sein Notizbuch hervor. Maria spricht mit dem Kunden, nimmt die

Wünsche entgegen und übersetzt ihrem Mann. Wilhelm vereinbart einen Besuch am Sonntagmorgen, um sich zu informieren, was er zu arbeiten hat. Manchmal sitzt auch ein Fremder mit am Tisch, denn Maria lädt die Hausierer, Bettler, Zigeuner oder Musikanten, die um die Mittagszeit bei ihr eintreten, zum Essen ein. Den Hausierern kauft sie für einige Groschen etwas ab. Den Musikanten, die sie außerhalb der Essenszeit zufällig vom Fenster aus sieht, wirft sie Pfennige hinunter. Manche dieser fahrenden Leute, die auch durch die Eifel oder gar durch den Hunsrück ziehen, kommen über Jahre hin immer wieder. Maria begrüßt sie freudig und herzlich wie Freunde.

Jede Woche einmal, am Mittag, bringt die Senffrau ihre Kanne hoch und füllt Marias Senftöpfchen für fünf Pfennige auf.

In regelmäßigen Zeitabständen bekommen Maria und Wilhelm zu Mittag den Besuch von einem der Herren Fabrikantenbrüder der Farbenfabrik Beissel in Aachen. Er legt Kataloge aus, und Wilhelm kann Material und Handwerkszeug bestellen. Freundlich nimmt er Marias Angebot, mit ihr und Wilhelm zu essen, an. Heute mittag aber sind sie allein. Wilhelm erzählt Maria, was er den Morgen über gearbeitet hat. Jede Kleinigkeit sagt und zeigt er ihr. Dazwischen macht er Späße, daß sie lachen muß, und ihre Schultern beben dabei. Sofort nach dem Essen räumt sie den Tisch ab, und Wilhelm breitet die Tageszeitung aus. Stehend lesen sie über den Tisch gebeugt gemeinsam. Maria holt den Atlas dazu, um nachzusehen, wo der Ort ist, von dem berichtet wird. Ehe Wilhelm sich verabschiedet, zündet er sich ein Zigarillo an. Immer wenn er aus dem Hause geht, ist eine Weile noch der Geruch von Tabakrauch im Zimmer. Maria riecht ihn gern, weil er von Wilhelm ist. Sie steht am Fenster, winkt ihm nach und denkt: »Wilhelm feiner Mann! Ich muß Wilhelm ehren!«

Es ist schön zu wissen: Jeder geht an seine Arbeit für den anderen. Kurz vor vier Uhr bringt Maria ihrem Mann zur Arbeit den frischen Kaffee, ganz gleich, wie weit der Weg im großen, langgezogenen Ort ist, Sommer wie Winter. Wilhelm hat ihr gesagt, wo er beschäftigt ist, und läßt sein Fahrrad vor dem Haus stehen, dann findet sie ihn immer. Wo Wilhelm arbeitet, ist es meist unordentlich und ungemütlich. Muß er Zimmer tapezieren, dann sind die Möbel zusammengestellt und mit alten Tüchern verhängt, liegt abgekratzte, feuchte Tapete in Fetzen auf einem Haufen, sind die Fußböden weiß und grau verschmiert vom Deckenabwaschen und -streichen. Farbtöpfe, Leiter, Tapetenbretter, Eimer und allerlei Handwerkszeug stehen herum. Es riecht nach Kleister, feuchten Wänden, nach Farbe, Lack und Terpentin. Wo er aber die letzten Feinarbeiten zu machen hat, da strahlen die Räume in Frische und Sauberkeit.

Wilhelm setzt sich mit dem Rücken zur Wand auf den Boden. Für Maria hat er einen Stuhl besorgt, und wenn er schmutzig ist, legt er sauberes Papier darüber. Sie sieht ihrem Mann zu, wie er mit weißen Fingern sein Brot ißt, das er aber mit Butterbrotpapier schützt. Dazu trinkt er aus dem Becher der Thermosflasche den dampfenden Kaffee. Die Thermosflasche behält er da und stellt sie in eine Ecke oder auf die Fensterbank, um zwischendurch bis zum Abend noch daraus zu trinken. Er zeigt Maria, was er gearbeitet hat und was noch zu tun ist. Meist kommt die Hausfrau dazu oder die ganze Familie und bestaunen die beiden, wie sie miteinander lautlos sprechen. Die kleinen Kinder verstecken sich ängstlich und doch neugierig, die größeren lächeln verlegen, so seltsam sind ihnen die Stimmen und die Gestik der beiden Taubstummen. Maria »hört« viel Lob über Wilhelms stille, flinke und saubere Arbeit. Sie spürt die Hochachtung, die man ihm entgegenbringt. Sie ist stolz auf ihren Mann. Immer verabschiedet sie sich an der Haustür, wohin er sie begleitet, mit einem kleinen Kuß. Ein Zigarillo steckt er in seinen Mund, das Streichholz flammt auf, und sie winken sich noch einmal zu. Es wird spät werden, bis Wilhelm nach Hause kommt. Vor acht Uhr hört er nicht mit seiner Arbeit auf. Oft wird es noch viel später. So ist er es gewöhnt, und wenn die Kunden ihn bitten, länger zu arbeiten, weil sie früher mit der Renovierung fertig sein möchten, kann Wilhelm überhaupt nicht »nein« sagen.

Ist seine Arbeit auf einer Stelle vollständig beendet, schiebt er seine graue Karre nach Hause. Mit großen Buchstaben hat er an die Seiten seinen Namen geschrieben. Auf dem Karren liegen Tapetenbretter und die dazugehörenden Holzböcke, die Leiter, die Eimer, die Tasche mit den Pinseln, Strichbürsten, Spachtelmesser, Schwamm und Fensterleder, Tüten mit Pulverfarben, das Lot, die Tapetenbürste, Scheren und Tapetenmesser, Zollstock, Terpentinflasche, Büchsen mit Lack, Papiersäckchen mit Gips, Döschen voller Nägel und Leistenstifte, Schablonen, Tapeten- und Leistenreste, die Thermosflasche und noch mehr Kram. Eine ganze Weile hat Wilhelm in seiner Werkstatt zu ordnen, Pinsel zu reinigen und die Arbeit des nächsten Tages vorzubereiten. Dann freut er sich auf seine Bratkartoffeln mit frischem Salat aus dem Garten oder eingelegte Gürkchen mit Zwiebeln. Bratkartoffeln müssen es sein, sonst ist es kein Abendessen. Maria brät sie ihm schön knusprig braun.

Auch beim Abendbrot sind beide selten allein. Maria mußte sich sehr umstellen, denn Abend für Abend wird es spät, oft Mitternacht, ehe sich Geschwister und Freunde verabschieden.

Nun hat sie das Geschirr vom Abendessen gespült, und weil sie allein sind, kann sie mit Wilhelm in Ruhe eine Rechnung und einen Kostenvoranschlag aufsetzen. Ihr Mann notiert die Stunden, die er am Tag gearbeitet hat und berechnet das verbrauchte Material. Beim Rechnen muß Maria ihm nicht helfen, sie prüft nur nach. Josef Hahnengreß hat ihr gezeigt, wie man eine Buchführung macht. Maria kauft große Hefte und trägt sauber die Einnahmen und Ausgaben ein, sammelt die Belege und macht alles fertig für das Finanzamt. Damit hat Wilhelm überhaupt nichts zu tun.

Wenn Wilhelm an den langen Winterabenden kein Licht an seiner Arbeitsstelle hat, wenn er früher fertig ist oder wenig Arbeit hat, freut sich Maria über seine frühe Heimkehr. Vor Allerseelen gibt es die vielen Grabtäfelchen und Kreuze zu beschriften, und vor Weihnachten malt Wilhelm abgenutztes Spielzeug bunt an: Schaukelpferde, Bauernhäuser, Pferd und Wagen und Puppenmöbel. Das macht er im warmen Zimmer bei Maria. Sie hat die Nähmaschine näher an die Küchenlampe geschoben und näht, oder sie stopft und handarbeitet. Zwischendurch sieht sie Wilhelm bei seiner Arbeit zu. Gerne ist sie so mit ihm allein. Manchmal vergoldet er nachgedunkelte, alte Goldbilderrahmen. Er hat sie am Abend vorher in der Werkstatt mit feinem Glaspapier geschliffen und mit Schellack isoliert, damit das Anlegeöl nicht eindringen kann, welches er anschließend aufgetragen hat. Mit dem Finger prüft Wilhelm nun, ob das Öl die richtige Klebekraft hat. Hörende würden dabei mit dem Fingerrücken über das Öl fahren, um einen bestimmten Ton zu hören, der ihnen anzeigt, wie weit das Öl angetrocknet ist. Wilhelm fehlt dieses Hilfsmittel, aber er fühlt es heraus. Er ist zufrieden und klappt um ein kleines Wildlederkissen drei Wände aus festem Pergamentpapier auf. Kein Luftzug darf über das Kissen streichen, wenn das echte, hauchdünne Blattgold darauf liegt, es faltet sich sonst zusammen und ist nicht mehr zu gebrauchen. Die goldenen Blätter liegen einzeln zwischen durchsichtigen, rosa Blättern eines quadratischen Heftchens. Mit einem Messer, das Wilhelm nur für die Arbeit des Vergoldens braucht, hebt er ein goldenes Blatt auf das Kissen und hilft durch vorsichtiges, leichtes Hauchen, daß es sich glatt auflegt. Dann schneidet er es zurecht. Seine rechte Wange hat Wilhelm mit einem Öl eingerieben, darüber streicht er eine flache Bürste aus Marderhaar. Mit den Spitzen der Bürstenhaare betupft er ganz sacht ein Stück Blattgold, hebt es an und legt es auf den Rahmen. Dabei wagt er nicht zu atmen und macht durch diese Anstrengung einen langen, röchelnden Laut in der Kehle. Stück für Stück legt er das Gold auf und tupft es mit einem runden Pinsel in die Formvertiefungen hinein. Zum Schluß bläst und staubt er übriggebliebenes Gold vom glänzenden Rahmen ab. Maria wischt vorsichtig den schimmernden Staub auf, er fliegt leicht in kleinen Wölkchen über den Tisch. Wo er sich festsetzt, wird er bleiben. –

Sonntags früh macht Wilhelm das Feuer an, Maria badet und geht allein in die Kirche. Wenn sie nach Hause kommt, riecht es noch nach Seife und Wasserdampf. Eine große Decke liegt auf dem Fußboden, die Maria aus weißen Aufnehmern zusammengenäht hat. Sie schützt den gebohnerten Boden der Wohnküche, wenn in der großen Zinkwaschwanne, die aus dem Keller hochgeschleppt wurde, gebadet wird. Die Wanne steht da mit schmutzigem Wasser, und der saubere Wilhelm sitzt am Fenster und hat auf der Fensterbank seinen Rasierkasten aufgeklappt. Sein Kinn ist dick eingeseift. Im Spiegel schneidet er Grimassen, um jedes Hautfältchen mit einem langen Messer schön auszurasieren. Freundlich grüßen seine Augen, er nickt ihr zu. Flott geht Maria an ihre Arbeit, räumt den Waschkram und die Schmutzwäsche fort, und im Nu ist es ordentlich. Sie sieht nach dem Feuer, bringt die Pfanne auf den Herd und brät mageren Speck aus. Dazu gibt sie drei Eier, mit Salz, Mehl und Milch verquirlt. Nun riecht es ganz nach Sonntagmorgen.

Wenn Wilhelm wochentags beim Gebärdensprechen noch keine volle Kaffeetasse umgeworfen hat, am schön gedeckten Sonntagsfrühstückstisch passiert es ihm ganz bestimmt. Es gehört einfach zu seinem Leben. Der Kaffee schwappt über den Tisch, Maria und Wilhelm springen auf, der braune Fleck zerläuft in der Tischdecke, und es rinnt vom Tisch auf den Boden. Ein Glück dann, wenn der Kaffee nicht auf Kleid und Hose gegossen ist. Maria holt den Lappen, tupft den Kaffee schnell auf und wischt mit dem Aufnehmer den Boden trocken. Ärgerlich ist sie. Kann Wilhelm denn nicht endlich mal aufpassen?! Sie spricht doch auch mit beiden Händen, und wann hat sie jemals was vom Tisch gestoßen? Sie setzt sich mißmutig an den verdorbenen Frühstückstisch, um weiter zu essen. Keinen Blick schenkt sie Wilhelm. Er aber kniet sich vor ihren Stuhl, ringt die Hände hoch zu ihr und schlägt an seine Brust. Er fleht übertrieben zerknirscht um Verzeihung. Maria kämpft mit sich selbst: Kann sie denn nie ernsthaft böse mit ihm sein? Was er auch Ungeschicktes oder Leichtsinniges anstellt, er fürchtet nie ihr Schimpfen. Jetzt muß sie auch lachen! Wilhelm springt auf, umarmt sie, küßt ihre Hände, den Hals, den Mund, daß sie nach Luft ringen muß und keinen anderen Ausweg weiß, als ihn tüchtig zu zwicken. Da hüpft er hoch und läßt sie los, und beide lachen wie glückliche Kinder. Maria weiß es aus Erfahrung: Mit Wilhelm gibt es keinen Streit. Es ist nicht möglich, mit ihm zu zanken, und wenn es auch manchmal nötig ist. Muß er denn wie ein Jongleur Teller und Tassen durch die Luft wirbeln? Natürlich ist er da ein Künstler, doch ohne Scherben geht es manchmal nicht. Aber – was ist, wenn die Scherben am Boden liegen? Am Ende lacht sie wieder über Wilhelm. Und seine Schlüssel! Ewig verliert und vergißt er Schlüssel. *Was* er nicht alles vergißt und verliert! Er wundert sich über sich selbst, tröstet Maria und sich mit lustigen Einfällen und bleibt heiter. Es ist Wilhelm zu dumm und zu schade, sich über falschgelaufene Dinge lange zu ärgern. Ist er leichtsinnig – Maria ist sparsam, ist er vergeßlich – Maria ist aufmerksam, ist Maria ärgerlich – macht Wilhelm Späße. Ist sie zornig – er beruhigt sie. Wie gut kann man sich bei dieser Einteilung vertragen! Sie vertrauen einander so sehr, daß sie auch ihre Fehler und Mängel beim andern in guter Hut wissen. Nicht, weil sie taubstumm sind, streiten sie sich nicht, es gibt Mißverständnisse unter taubstummen Eheleuten. Maria und Wilhelm lieben sich, und es stimmt miteinander.

Sie hilft ihm beim Kragenanknöpfen. Warum müssen die Dinger so schrecklich steif gestärkt sein? Die Krawatte bindet sie ihm auch, aber wie kann sie damit schnell fertig werden, wenn Wilhelm dabei komische Gesichter schneidet und sie sich hinsetzen und lachen muß? Was hat sie doch für einen fröhlichen, liebenswerten Mann!

Unten auf der Straße gehen die Leute in Scharen vorbei zur Kirche. Maria und Wilhelm schauen durch die Gardinen und unterhalten sich lautlos über sie. Wilhelm zeigt ihr die Menschen, die er kennt, und diejenigen, bei denen er schon gearbeitet hat, und erzählt, was er über sie weiß.

Wenn er eine Dame mit einem schönen Hut sieht, ist Wilhelm begeistert. Maria kann den Unterschied der Hüte nicht bemerken.

Am Vormittag spaziert Wilhelm in die große Kirche. In der Nähe des Hauptportals bleibt er stehen, da, wo es immer voll von Männern ist, auch wenn die Kirche ein wenig nach vorne viel Platz haben mag. Er bekreuzigt sich und versucht, wie jeden Sonntag, sein Vaterunser zu beten. Über die drei ersten Sätze kommt er nicht hinaus, obwohl Maria schon oft mit ihm geübt hat. Er behält es nicht. »Gegrüßet seist du Maria, voll der Gnaden, der Herr ist mit dir.« Auch da kommt er nicht weiter. So steht er eine Weile still, macht dann die Andeutung einer Kniebeuge, bekreuzigt sich und geht hinaus. Draußen muß er erst ein Zigarillo anstecken.

Bis zum Mittagessen besucht Wilhelm seine Kunden, die ihn zu sich bestellten. Nie geht er ohne Papier und Bleistift. Ohne diese beiden Hilfsmittel fühlt er sich nicht wohl und sicher. Mit Zeigen und Aufschreiben kommt er bei Leuten, die ihn kennen, zurecht. Auch Maria hat am Sonntag zu schreiben und Termine auszumachen. Für die Kunden ist der Weg zur Kirche und zum Anstreicher ein Gang. Maria trägt ihre frische weiße Schürze, die beste Tischdecke liegt auf, die Wohnung ist gemütlich sauber, und der Braten duftet. Mit einem fröhlichen und aufmerksamen Gesicht nimmt sie die Wünsche der Kunden entgegen, alles wird sie Wilhelm gut bestellen.

Am Sonntagnachmittag gehört eine Stunde Wilhelms Fußballfreuden. Mit seinen Brüdern geht er zum Fußballplatz, und Maria bekommt hinterher beim Kaffee den genauen Verlauf des Spieles erklärt. Geduldig und sich interessierend sieht sie ihm zu, obwohl sie gar nichts davon versteht. Die Hauptsache ist, ihr Wilhelm hat Freude. Bei schönem Wetter gehen sie hinterher durch den großen Ort spazieren, zwischen den Wiesen, vielleicht bis zum hochgewachsenen Buchenwald oder zur Maarau hinauf, wo die gelben Galmeiveilchen blühen.

59

Im Keller sind die Gläser gefüllt, Kartoffeln lagern, das Gemüse in den Steintöpfen ist mit Tuch, Holzscheibe und einem dicken Stein belegt. Möhren sind in Sand gebettet, der Schlamm pappt unter dem Kellerfenster, der Winter kann kommen.

Grau werden die Tage. Naßkalt. Der Schein des flackernden Herdfeuers dringt durch die kleinen Löcher des Herdringes und malt unruhig tanzende Lichter an die Küchendecke. Sanft surrt der Wasserkessel. Das kleine Eifelbähnchen fährt am Juch durch die weiten Wiesen, und seine Glocke bimmelt. Laut macht es einen Pfiff vor jedem Feldwegübergang.

Maria sitzt am Fenster und sieht die graue Welt in der Dämmerung versinken. Entlaubt starren schwarze Baumzweige in Frau Woopens Garten. Lichter leuchten in den Häusern auf. Manchmal geht jemand über die Straße. Maria kann nicht erkennen, wer es ist. Sie schaltet noch kein Licht an.

Gern sitzt sie an diesen Abenden still an ihrem Fenster. Manchmal schaut sie zur Tür, ob nicht jemand hereintritt. Nicht immer fühlt sie den Luftzug beim Türöffnen. Dann klopft der Besucher auf die Tischplatte, stampft mit dem Fuß auf den Boden, knipst das Licht an oder steht plötzlich vor ihr im dämmrigen Raum wie ein schwarzer Schatten. Dann erschrickt sie, um gleich darauf strahlend zu grüßen.

Niemand kommt an diesem Abend. Maria hat ihre beiden Hände um ihren gewölbten Leib gelegt. Sie spürt das Leben ihres Kindes. Sie muß so viel denken. Sie erinnert sich an den Mittag. Wilhelm hatte nach dem Essen seinen Teller zur Mitte geschoben und auf der Tischplatte Klavier gespielt. Im Kino haben sie gesehen, wie das gemacht wird. Wild schlug Wilhelm Akkorde in erdachte Tasten, ließ seine Finger in Passagen und Läufen hinauf- und hinunterjagen, seine Hände flogen in die Höhe und wieder wuchtig in die Klaviatur. Der Oberkörper bog sich hin und her, und seine Haare fielen in die Stirn. Am Schluß dieses gewaltigen Musikvortrages stand er lächelnd auf und verneigte sich tief vor Maria, die in die Hände klatschte. Dann trat er einen Schritt zurück, um zu dirigieren. Musik ist etwas, wovon er gar nichts weiß. Nur die wechselnde Intensität der Bewegungen beim Dirigieren kann er nachahmen. Dem Dirigenten hat er als Kind oft auf der Empore zugesehen. Scharf faßte Wilhelm das große Orchester ins Auge, klopfte mit dem Taktstock ans Pult, hob die Hand hoch zum Auftakt und begann weich und sanft die unbekannte Musik zu führen. Er wiegte sich wie im Takt. Seine Hände gaben den einzelnen Instrumenten Einsätze, dämpften hier die Stärke, holten dort den Klang hervor. Mächtiger schwangen die Arme, im Stakkato bebte Wilhelms ganzer Körper mit. Er drehte und bog sich im Rhythmus. Die Hände lockten und wehrten ab. Als krieche er hinein in die Instrumente und holte es heraus aus ihnen, so beugte und bäumte er sich. Sein Minenspiel drückte eine ganze Skala von Empfindungen aus: Trauer und Ekstase, Freude, Innigkeit, Leidenschaft. Er neigte sein Ohr, als horchte er auf die leisesten Töne. Dann wieder funkelten seine Augen, und er trieb das Orchester zum mächtigen, jagenden, großartigen Finale. Wie erschöpft, mit pathetischer Würde streifte Wilhelm die Haare zurück und verneigte sich nach allen Seiten.

Maria hatte dem Schauspiel verwundert und lachend zugesehen. Mit welcher ehrfurchtsgebietenden Geste Wilhelm sich die Stirn und den Hals mit dem farbbekleckstem, nach Terpentin riechenden Taschentuch abwischen konnte! Ist er nicht wie ein großer Dirigent?

Als Wilhelm sich wieder an den Tisch setzt, erzählte er Maria, wie er sich seinen Sohn wünscht, einen berühmten Sohn, dem alle Leute zujubeln. Ein strahlender Stern müßte er sein. Alle Leute würden staunen, und die Zeitungen müßten schreiben: »Was? Eltern sind taubstumm?!« Dann könnten sie beide sehr stolz sein.

Maria aber schüttelt lachend den Kopf: »Wenn ein Sohn, dann Anstreicher wie du und dir helfen!«

Ein Sohn, mit dem man zusammenarbeiten kann? Wilhelm sah ein – das wäre schön. Aber wäre es nicht viel besser, eine Tochter zu haben? Eine Tochter kann man so wunderschön anziehen. Er würde ihr die feinsten Kleider kaufen in den schönsten Geschäften von Aachen. Er würde mit ihr spazierengehen und sagen: »Meine Tochter!« Vielleicht kann sie wunderbar singen! Alle Leute in der ganzen Welt müßten ihrer Tochter zuhören. Begeistert stand er wieder auf und mimte tonlos eine Sängerin, die sich das Herz aus dem Leibe singt. Maria konnte nur wieder lachen. So ein lustiger Wilhelm! Wenn ihr Kind ein Mädchen ist, wird sie ihm alles nähen können aus getragenen Sachen, damit es nichts kostet, und sie wird der Tochter zeigen, wie man näht, damit das Mädchen es auch lernt. – So denkt Maria im dunklen Zimmer an den Mittag mit Wilhelm. Immer sprechen sie beide von einem hörenden, gesunden Kind. In ihren Gedanken ist es nie taubstumm wie sie. Und doch hat Maria Angst. Angst wovor?

Haben ihr nicht die taubstummen Freunde geraten, sich zu freuen, wenn ihr Kind *nicht* hören kann? Sie soll sich ängstigen vor einem hörenden Kind? Ein hörendes Kind ist nicht gut für taubstumme Eltern. Hörende Kinder werden die taubstummen Eltern verleugnen, verlassen, sich ihrer schämen! Sie gehen fort, sie verstoßen ihre Eltern! Die Freunde haben bittere Beispiele aufgezählt. Wenn ihr Kind hören wird, sagen sie, wird Maria später viel, viel weinen müssen. Nur Undank wird sie haben.

Maria seufzt schwer. Die drohenden Beispiele sind zum Erschrecken. So böse können hörende Kinder zu ihren taubstummen Eltern sein? Soll sie sich ein taubstummes Kind wünschen? Ein taubstummes Kind wäre gleich wie Wilhelm und sie selbst. Sie würden sich gut verstehen und vertragen und immer zusammenbleiben und zusammenhalten. Sie würden sich liebhaben und glücklich sein. Ist das besser?

Marias Gedanken gehen zu ihrem Vater. Bei ihrem letzten Besuch in Freilingen im vergangenen Frühjahr hat Tante Barbara ihr etwas erzählt, das sie sehr beschäftigt hat: Einmal hat Vater seinen Traum von Amerika verwirklichen wollen. Mit der ganzen Familie wollte er auswandern. Aber Vater bekam die Auskunft, daß Amerika ein Gesetz habe, wonach er seine taubstummen Kinder nicht mitnehmen könne in das neue Land. Erbkranke Menschen, und das waren Maria und Christina durch ihre Taubstummheit von Geburt, bekämen keine Erlaubnis, amerikanische Staatsbürger zu werden. Vater blieb mit seinen Kindern in Freilingen. Ihre Brüder Nikolaus und Willi werden nun bald allein nach Amerika auswandern und dort Farmer werden. Das hat Maria erschüttert. Ist es so furchtbar, taubstumm zu sein? Ist es so sicher, wieder taubstumme Kinder zu bekommen? Freunde, Lehrer, Ärzte sagen es ihr: Wenn wenigstens ein Elternteil hörend geboren wurde und aus einer gesunden Familie stammt und erst später durch Krankheit oder durch einen Unfall sein Gehör verloren hat, dann kann man hoffen, daß das Kind hört. Wilhelm und sie selbst aber sind taubstumm geboren, und beide haben auch solche Geschwister.

Maria hat ein schweres Herz. Sie wehrt sich mit ihren Gefühlen dagegen, ihr eigenes Gebrechen weiterzugeben. Vater in

Freilingen soll ein hörendes Enkelkind bekommen, ein gesundes, wie stolz würde Maria sein! O ja, sie möchte, daß ihr Kind so wird wie die anderen Kinder auch. Es soll nicht neugierig, mitleidig oder gar spottend betrachtet werden. Ein hörendes Kind! Sie wagt nicht, sich das Glück auszudenken, und stellt es sich doch vor: Wilhelm wäre stolz, und alle würden ihm gratulieren. Wenn es größer wäre, würde es, wenn an ihrer Wohnungstür angeklopft wird, »Herein« sagen. Es würde sich mit den Leuten unterhalten und Maria alles übersetzen. Es würde am Sonntagmorgen mit Wilhelm zu den Kunden gehen, die Leute würden staunen und sehen, wie ihr Kind sich mit seinem Vater in der Taubstummensprache unterhalten kann und doch mit den Hörenden spricht. Zu den Behörden, zum Arzt, zum Einkaufen, überall würde es mitgehen und übersetzen, und nie mehr wären sie ohne Hilfe allein. Das Leben wäre dann schöner und leichter für Wilhelm und sie.

Aber wenn sich ihr Kind seiner Eltern schämt? Wenn es Wilhelm und sie verstößt? Nein! Nein! Das kann sie nicht glauben! Sie wird ihr Kind lieben, es versorgen und verwöhnen wie kaum eine Mutter es tut. Sie wird es behüten, nichts Böses soll es hören. Mit scharfen Augen wird sie auf den Mund des Kindes achtgeben, wenn es mit Hörenden spricht und versuchen, zu verstehen. Alles muß das Kind ihr erzählen, was es mit anderen Menschen gesprochen hat, alles muß Maria wissen, alles beobachten. Hat sie doch Angst, daß ein hörendes Kind sie verstoßen kann? Verstoßen! – Unbemerkt ist dieses schreckliche, furchtbare Wort wie ein Gift bis in die Tiefe ihres Unterbewußtseins hineingelangt. Das Gift der Angst in ihrer Seele. Maria weiß das nicht. –

Ihr Gemüt erhellt sich, als sie jetzt an die Maikirmes im vergangenen Jahr denkt. Mit Wilhelm war sie in Freilingen. Gemeinsam gingen sie den Weg am »Stein« hinunter zum Grindelbach und folgten dem Wasser, der Quelle entgegen, wo der gleiche Bach Weilerbach heißt. Es war ein sonnenwarmer Maitag. Am Ufer blühte lila Wiesenschaumkraut. Maria zog ihren Wilhelm an Vaters Acker »Am Stockebähne« vorbei, hinein in ein Wäldchen, das auch dem Vater gehört. Der Frühling, die

Heimat, die Freiheit, ihr Jung- und Gesundsein, die Liebe zu Wilhelm, das alles erfüllte sie mit einem starken Glücksgefühl. Sie war neunundzwanzig Jahre alt und seit einem Jahr mit Wilhelm verheiratet. Jetzt wollte sie ein Kind haben und fühlte sich reif dazu. Im Frühlingswald in Freilingen liebten sie sich zum ersten Mal. Später hat Maria es stolz und froh dem Vater erzählt.

Maria steht auf. Im Dunkeln tastet sie nach der Spültischschublade und holt die Streichhölzer heraus. Hell flammt das kleine Feuer auf. Sie stellt sich etwas auf die Zehen und zündet die beiden Kerzen auf dem Handtuchhalter an. Sanft fällt der Schein in das Zimmer. Silbern schimmert der Heiland am Kreuz. Maria sieht ihn lange an. Wenn sie es nur so richtig wüßte, warum er für sie alle gestorben sein soll. Ein Gott ist er und ist im Himmel und kennt den Wilhelm und sie? Er kann alles und hängt doch am Kreuz? Es ist schlimm, am Kreuz zu hängen. Er kann alles und hat sie und Wilhelm taubstumm gemacht? Ob er es wirklich weiß, wenn sie jetzt betet? Die hörenden Menschen haben es ihr gesagt, daß sie beten soll. Die Hörenden wissen viel, viel mehr. Am Herd steht sie schräg zum Kreuz, damit sie auch die Wohnungstüre sehen kann und niemand sie überrascht. Sie faltet die Hände: »Lieber Gott! Ich dich bitten. Bitte du mein Kind hören lassen. Bitte.« Mehrere lange Kerzen liegen in der Schublade. Jeden Abend entzündet Maria die Kerzen am Kreuz. Wenn sie mit Wilhelm spät allein ist und die Wohnungstür zur Nacht abgeschlossen hat und der Topflappen vor dem großen Schlüsselloch hängt, betet sie mit ihm zusammen. Lautlos, langsam und überdeutlich bewegt sich Marias Mund. Wilhelms Hände sind gefaltet wie die ihren, und er schaut auf ihre Lippen. So betet er mit, indem er abliest und denkt, daß Maria ja den Sinn des Vaterunser und des Ave Maria versteht. Sie beten um ein hörendes Kind.

Wenn sie schlafen gehen, sind ihre Hände ineinander gelegt. Ist die Lampe verlöscht, können sie nicht mehr miteinander sprechen. Sie hören in der Finsternis nicht des anderen Atem, doch sie fühlen einander. Maria möchte nicht hören. Seit sie Wilhelm kennt, nicht mehr. Sie will sein wie er. Er kann nicht hören, wie gut, daß sie es auch nicht kann. Das Kind aber, ihr Kind und Wilhelms Kind, das bald auf die Welt kommt, nein, es soll nicht taubstumm sein. –

Frost beißt in Marias Nase, als sie Wilhelm den Kaffee bringt. Sie trägt ihren Sonntagsmantel, die guten Schuhe und ihren Winterhut. Mitten in der Woche? Wilhelm wundert sich: »Warum? Wohin?« Marias Mantel ist zu eng, obwohl sie alle Nähte herausgelassen hat. »Ich nach Aachen – Dom – beten. Ich sofort zurück.«

Wird Wilhelm den Kopf verwundert schütteln? Tut sie etwas Unverständliches und Seltsames? In der Kirche in Eilendorf kann sie doch auch beten. Aber er sagt nichts. Was Maria macht, ist richtig, ist gut.

Maria fährt mit der Straßenbahn nach Aachen. Sie geht in den Dom.

Überall ist Gott. Überall kann sie beten, Maria hat das gelernt. Aber immer ist der eine, unvorstellbare Gott ein anderer. Sie empfindet ihn zu Hause vor ihrem Kreuz anders als in der Kapelle von Freilingen, wo die barocke Madonna auf der Mondsichel über dem Altar steht und lächelt. Sie und ihr Jesuskind tragen kostbare silberne Kronen, und Maria muß beim Beten immerzu hinschauen. In der Kirche in Eilendorf fühlt sie Gott anders als auf der Straße, wo sie hinkniet, wenn der Priester ihn in der Hostie zu einem Kranken oder ihn in der Monstranz bei der Prozession vorüberträgt. Überall hat er für sie ein anderes Wesen, dieser unbegreifliche Gott. Hier im Hohen Dom zu Aachen, in der fremden Würde des Raumes, in der versteinerten Vergangenheit und großen Geschichte, hier ist Gott ein ganz großer Herr. Maria ist ein kleiner Mensch, sein Geschöpf. Ehrfürchtig kniet sie nieder. Er hat ihr kein Gehör geschenkt, als er sie ins Leben rief. Wenn er alles kann, kann er jetzt nicht gnädig mit ihr sein, mit ihrem Kind? Maria bittet.

Ein neues Jahr hat angefangen. Wilhelm hat die beiden Räume der Wohnung frisch gestrichen und tapeziert. Ein Körbchen mit weichen Kissen steht bereit. Noch trägt Maria ihr Kind in sich. Sie sind ganz zusammen, und doch kennen sie sich noch nicht.

60

Wintersonne dringt durch die Gardinen in Marias Dachwohnung. Im Schlafzimmer haben die Fensterscheiben an den Rändern Eis. Es ist Sonntag. Wilhelm ist fort zum Kundenbesuch, und Maria arbeitet in der Küche. Frisch und gesund sieht sie aus. Vor vierzehn Tagen, am Sonntagmorgen, hat sie nebenan im Schlafzimmer eine Tochter geboren. Wilhelm hatte mit Herzklopfen das blankgewaschene, nackte Kind bestaunt, das der Dr. Antoine mitten auf den Küchentisch gesetzt hat.

Nun schläft das kleine Mädchen satt und sauber in seinem Körbchen. Maria hat es mit Vorsicht und Wonne zurechtgemacht. Sie hat es dabei angelächelt und leise mit ihm gesprochen, aber es ist noch viel zu klein, um darauf zu reagieren. Maria tritt leise auf, geht behutsam mit allen Sachen um, die sie bewegen muß, damit sie keinen Laut machen, obwohl sie noch nicht weiß, ob ihr Kind hören kann.

Jeden Tag kommen Verwandte und Bekannte, um den neuen Erdenbürger anzusehen. Jeder ist vorsichtig und will das Kind nicht im Schlaf stören. Jeder, auch Maria, ist zu ängstlich, die Wahrheit zu ergründen. Könnte man es auch jetzt schon erfahren? Unruhe liegt in Marias Herzen. Oft, wenn sie allein ist, schaut sie grübelnd lange auf ihr Kind. Ist es wie sie selbst? Sind sie einander gleich? Wenn es hört, muß es ihr fremder sein, in einer anderen Welt sein als der ihren. Dann ist es ganz anders. Kann sie es als seine Mutter nicht erfühlen? Sie möchte es wissen! Es schreit, trinkt, schläft wie alle Säuglinge. Wo aber wird es hingehören? Tapfer geht Maria gegen ihre Unruhe an. Ist es nicht süß, ihr Kind, auch wenn es nicht hören sollte? Eben noch hat sie es im Arm gehabt, im warmen Zimmer das winzige Körperchen in der Wanne gewaschen, hat es gesalbt und stramm gewickelt und die Seidenhärchen behutsam gebürstet. Ganz zu eigen hat sie dieses Menschlein. Das zarte, warme Gesichtchen hat sie an ihrer Wange gespürt, die Flaumhaare dufteten nach Seife. Alles sieht gesund und normal aus: die winzigen Hände und Füße, das Näschen, das Mündchen – und was sind das für hübsche kleine Ohren! Daß sie das geboren hat! Wilhelm und sie, in eins zusammengegeben – da ist es ganz neu! Marias Glück wäre übergroß und vollkommen, wenn ... Die hübschen, kleinen Ohren. Man kann nichts sehen. Man muß warten. Maria muß warten.

Nach dem Chorsingen im Hochamt kommt an den Sonntagen Josef Hahnengreß zu Wilhelms Eltern, seinen Geschwistern und nach oben zu Maria, um »Guten Tag« zu sagen. Immer ist er lustig, macht Scherze, freut sich, wenn Marias Schultern vor Lachen beben, und fragt, ob alles in Ordnung sei oder ob er helfen müßte bei den geschäftlichen Dingen.

Heute will er nach dem kleinen Mädchen sehen, und Maria zeigt es gerne. »Schläft«, sagt sie und legt den Finger auf den Mund. Langsam drückt sie die Klinke der Schlafzimmertür auf, und sie gehen auf Zehenspitzen an das Körbchen. Es ist kalt im ungeheizten Zimmer. Das kleine Köpfchen schaut unter dem Kissen heraus. Das Kind liegt auf der Seite, auf seinem linken Ohr. Unter dem weißen Stoffmützchen sehen die glänzenden Härchen heraus. Seidig liegen die Wimpern im Halbrund. Die Fäustchen sind leicht geöffnet. Ruhig atmend schläft das Kind. Maria sieht Wilhelms Freund an, und in ihrem Lächeln ist eine Frage, ein Zweifel. Keiner von beiden berührt den Korb des Kindes, beide sind ganz still. Da hebt Josef Hahnengreß seinen Zeigefinger, und das heißt: »Gib acht, Maria!« Maria sieht, daß er den Mund spitzt und die Wangen sich kurz blähen. Vom Pfiff hat sie natürlich nicht das Geringste gehört. Gleichzeitig sieht sie ihr Kind zusammenzucken und heftig erschrecken. Die Äuglein hat es aufgerissen, jämmerlich verzieht es sein Gesicht und beginnt zu weinen. Maria hat ihre beiden Hände ans Herz gerissen. »Kann hören! Kann hören!« schreit sie und umarmt den Mann und holt das weinende Kind aus dem Bettchen, herzt und drückt es und weint und weint. Sie schluchzt und schnieft und lacht, und die Tränen laufen ihr über das Gesicht. »Wilhelm! Wilhelm! Schade, Wilhelm nicht da! Wilhelm große Freude! Große Freude!« jauchzt Maria. Sie läuft mit ihrem Kind in den Hausflur und ruft laut nach Wilhelms Vater und Mutter, nach Lisa und Heinrich. Sie eilen herauf und auch

Luise und Josef und Bekannte. »Was ist los?« fragen sie. »Warum du schreien?« Sie sehen sie weinen und lachen. Sie zeigt auf ihr Kind, ganz aufgeregt, und ruft immerzu: »Kann hören! Kann hören!« Sie hat Gewißheit! Sie hat es gesehen! Josef Hahnengreß muß erzählen, und Luise schlägt die Hände zusammen und weint nun auch, und alle bestaunen das schreiende Kind, als sähen sie es nun zum erstenmal. Ach Wilhelm! Maria kann seine Heimkehr kaum erwarten. Als er dann in der Wohnungstür steht, sieht er die Wohnküche voller Leute und eine strahlende, weinende Maria mit dem Kind in ihrem Arm. Stürmisch eilt sie auf ihn zu. Sie hält ihm ihr Kind entgegen, und mit dem Zeigefinger der freien Hand tupft sie immer wieder an ihr eigenes Ohr und zeigt auf das Kind: »Kann hören! Kann hören!« Die andern nicken bejahend mit dem Kopf dazu, und Maria erzählt ihm, was geschehen ist. Wilhelms Mund steht ein wenig offen, als er mit fragenden, staunenden Augen von Marias Lippen abliest. Marias Gesicht zeigt sicherste Gewißheit. Überwältigt nimmt Wilhelm sie und das Kind in die Arme. Dann zieht er sein Taschentuch hervor und trocknet seiner aufgeregten Frau die Tränen. »Froh! Froh! Froh! Froh!« Immer wieder sagt er es und schlägt mit der Hand auf sein Herz.

Wilhelms Vater sagt, daß das Kind jetzt Ruhe braucht, es weint noch immer. Alle gehen sie mit an das Körbchen und sehen zu, wie Maria ihr gesundes Kind in das Bettchen legt und zudeckt. In der Küche schenkt Wilhelm jedem ein Glas Cognac ein, und sie feiern, als sei der neue Erdenbürger erst jetzt geboren. Langsam beruhigt sich Maria. Wilhelm hat sie gestreichelt und gesagt: »Nicht weinen, nicht weinen.« »Kann nicht dafür«, sagt sie lachend und hat dann ganz laut und kräftig die Nase geputzt.

Der Sonntagmorgen ist durcheinandergeraten. Das Mittagessen kommt nicht pünktlich auf den Tisch. Als sie sich alle verabschieden, hält Maria den jungen Heinrich am Ärmel fest und fragt ihn: »Du mal hören! Kind ruhig? Nicht mehr weinen?« Heinrich sagt ihr, daß es still ist im Schlafzimmer und das Kind sicher eingeschlafen ist. Wie sollte Maria auch wissen, wenn sie das Kind nicht sieht, ob es weint? Oft wird noch jemand heraufkommen müssen und ihr sagen, daß ihre kleine Tochter weint. Dann wird sie erschreckt zum Bettchen eilen, das Kind auf den Arm heben und sagen: »Armes Kind. Armes Kind. Deine Mama kann nicht hören, wenn du weinen.«

61

Maria schreibt dem Vater nach Freilingen einen Brief: »Dein Enkelkind kann hören! Wilhelm und ich große Freude, große Freude!« Allen im Dorf soll er es erzählen.

Maria ist jetzt dreißig Jahre alt, eine Frau, eine Mutter. Ihr ganzes Wesen strahlt Freude aus. Wieviel Glück ist ihr geschenkt! Sie liebt und wird wiedergeliebt, und sie hat eine wunderbare Aufgabe.

Die schwarzen Schatten, die von draußen her auch in das Leben der beiden drängen, empfinden sie kaum. Millionen sind arbeitslos – aber Wilhelm hat doch fast immer zu tun. Wenn er auch nicht viel verdient, so hat die Familie doch ihr Auskommen und ist zufrieden.

Inzwischen läßt man Wilhelm auch in Ruhe seinen Meistertitel tragen. 1921 hatte er mit Hilfe von Josef Hahnengreß folgendes Schreiben aufgesetzt: »An die Handwerkskammer Aachen. Gesuch des Maler-Anstreicher-Gehilfen Wilhelm Sistermann um Zulassung zur Meisterprüfung.

Unterzeichneter (taubstumm) bittet hierdurch gütigst, ihn zur Meisterprüfung im Maler-Anstreichergewerbe zulassen zu wollen und erlaubt sich, folgende Schriftstücke einzusenden:

1. Einen selbstgeschriebenen Lebenslauf.
2. Nachweis über die bestandene Gesellenprüfung.
3. Nachweis über die Tätigkeit als Geselle.
4. Nachweis über mein selbständiges Arbeiten.
5. Amtlicher Geburtsschein.
6. Polizeiliches Führungszeugnis.

Als Meisterstück (Arbeitsprobe) bitte die Renovierung eines Hausflures (Ölfarbe) in Eilendorf, Coelstraße 5, direkt bei der Kleinbahnhaltestelle Nirm annehmen zu wollen. Für die zur

Kontrolle erwachsenden Unkosten sowie für Prüfungsgebühr komme ich selbstverständlich auf.

Da ich noch zwei jüngere taubstumme Geschwister habe, meinen Eltern eine Hauptstütze in der Ernährung bin und mein Vater den Wunsch hat, meinen jüngeren Bruder (jetzt aus der Schule entlassen) bei mir in die Lehre zu tun, so bitte ich gütigst, dieses bei der Prüfung zu berücksichtigen.« Anbei lag von der Gemeinde Eilendorf eine Gewerbegenehmigung. Außerdem bescheinigte ihm der Bürgermeister, daß er für die Schulen in der Gemeinde Anstreicherarbeiten selbständig zur vollen Zufriedenheit ausgeführt hat. Der »Verein selbständiger Handwerker der Gemeinde Eilendorf & Atsch« erklärt: »... daß derselbe seit vier Jahren das Handwerk selbständig ausübt. Klagen über mangelhafte Arbeit sind bisher nicht zur Kenntnis des Vereins gekommen. Sistermann ist seit einem Jahre Mitglied obigen Vereins.«

Der Antrag für die Meisterprüfung wurde abgelehnt.

1925 erhielt Wilhelm, gegen eine Schutzgebühr von 20 Goldmark, einen Erlaubnisschein vom Kreis-Ausschuß des Landkreises Aachen zur Aufbewahrung und zum Verkauf von Giften: Blei-, Zink- und chromhaltige Farben. Wilhelm richtet vorschriftsmäßig seine Werkstatt dafür ein. 1929 stellt er wieder einen Antrag auf Zulassung zur Meisterprüfung mit der Bitte, von der theoretischen Prüfung Abstand zu nehmen. Er begründet die Bitte mit seinem Gebrechen, mit dem »... Fehlen von Gehör und Sprache.« Auch dieser Antrag wird abgelehnt.

Da Wilhelm den jüngeren, taubstummen Bruder Josef seit Jahren als seinen Gehilfen anstellt, wenn er ihn braucht, bekommt er von der Handwerkskammer eine Aufforderung, Josef sofort zu entlassen. Da der Bruder keine ordnungsgemäße Lehrzeit im Malerhandwerk abgelegt hat, wird er als Lehrling angesehen. Wilhelm ist aber zur Ausbildung von Lehrlingen nicht berechtigt. Es wird mit zwangsweiser Entlassung durch die Polizeibehörde und mit der Bestrafung durch die Amtsanwaltschaft gedroht.

Nun muß ihm sein hörender Freund Hahnengreß wieder helfen. Wieviel Aufregungen und Kampf! Weil Wilhelm taubstumm ist!

Wilhelm hätte so gerne alle Fortbildungsmöglichkeiten angenommen. Aber die gibt es für ihn nicht. Sein Vater hatte ihn 1921 auf sein Drängen und Bitten in der Kunstgewerbeschule in Aachen angemeldet. Öfter in der Woche fuhr Wilhelm neben seiner selbständigen Arbeit hin. Aber nach einem Jahr gab er auf. Niemand war da, der mit ihm sprach, niemand, der ihm erklärte. Er fühlte sich so verlassen unter den anderen, daß er das nicht mehr ertragen konnte. Mit der Zeit läßt man Wilhelm in Ruhe. Es wird zur Gewohnheit, daß er Maler- und Anstreichermeister genannt wird und Josef als sein Geselle später für immer bei ihm bleibt. Josef läßt sich leicht leiten und ist für Wilhelm eine zusätzliche Hilfe, weil er gut vom Mund der Hörenden ablesen kann und gut von ihnen zu verstehen ist. Die beiden taubstummen Brüder in weißen Anzügen und auf Fahrrädern sind ein munteres Gespann, dem man in Eilendorf Wohlwollen entgegenbringt.

Selten, aber doch manchmal passiert es Wilhelm, daß ein Kunde seine Taubstummheit mißbraucht. Da hatte er einmal verstanden, daß in allen Räumen eines Hauses einzelne Fußbodenbretter beigeflickt werden sollten. Entsprechend machte er den Kostenvoranschlag. Als er seine Arbeit beginnen wollte, sah er zu seinem Schrecken, daß alle Fußböden im ganzen Hause vollständig neue rohe Fußböden bekommen hatten. Dafür brauchte er natürlich viel mehr Material und Arbeitsstunden. Da er sich nicht mit dem Kunden verständigen konnte, vertraute er darauf, daß der Auftraggeber ein Einsehen haben würde, wenn er die Rechnung vorlegen würde. Aber nach getaner Arbeit bezahlte der Kunde nur die Summe vom Voranschlag. Wilhelm fühlte sich ohnmächtig, und auch Maria versuchte vergeblich, durch ein Gespräch zu ihrem Recht zu kommen. Da lassen sie es bleiben, fühlen sich gedemütigt und wundern sich, daß hörende Menschen solche Lumpen sein können. Der Kunde war ein wohlhabender höherer Beamter und stolz auf seine »Leistung«. Ein anderes Mal war es ein reicher Akademiker, der sich von Wilhelm sein prächtiges, großes Haus innen und außen vollständig renovieren ließ und ihn dann um vierhundert Mark, ein kleines Vermögen, betrog. Bei den einfachen Leuten seines Ortes passierte ihm so etwas nie, sie beschenken ihn sogar noch. Aber auch die anderen angesehenen Bürger des Ortes zollen Wilhelm und Maria ihre Hochachtung.

Als Wilhelms Eltern schnell nacheinander sterben, muß Wilhelm nicht allzu schwer unter dem Verlust leiden. Maria schenkt ihm soviel Geborgenheit, daß er bei ihr ganz daheim ist. Seine Geschwister Lisa, Luise und Josef nehmen später taubstumme Ehegefährten. Das große Haus bietet ihnen allen Platz. Vom Dachgeschoß ziehen Wilhelm und Maria hinunter in die mittlere Etage. Das ist eine sonnige Wohnung mit drei schönen Räumen. Die Wohnküche hat ein großes Fenster zur Straße hin. Hier können sie für immer bleiben. Hier wächst ihr kleines Mädchen auf und lernt die Taubstummensprache, wie seine Eltern und die Verwandten sie sprechen, lernt vom Mund ablesen und kann mit verstehen, wenn seine Eltern sich tonlos unterhalten – und es kann mit fremden Menschen in seiner Sprache der Hörenden sprechen.

Maria setzt ihr Kind auf die Fensterbank, hält es bei den Händen und lächelt ihm zu. »A-le mei-ne Ent-chen schwimmen auf dem See«. Weiter kommt Maria nicht. Sie spricht den Liedanfang immer wieder, schwer, im gleichen Ton. Ihr kleines Mädchen spricht mit und bewegt sich im Rhythmus.

Wilhelm singt der Tochter jeden Tag sein Lied. Er trägt das Mädchen dabei auf dem Arm oder läßt es auf seinen Knien reiten. Das einzige »Lied« seines Lebens hat er sich selbst gemacht, und es hat, wie Marias Lied, auch nur einen Ton. Wilhelm ist sicher, daß es ein Lied ist und daß er es singt, und es heißt:

»Tarakapafoto – Tarakapafoto – Tarakapafoto«.

Die kleine Tochter mag das Lied gern und singt es mit dem Vater, der ihr dabei auf den Mund schaut.

Wilhelm sagt oft zu seiner Tochter: »Mama taubstumm – ich taubstumm – du hören. Wunderbar! Ein Wunder!«

Wilhelm ist zufrieden damit, daß Maria mit dem Kind in jedem Hochsommer vier Wochen in Freilingen ist, damit sie bei der Ernte helfen kann. Da trifft Maria auch ihre Schwestern

Setta und Christina, die inzwischen in Köln verheiratet sind. Vater holt Maria mit seinem schwarzen offenen Landauer, der ersten Kutsche in Freilingen, vom Bahnhof ab. Am Sonntag, dem 25. August 1929, will Wilhelm seine Frau und das Kind nach Freilingen begleiten. Sie wollen über Köln fahren und steigen in Aachen Hauptbahnhof am frühen Morgen in den Nordexpreß Paris – Warschau. Es ist das erste Mal, daß sie mit einem schnellen Luxuszug fahren. Maria erinnert sich beim Einsteigen an Vaters Mahnung, die er ihr als Schulkind eingeschärft hatte: immer den letzten Wagen eines Zuges nehmen. Nach einer kurzen Auseinandersetzung mit Wilhelm setzt sie sich durch, und sie besteigen das Zugende. Wilhelm findet so viel Vorsicht überflüssig. Im Abteil sitzt ihr kleines Mädchen zwischen ihnen. Während der Fahrt haben Wilhelm und Maria ihre rechten Hände auf die Knie des Kindes gelegt und das Mädchen dreht spielend an den goldenen Eheringen. Freundlich sprechen die Eltern mit dem Kind, und die Mitreisenden schauen interessiert zu. Plötzlich gibt es einen furchtbaren Stoß. Das Kind fliegt unter die Bank gegenüber, Koffer stürzen herab, ein Mann hat im Gesicht nur noch Blut, Maria und Wilhelm liegen mit Menschen übereinander, Wilhelm ist am Bein verletzt. Vor den zerstörten Fenstern ist es schwarz.

Kurz vor Buir bei Köln ist der Zug entgleist und hat sich in eine Böschung hineingebohrt. Das größte Eisenbahnunglück der zwanziger Jahre erschüttert Europa. Dreizehn Tote und vierzig Schwerverletzte – zu einer Zeit, da Verkehrsunfälle noch die Ausnahme waren! Maria und Wilhelm mit dem Kind steigen aus den Trümmern hinaus. Die Wagen sind völlig ineinander verkeilt, zwei Wagen ineinandergepreßt. Zitternd begreifen sie, daß sie überlebten. Was sie sehen, ist furchtbar. Später lesen sie in den Zeitungen, daß die meisten Passagiere des Luxuszuges Ausländer waren. Sie kamen aus Warschau, Moskau, London, New York, Paris, Marseille und Poitiers. Inmitten des Chaos beginnen herbeigeeilte Menschen zu helfen. Als Wilhelm wieder einen klaren Kopf hat, richtet er den Fotoapparat her und fotografiert, was er sehen kann. Auf einem Bild steht Maria mit dem Kind vor den Trümmern des Zuges. Er vergrößert es, steckt es hinter Glas in einen Rahmen und hängt es in der Wohnküche an die Wand.

Die neue Zeit mit Hitler, die mit Hakenkreuzfahnen und mit Uniformen angebrochen ist, bringt ein neues Bild in die Wohnküche. Wilhelm hat ein Foto des »Führers« aufgehängt. Mit den anderen Menschen hoffen und glauben auch er und Maria, daß er das schwere Los Deutschlands wenden wird. Vieles wird jetzt anders: Es gibt wieder Arbeit. Aber es wird auch wieder aufgerüstet. Es kommen neue Gesetze.

In das Haus in der Steinstraße dringt Unruhe und Angst: Der »Führer« hat ein »Erbgesundheitsgesetz« erlassen. Wer an erblichen Gebrechen leidet, muß sich sterilisieren lassen. Auch die Taubstummen sind davon betroffen. Angstvoll und verstört sprechen sie erregt miteinander. Sie wollen sich wehren. Aber wie sollen sie das machen? Wer sich weigert, wird von der Polizei geholt. Wilhelms Bruder Josef ist fortgelaufen und hat sich versteckt. Aber die Polizei findet ihn und bringt ihn ins Krankenhaus. Der Kreisarzt Aachen-Land hat den Antrag gestellt, auch Wilhelm und Maria wegen erblicher Taubheit unfruchtbar zu machen. Maria muß vor das Erbgesundheitsgericht. Vater in Freilingen hat diese Überprüfung erreicht; er ist im Gericht bei ihr, er ist an ihrer Seite und gibt ihr Halt. Ein Taubstummenlehrer übersetzt als Dolmetscher. Das Gericht in Aachen stellt Marias Erbkrankheit im Sinne des Gesetzes vom 14.7.1933 fest, obwohl sie ein hörendes Kind geboren hat. Da Wilhelms Unfruchtbarmachung beschlossen ist, »hielt das Gericht auf Grund des guten persönlichen Eindrucks, den es von der Person der Ehefrau Sistermann geb. Giefer gewonnen hat, für höchst unwahrscheinlich, daß diese jemals außerehelichen Geschlechtsverkehr pflegen wird, so daß keine Wahrscheinlichkeit besteht, daß sie nach durchgeführter Unfruchtbarmachung ihres Mannes nochmals Kinder bekommen wird. Bei freier richterlicher Würdigung der Beweisaufnahme und aller zu Tage getretenen Umstände hat das Gericht geglaubt, von einer Unfruchtbarmachung absehen zu können und hat, wie geschehen, den dahingehenden Antrag abgelehnt.«

Medizinalrat Hurk, Beisitzer am Erbgesundheitsgericht in

Aachen, erhebt Einspruch gegen diesen Gerichtsbeschluß. Daraufhin hebt das Erbgesundheitsobergericht in Köln das Aachener Urteil auf: Auch Maria wird zur Zwangssterilisation verurteilt, wie Wilhelm auch.

Es ist schrecklich für die beiden. Sie haben alles versucht, dieses Los abzuwenden: so viele Laufereien und Schreibereien, so viele Aufregungen und Sorgen, so viele gutgemeinte, aber unbrauchbare Ratschläge von allen Seiten. Der Direktor der Taubstummenanstalt schreibt ihnen in einem Brief nur: »Leider kann ich Ihnen nicht helfen. Besten Gruß. Heil Hitler! Schenetten.« Maria ist es müde. Sie will nicht mehr kämpfen. Soll sie sich weiter auflehnen wie die anderen Taubstummen auch? Soll sie sich schädlich, minderwertig, erniedrigt, gedemütigt, beleidigt und wehrlos fühlen und sich ihres Leidens schämen? *Gott* hat sie doch taubstumm gemacht!? – Oder!?

Als Wilhelm an einem der nächsten Abende nach Hause kommt, ist seine Tochter allein. »Wo Mama?« fragt er freundlich. Immer ist sein Gesicht lieb. »Mama fein angezogen, mit Tasche fort nach Aachen. Da liegt Brief von Mama.« Als Wilhelm den Brief liest, verzerrt sich sein Gesicht. Nie hat seine Tochter das bei ihm gesehen. Er holt das Bild des »Führers« herunter, spuckt darauf und wirft es mit Wucht gegen die Wand über dem Herd. Glas splittert in viele Stücke. Der Rahmen bricht, das Bild flattert unter den Kohlenkasten. Erschrocken hat die Tochter zugesehen.

Wilhelm setzt sich auf einen Stuhl neben die Nähmaschine, und als die Tochter zu ihm kommt, nimmt er sie auf seinen Schoß. Er umarmt sie und weint lange und bitterlich. –

Ein Polizist kommt ins Haus. Heinrich, der jüngste Bruder muß Wilhelm übersetzen, daß er die Tasche packen und mitkommen muß. Der Polizist will in einem Abstand hinter ihm gehen, damit es nicht so aussieht, als sei Wilhelm verhaftet. Der Polizist ist ein Eilendorfer. So still wie Maria ins Krankenhaus gegangen ist, so still geht Wilhelm auch. Für die sechzehn Tage Krankenhausaufenthalt wird Wilhelm je Woche neun Mark Wohlfahrtsunterstützung bekommen. Jetzt wissen sie, daß sie nur dieses eine Kind haben werden. –

Maria liebt dieses Kind mit aller heftigen Leidenschaft, aller Zärtlichkeit und Innigkeit. Sie verwöhnt es wie eine Prinzessin. Sie ist unermeßlich stolz auf ihr Kind. Wenn sie mit ihm in einem fremden Geschäft in Aachen einkaufen geht, sagt sie mit leuchtenden Augen zu der Verkäuferin: »Meine Tochter!« Wilhelm spielt und scherzt mit dem Kind, fährt es auf dem Fahrrad spazieren, nimmt es mit zu den Kunden und kauft ihm, was es sich wünscht. Auch zum Taubstummenverein geht die Tochter immer mit und wird stolz vorgezeigt. Überall wird sie von Wilhelm und Maria angehalten zu sprechen. Wenn die Leute ihnen dann staunend sagen: »Sie kann so schön sprechen!« sind die Eltern überglücklich. Selbst werden sie ihr Kind nie sprechen hören.

Maria und Wilhelm bewerten ihr hörendes Kind höher als sich selbst, bewerten die Selbstverständlichkeit hören zu können als unermeßlichen Reichtum ihres Kindes. Weil es hören kann, kann es nur glücklich sein.

Und doch wächst in Maria die Angst. Da ist auf dem Grund ihrer Seele das unvergessene Wort: verstoßen! Wird ihr Kind sie verstoßen? Sie sieht zu Hause, wie das kleine Mädchen immerzu singend den Mund bewegt. Unruhig fragt Maria: »Warum du immer singen?« »Ich gerne singen. Singen ist sehr schön!« sagt die Tochter. Maria tut das weh: Sie hat keinen Teil daran. Sie weiß nicht, was das ist – Singen. Warum das so schön ist. Sie fühlt nur das Anderssein ihres Kindes. Wenn die Tochter mit den Hörenden spricht, sieht Maria ihr immerzu auf den Mund. Hinterher möchte sie alles wissen, was besprochen wurde. »Aber du lange gesprochen, genau eine halbe Stunde gesprochen, du mir nur fünf Minuten wiederholen«, klagt Maria, wenn die Tochter zusammenfassend wiedergibt, was sie mit den anderen Menschen gesprochen hat. Und bitterer und vorwurfsvoller als Maria wohl will, hört die Tochter die schlimmen Worte: »Du mir nicht alles sagen! Du mich verstoßen!«

Maria kämpft mit ihrem Zwiespalt. Wünscht das Kind Bücher, so kauft sie ihm, was es haben will. Aber sie fürchtet auch die Bücher, die ihr Kind beschäftigen, sie selbst hat nie versucht, ein Buch zu lesen. Dennoch sagt sie stolz: »Meine Tochter viel lesen!«

Maria bekommt regelmäßig ein Heft der Hamelner Lebensversicherung. Darin liest sie die Geschichte »Der Rattenfänger von Hameln«. Maria ist beeindruckt, nachdenklich und beunruhigt. Die Kinder konnten nicht entrinnen? Die Flötenmusik des Rattenfängers war zu schön in ihren Ohren, und sie folgten ihm nach ins Unglück? Ihr Kind sucht und verlangt nach Menschen, von denen es sagt, daß sie besonders viel wissen, schön sprechen und ihre reiche Sprache gut formen können. Maria warnt ihr Kind: »Viel, viel Wissen nicht notwendig. Hauptsache Leben hat Ordnung.«

»Nicht plaudern auf der Straße!« bittet die Tochter. »Alle Leute gucken.« Maria erschrickt. Schämt sich ihr Kind seiner Eltern? Sie weiß nicht, daß Kinder dem kleinen Mädchen Spottworte nachrufen, und daß es auch Erwachsene gibt, die es mißachten, weil es taubstumme Eltern und taubstumme Verwandte hat.

Maria und ihr Kind sind beide hineingeboren in die Verschiedenheit: die eine in die absolute Stille, die andere in das Leben der Töne, Stimmen und Laute. Wie gut, daß sie Wilhelm hat. Maria sieht ihm vom Fenster immer nach, wenn er weggeht, und ohne den Blick von ihm zu lassen, sagt sie zu ihrer Tochter. »Papa feiner Mann, du mußt Papa ehren.«

Das Glück, das besondere Zusammengehörigkeitsgefühl und innige Vertrauen der kleinen Familie enthält auch Trauer, Einsamkeit und Trennung. Für Mutter Elisabeth war es schwer, selber hören zu können und ein taubstummes Kind zu haben. Es ist schwer für Maria, taubstumm zu sein und ein hörendes Kind zu haben. Aber niemand sagt es Maria, wie schwer es ist, einziges hörendes Kind taubstummer Eltern zu sein.

Maria und Wilhelm, das ist eine harmonische Einheit. Einer ist für den anderen vollkommen, taubstumm wie er ist. Sie erfahren voneinander nicht das geringste Leid. Sie lieben sich, und sie verstehen sich.

Wolfdietrich Schnurre

Als Vaters Bart noch rot war

Ein Roman in Geschichten. 318 Seiten. SP 2454

»Als Vaters Bart noch rot war« ist Wolfdietrich Schnurres berühmtestes Buch. In diesen leisen, poetischen Alltagsgeschichten über ein eigenwilliges Paar, den arbeitslosen und alleinerziehenden Vater und seinen gewitzten Sohn Bruno, läßt Schnurre das Berlin der zwanziger und dreißiger Jahre wiederauferstehen. In anrührender Unmittelbarkeit erzählt er von Rummelplätzen, Hinterhofmusikanten, Osterspaziergängen oder von einer Tanne, die zu Weihnachten aus einer öffentlichen Parkanlage »ausgeliehen« wird. Diese Geschichten zeichnen aber auch ein Bild vom Berlin der Weltwirtschaftskrise, von der drükkenden Arbeitslosigkeit und vom Heraufkommen der Nazi-Herrschaft.

Als Vater sich den Bart abnahm

Erzählungen. Aus dem Nachlaß herausgegeben von Marina Schnurre. 202 Seiten. SP 2316

Mit Wolfdietrich Schnurres Vater-und-Sohn-Geschichten ist eine ganze Generation herangewachsen. In seinem Nachlaß fanden sich noch weitere Geschichten – die Schnurres Verleger seinerzeit allzu »leger«, zu liberal, zu anstößig fand. Sie sind in dieser Fortsetzung versammelt. In den widerborstig liebenswürdigen, unangepaßten Szenen findet sich nicht nur Schnurres erzählerischer Schwung wieder, in Charme und Delikatesse des Tons übertreffen sie manchmal gar die bekannten Geschichten.

»Da ist er wieder, dieser unverkennbare Schnurre-Ton: leise, ironisch und voll von menschenfreundlicher Melancholie. Ein Mann steht im Mittelpunkt, der sich nicht verbiegen läßt – aller Arbeitslosennot und allen politischen Versuchungen zum Trotz. Gerade dafür wird er von seinem Sohn geliebt.«
Brigitte

SERIE PIPER

Albert French

Billy

Roman. Aus dem Amerikanischen von Bettina Münch. 256 Seiten. SP 2367

Billy Lee ist zehn Jahre alt – und viel älter wird er auch nicht werden. Lori, das rothaarige weiße Mädchen wollte den »kleinen Nigger« nicht im See spielen lassen. Sie prügelte und verhöhnte ihn, und Billy wehrte sich. Ein Messer ist im Spiel, und Lori ist sofort tot. Sofort herrscht Lynchstimmung im verschlafenen Banes Country der Südstaaten. Das Kind Billy muß sterben. Intensiv läßt Albert French den Leser das furchtbare Geschehen miterleben. Man durchleidet mit dem kleinen Billy und seiner Mutter den Prozeß, der dem verängstigten Jungen gemacht wird, und wartet mit ihm auf die Hinrichtung. Albert French bannt Billys letzten Sommer in Bilder, deren sprachlich dichte Atmosphäre unter die Haut geht.

»Der Fall ist authentisch, die Erzählung wahre Poesie, was bleibt, tut weh.«
Die Mogenpost

Holly

Roman. Aus dem Amerikanischen von Bettina Münch. 402 Seiten. SP 2368

Supply, North Carolina, 1944: Holly Hill, ein einfaches, lebenslustiges Mädchen will sich nur amüsieren, hat mit Krieg und Patriotismus nichts am Hut. Sie sitzt mit ihrer besten Freundin Abend für Abend in Bens Bar und hat ihren Verlobten im fernen Krieg bereits vergessen. Eines Tages trifft sie unten am Fluß den jungen Elias, den der Krieg einen Arm und damit die Karriere als Berufsmusiker gekostet hat. Eine Liebesgeschichte beginnt, doch sie muß geheimgehalten werden, denn Elias ist schwarz und Holly weiß, und das wäre in Supply ein Skandal. Als sie ausgerechnet von Hollys bester Freundin verraten werden und Holly zudem schwanger wird, löst dies eine Katastrophe aus.

»Seine Sprache ist einfach, kraftvoll, vom umgangssprachlichen Duktus des Old South geprägt.«
Rhein-Zeitung

Joan Brady

Jonathan Carrick – als Kind verkauft

Roman. Aus dem Englischen von Regina Hilbertz. 287 Seiten. SP 2307

Amerika vor hundert Jahren: Der Pioniergeist offenbart bei aller Romantik auch Härte und Unerbittlichkeit. Der Bürgerkrieg ist vorbei, die Sklaverei wurde abgeschafft, und die große Eisenbahnlinie wird gebaut. Der weiße Jonathan wird mit vier Jahren von seinem Vater an einen brutalen Tabakfarmer verkauft. Seine Kindheit besteht von nun an aus Erniedrigungen, aus körperlichen und seelischen Mißhandlungen. Als Jonathan mit sechzehn Jahren die Flucht gelingt, beginnt seine abenteuerliche Odyssee durch den Wilden Westen. Er schlägt sich als Bremser auf Rangierbahnhöfen, als Prediger und Farmer durch. Er heiratet, bekommt Kinder, aber in seinem Inneren brodeln Feuer, Haß und Angst. Die Spuren der Sklaverei haben sich für immer unauslöschlich in ihm eingegraben.
Ein ergreifender und kunstvoll aufgebauter Roman.

Upton Sinclair

Alkohol

Roman. Aus dem Amerikanischen von Elias Canetti. 415 Seiten. SP 2659

Amerika in den Wirren von wirtschaftlichen Krisen, Arbeitslosigkeit und Prohibition zu Beginn des Jahrhunderts. Louisiana: Maggie May Chilcote, Tochter einer reichen Familie mit Zuckerrohrplantagen, verliert ihren Vater, der Selbstmord begeht, als er sich von seiner Alkoholsucht nicht mehr befreien kann. New York. Der Hotelangestellte Kip Tarleton erleidet dasselbe Schicksal, auch sein Vater stirbt, vom Alkohol zerrüttet. Diese beiden Menschen, deren Familien durch die Volksdroge zerstört wurden, lernen sich kennen und lieben, überwinden alle Klassenschranken und heiraten. Die beiden Abstinenzler verschreiben sich dem Kampf gegen den Alkohol, werden zu »Wowsern«, glühenden Anhängern der Prohibition, und machen dabei, unbestechlich wie sie sind, keinen Unterschied zwischen Freund und Feind.

Out el Kouloub

Ramsa

Tochter des Harems. Roman. Aus dem Französischen von Anne Büchel. 223 Seiten. SP 2511

Der Tochter eines einflußreichen Ägypters mit erstklassiger Bildung gelingt der revolutionäre Ausbruch aus dem Harem – das ist der Hintergrund einer unbeirrbaren und leidenschaftlichen Liebe im Ägypten um die Jahrhundertwende. Out el Kouloub, 1892 geboren, erzählt in ihrer autobiographisch gefärbten Geschichte von einer ungewöhnlichen und mutigen Befreiung, die sich in allen Harems des Orients herumspricht: Gegen alle Regeln der Gesellschaft liebt Ramsa den jungen Offizier Mahir, die Katastrophe ist unvermeidlich, und Ramsa entschließt sich, ihren eigenen Weg zu gehen und sich das Recht auf ein selbstbestimmtes Leben zu nehmen.

Saidas Klage

Roman. Aus dem Französischen von Anne Büchel. 224 Seiten. SP 2512

Nina Bouraroui

Der verbotene Blick

Roman. Aus dem Französischen von Carina von Enzenberg und Hartmut Zahn. 128 Seiten. SP 1606

Auf den Straßen Algiers treiben sich die Männer wie streunende Schakale herum, während die Frauen hinter verschlossenen Türen Fett ansetzen. Ein junges Mädchen sitzt hinter der Glasscheibe ihres Fensters gefangen und wird zur Beobachterin der Stadt. Längst hat sie in der aufgestauten Sinnlichkeit auf den Straßen Algiers die Gewalt, die hinter der unterdrückten männlichen Sexualität lauert, erkannt: »Ich weiß es seit langem, daß ich mich von der Welt der Männer, dieser riesigen Irrenanstalt, fernhalten muß. Ja, wir befanden uns mitten unter Irren, durch den Islam auf immer von den Frauen getrennt, sie berührten und umarmten sich, spuckten auf die Windschutzscheiben oder in die Hände, hoben die Schleier von Greisinnen hoch, pinkelten in Bussen und betätschelten Kinder. Sie lachten aus Verdruß und Verzweiflung.«

Mohamed Choukri

Das nackte Brot

Ein autobiographischer Roman und fünfzehn Erzählungen. Aus dem Arabischen von Georg Brunold und Viktor Kocher. 355 Seiten. SP 1419

Mohamed Choukri erzählt seine Kindheit und Jugend: Der Vater ist Bauer in einem kleinen Ort im Rif-Gebirge, wo Choukri 1935 geboren wurde. Eine Hungersnot treibt die Familie in die verheißungsvolle Stadt, nach Tanger. Aber auch hier finden sie nichts als Elend und Armut. Die Mülltonnen machen die herumstreunenden Kinder nicht satt; der Schrei nach Brot wird dem jüngeren Bruder zum Verhängnis: Vom Jähzorn der Verzweiflung übermannt, erwürgt ihn der Vater und vertuscht sein Verbrechen. Mohamed bricht mit den Eltern, er schlägt sich als Dieb und Bettler, als Strichjunge und Spieler durch, bis er 1956 bei einer politischen Demonstration verhaftet wird. Im Gefängnis lernt er schreiben und findet damit einen Weg in die Welt der Literatur. An die Autobiographie schließt sich eine Reihe kurzer Geschichten an, die Choukris Sprachkraft bezeugen.

»Da ist nichts abzuwägen, zu analysieren. Dieses Buch ist ergreifend, zum Schmunzeln, zum Jauchzen – es ist zum Heulen schön: Die deutsche Ausgabe des autobiographischen Romans »Das nackte Brot« des Marokkaners Mohamed Choukri ist Literatur pur, wahrhaft eine Entdeckung... Was erzählt Choukri? Er malt, brennt, ätzt – es sei erlaubt, Camus zu zitieren: ›das schändliche und begeisternde Bild des Lebens‹.«
Die Zeit

Zeit der Fehler

Roman. Aus dem Arabischen von Doris Kilias. 224 Seiten. SP 2128

Ein Leben in Marokko: Der zwanzigjährige Erzähler ist ein Rauf-, Sauf- und Hurenbold – aber auch ein Kobold. Und überdies ein ängstliches, einsames Kind. Nun will er lesen lernen. In 27 Kapiteln schildert er die Situationen seiner »Schulzeit«, hineinverwoben die Gefühle und Erinnerungen.

»Mohamed Choukris Leben ist spannender, poetischer, verzweifelter und wilder, als jeder Roman es sein könnte. Und er hat es in blendenden Bildern festgehalten, die das Lesen zu einem Erlebnis machen – zu einem Erlebnis, das aufwühlt, das im Schrecken fasziniert.«
Süddeutsche Zeitung

Janet Frame

Ein Engel an meiner Tafel

Zu den Inseln.
Ein Engel am meiner Tafel.
Der Gesandte aus der Spiegelstadt.

Die vollständige Autobiographie in einem Band. Aus dem Englischen von Lilian Faschinger. 592 Seiten. SP 2281

Der Band vereint alle drei Teile von Janet Frames Autobiographie: Die ersten beiden Teile – »Zu den Inseln« und »Ein Engel an meiner Tafel« – erzählen von ihrer Kindheit und Jugend, ihren Studienjahren, die keine Zeit der Freiheit, sondern bedrückende Einsamkeit waren. Nach einem Selbstmordversuch wird die sensible Frau in eine Nervenklinik eingeliefert. Erst als ihr erstes Buch einen Literaturpreis erhält, kann sie ins Leben zurückkehren. Im dritten Teil – »Der Gesandte aus der Spiegelstadt« – schildert Janet Frame, wie sie nach dem Alptraum der Psychiatrie eine Reise nach Europa unternimmt, wo sie die künstlerische Avantgarde der fünfziger Jahre kennenlernt und zum erstenmal eine Begegnung mit der Liebe hat. Befreit vom Stigma der Schizophrenie, bleibt sie jedoch immer der »Spiegelstadt« nahe, der Welt der Vorstellung, die sie vom »wirklichen Leben« trennt.

»Mit steigender Unruhe liest man dieses Buch, in dem sich scheinbare Nebensächlichkeiten zu der einen großen Katastrophe summieren. Und man erkennt, daß die Nebensächlichkeiten, die kleinen Verletzungen, von denen die Autorin mit einem gespenstischen Gleichmut erzählt, zur völligen Abgeschlossenheit von einer Umwelt führen, in der Janet nur noch bis zu einer gewissen Grenze funktionieren kann.«

Deutsches Allgemeines Sonntagsblatt

Gesichter im Wasser

Roman. Aus dem Englischen von Kyra Stromberg und Monika Schlitzer. 292 Seiten. SP 2330

Istina Mavet, eine psychisch labile junge Lehrerin aus Neuseeland, erleidet einen Nervenzusammenbruch. In eine psychiatrische Klinik eingeliefert, wird sie mit Elektroschocks behandelt. Man diagnostiziert bei ihr Schizophrenie. Mitten im 20. Jahrhundert erlebt sie die Psychiatrie als Folterkammer.